Elaboración de costos y presupuestos con

S10

2005 para Windows

EDITORIAL MACRO®

España - México - Colombia - Chile - Ecuador - Perú - Bolivia - Uruguay - Guatemala - Costa Rica

EDITORIAL MACRO®

Elaboración de Costos y Presupuestos con S10 2005 para Windows
Autor: Olger Ugarte Contreras

Coordinación de edición:
Cynthia Arestegui Baca

Diseño de portada:
Alejandro Marcas León

Edición a cargo de:
© Empresa Editora Macro EIRL
Av. Paseo de la República N.° 5613, Miraflores, Lima, Perú

Teléfono: (511) 748 0560
E-mail: proyecto@editorialmacro.com
Página web: www.editorialmacro.com

Segunda edición: diciembre de 2009
Primera reimpresión: diciembre de 2014
Tiraje: 1000 ejemplares

Impresión
Talleres gráficos de la Empresa Editora Macro EIRL
Jr. San Agustín N.° 612-624, Surquillo, Lima, Perú

ISBN N.° 978-612-4034-42-8
Hecho el depósito legal en la Biblioteca Nacional del Perú N.° 2014-12688

Olger Ugarte Contreras

Docente de la Facultad de Ingeniería Civil de la UNI:
Departamento Académico de Ciencias Básicas - Pre Grado
CCFIC-UNI - Extensión Profesional

Especialista en Desarrollo de Soluciones Empresariales:
.NET Application Developer
Java2 Developer
Business Intelligence Application Developer

Experto Certificado por Autodesk:
Professional AutoCAD Designer
Specialist CAD/AEC Architectural Design
3D Digital Professional Designer
Advanced Mechanical Designer 2D/3D
Autodesk GIS Solutions Certified Specialist
Autodesk Certified Solution Developer

Dedicatoria

Este libro se lo dedico a mis padres por su valioso impulso durante mis primeros años de formación profesional.

Agradecimientos

A la jefa del Departamento Académico de Ciencias Básicas (FIC-UNI) Duani Mosquera Maguiña por su apoyo y comprensión en el desarrollo del presente libro y al jefe del Centro de Cómputo (FIC-UNI) José Zapata Samata por su aporte en el desarrollo del presente libro.

Prólogo

Esta segunda edición revisada y aumentada le guiará en forma clara a lo largo de cada uno de los procesos requeridos para la elaboración de un presupuesto perteneciente al rubro de edificaciones. Se han incluido temas concernientes al costeo de los procesos además de muchas imágenes que le guiarán mejor en el manejo del presente programa.

El programa S10 Presupuestos es un programa hecho a la medida, lo cual le servirá de mucha ayuda para uniformizar sus reportes entre sus clientes y de esta manera poder normalizar su entorno de trabajo.

Introducción

El S10 2005 para Windows es una aplicación creada en lenguaje de programación Visual Basic y T-SQL diseñada para poder automatizar muchos de los procesos realizados al crear un presupuesto.

La base de datos del S10 almacena toda la información correspondiente al presupuesto como: partidas, títulos y subtítulos, recursos, etc. por lo que esta información podría ser reutilizada con mucha facilidad en la creación de otros presupuestos.

El S10 se presenta en 3 ediciones:

Edición corporativa (Trabajo en redes)

Edición empresarial (Trabajo en redes)

Edición profesional (Trabajo en monousuarios)

La edición usada para la redacción de este libro es la profesional por lo que el tema corresponde a los diferentes niveles de usuarios será omitida y sólo me enfocaré a la elaboración de presupuestos propiamente dicho.

Algo más que nos ofrece esta versión del S10 es su entorno de desarrollo compuesta de muchas herramientas disponibles en barras de menús, barra de vista y menús contextuales que facilitará en gran escala el proceso de la elaboración de presupuestos por lo que deseo que este texto le ayude a sacarle mayor partido de sus habilidades en el uso de éste sistema de información.

Requerimos del sistema: Edición Profesional

Mínimo:

Sistema operativo Windows 95/98/200/XP,PC Pentium Intel III 500 MHZ, Memoria 128 RAM, HD 1.0 Gb.

Recomendable:

Sistema operativo Windows XP/2000/NT/2003, PC Pentium Intel III 500 MHZ, o superior, Memoria 256 RAM o mayor, HD 2.0 Gb.

Contenido

Capítulo 8

Capítulo 9

Capítulo 10

Capítulo 11

Capítulo 12

Capítulo 1

Configuración e Instalación

1.1 Configuración del sistema operativo para empezar a trabajar con el S10 Presupuestos 2005

El S10 Presupuestos es un producto elaborado en base a algunos estándares que deben ser precisados en las opciones regionales del sistema operativo para asegurar su correcto funcionamiento, es por eso que en este capìtulo nos concentraremos en aclarar estos puntos.

1.1.1 Configuración Regional y de Idioma

Cada país expresa su propio valor numérico de fecha, hora, moneda, decimales, etc. en formatos distintos, así que para poder trabajar con este programa será necesario configurarlo de acuerdo a dos posibles situaciones:

Para un país como el Perú, siga los siguientes pasos:

1. Presione el botón **Inicio** y luego **Panel de control**
2. Dentro de la ventana del panel de control haga doble clic sobre **Opciones regionales, de idioma, y de fecha y hora**

3. Luego haga clic sobre **Configuración regional y de idioma**

4. En el cuadro de diálogo **Configuración regional y de idioma** seleccione **Español (Perú)** de la lista desplegable y de esta forma se establecerán todos los parámetros de configuración necesarios para que el programa pueda ejecutarse.

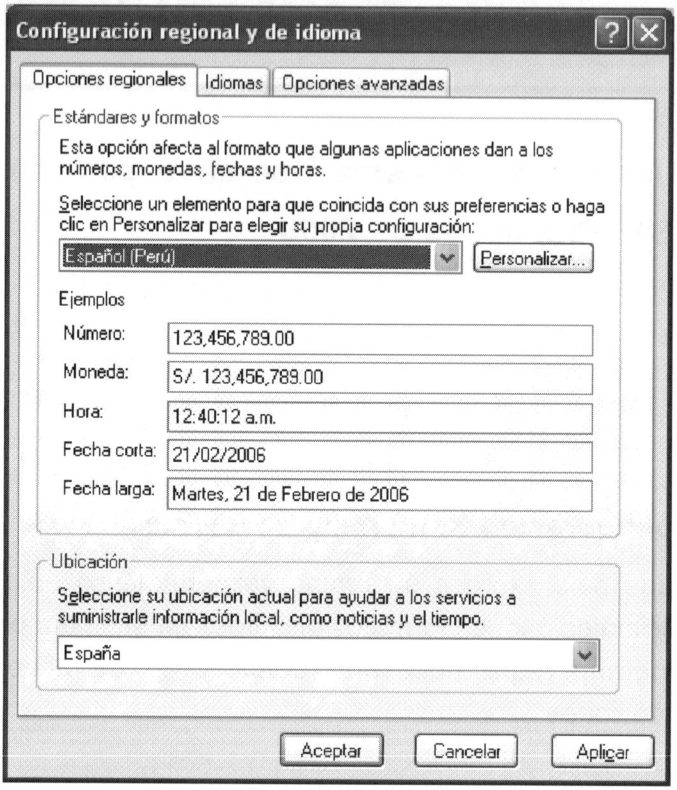

Si se encuentra trabajando en otro país de Sudamérica:

Entonces deberá seguir los siguientes pasos para asegurarse de que los parámetros de configuración se encuentren en el siguiente estado:

1. Haga clic en el botón Personalizar para su correspondiente opción regional que se encuentre activo, entonces deberá visualizar el cuadro de diálogo **Personalizar la configuración regional** en la ficha **Números**, donde deberá establecer los siguientes cambios en caso de ser necesario (ver figura):

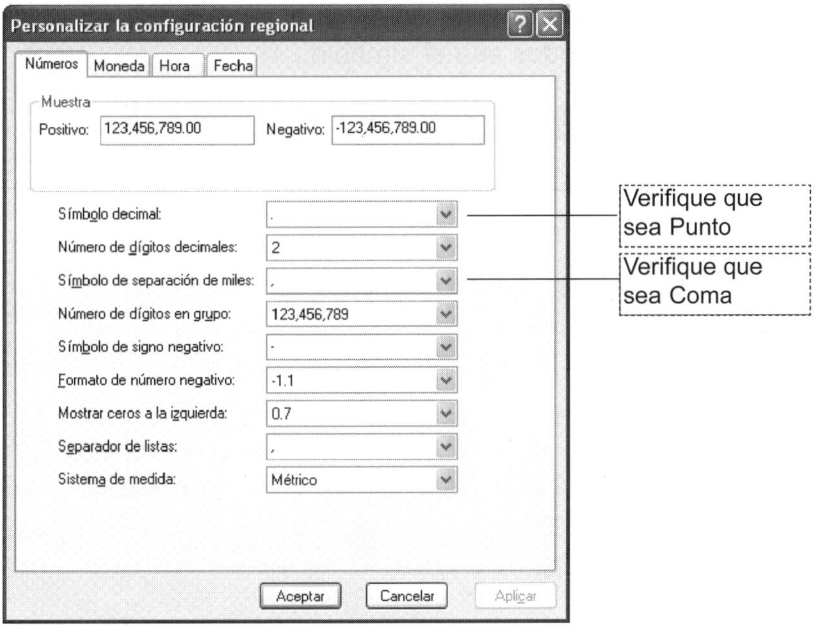

2. Luego pase a la ficha llamada **Moneda**, donde deberá verificar el contenido de los campos: **Símbolo de moneda, Símbolo decimal** y **Símbolo de separación de miles.**

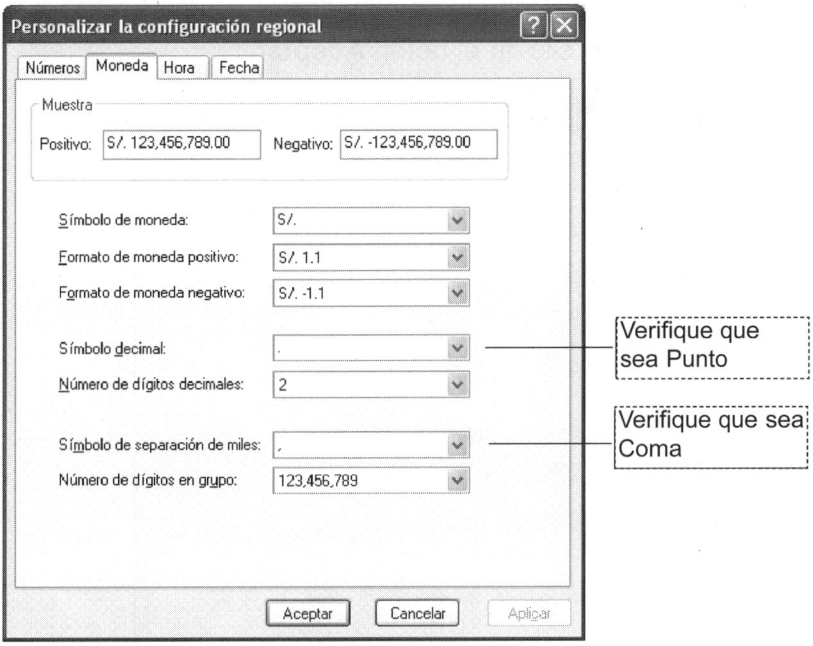

3. Haga clic el la ficha Hora y asegúrese de que el separador de Horas, minutos y segundos sea el símbolo (:)

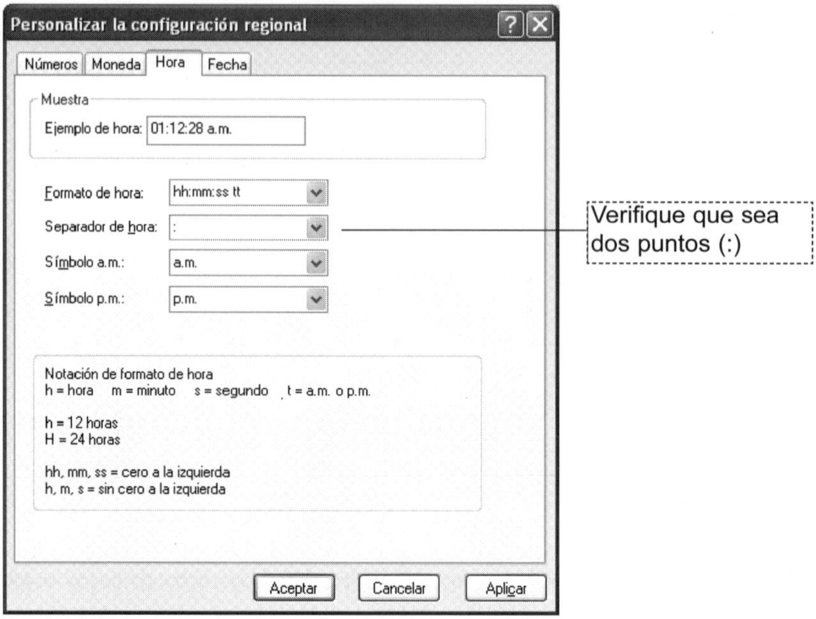

4. Haga clic en la ficha **Fecha** y verfique lo siguiente:

Finalmente acepte los cambios realizados al mismo tiempo que cierra el cuadro de diálogo haciendo clic en el botón **Aceptar.**

***Nota**: La fecha corta es usada por el programa para asociarlas a los múltiples reportes reportes que son generados luego de procesar el presupuesto.*

1.2 Instalación del módulo S10 Presupuestos 2005

Inserte el CD de instalación del programa y luego siga a través del siguiente asistente:

1. Primero se le sugerirá que cierre todas las aplicaciones que se encuentren abiertas al momento de la instalación, puesto que puede crear conflictos al momento de reconfigurar el sistema operativo.

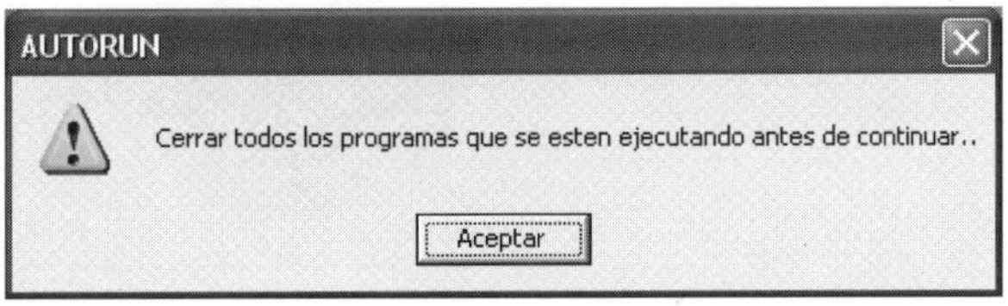

2. Luego de aceptar el cuadro de diálogo anterior, aparecerá una ventana del cual podrá seleccionar la tarea a llevar a cabo (en este caso de instalación) con el apoyo de un asistente. Seleccione la opción **Instalar la versión 2005 como nuevo**.

3. Luego deberá elegir el tipo de instalación a realizar. En el caso de la versión S10 Presupuestos 2005 Profesional deberá seleccionar la opción **Monousuario**, pero en el caso de poseer la licencia corporativa, entonces deberá seleccionar la opción **Multiusuario (Redes).**

En nuestro caso seleccionaremos la opción **Monousuario**, la cual es la más difundida:

4. El siguiente cuadro de diálogo asume que usted pudo haber adquirido cualquiera de los módulos ofrecidos por Sistema 10, pero en nuestro caso sólo realizaremos la instalación del mód ulo de **S10 Presupuestos 2005.**

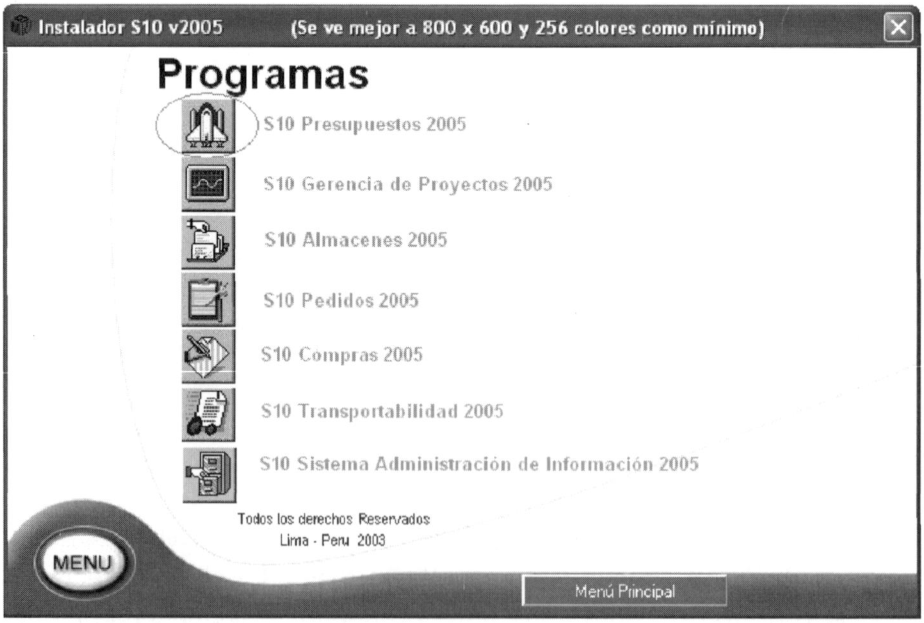

5. El siguiente paso será ser guiado por el asistente de instalación, para lo cual haga clic en siguiente:

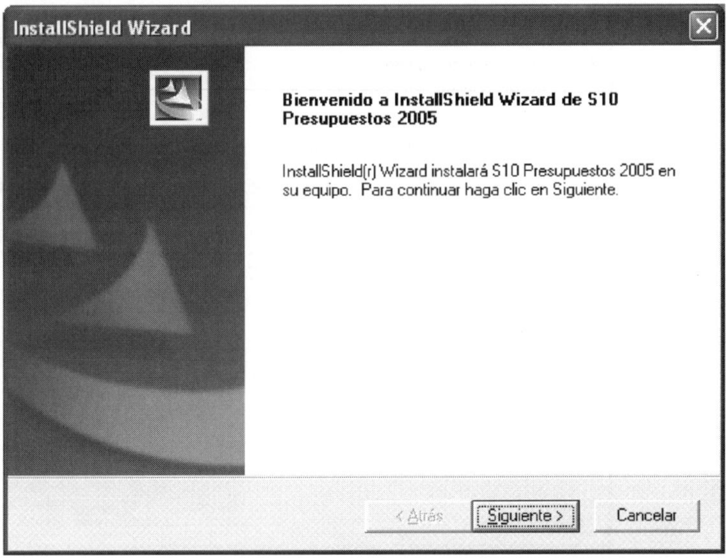

6. Acepte el siguiente contrato de licencia haciendo clic en **Sí.**

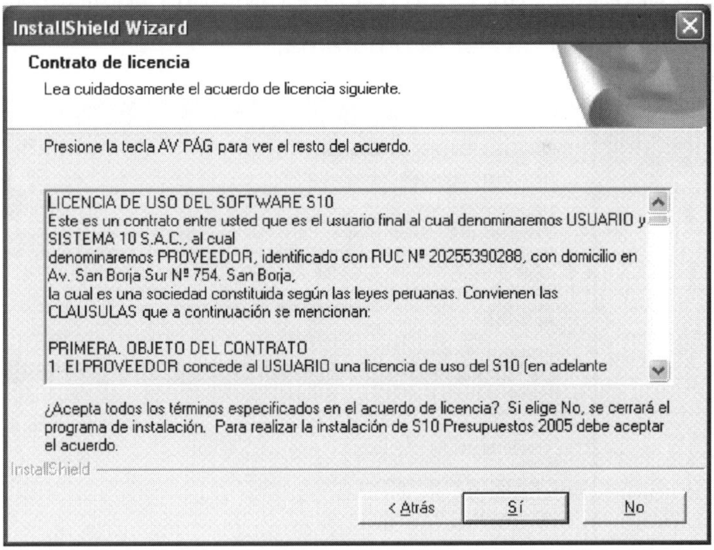

7. A continuación haga clic en **Siguiente** si se encuentra seguro de la carpeta destino para la instalación del programa:

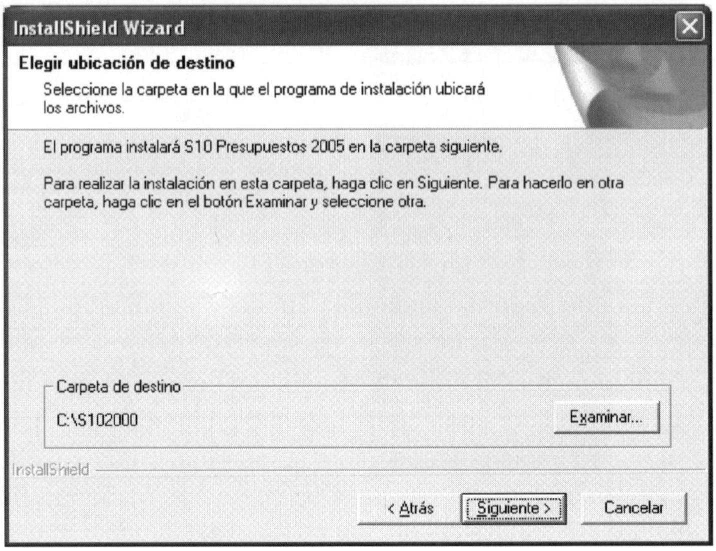

8. Haga clic en Siguiente para aceptar la creación de la carpeta S102005 que será el destino del icono del programa que servirá de acceso directo cada vez que desee iniciar el programa:

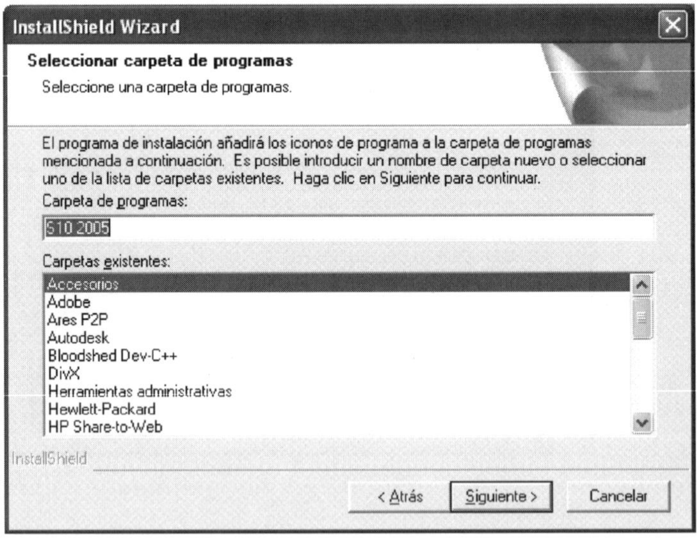

Lo siguiente será la instalción de los componentes del S10 2005:

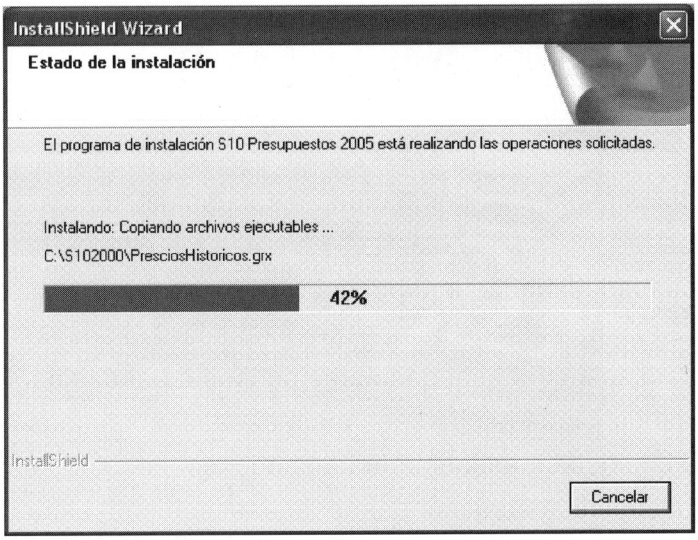

9. Haga clic en Finalizar.

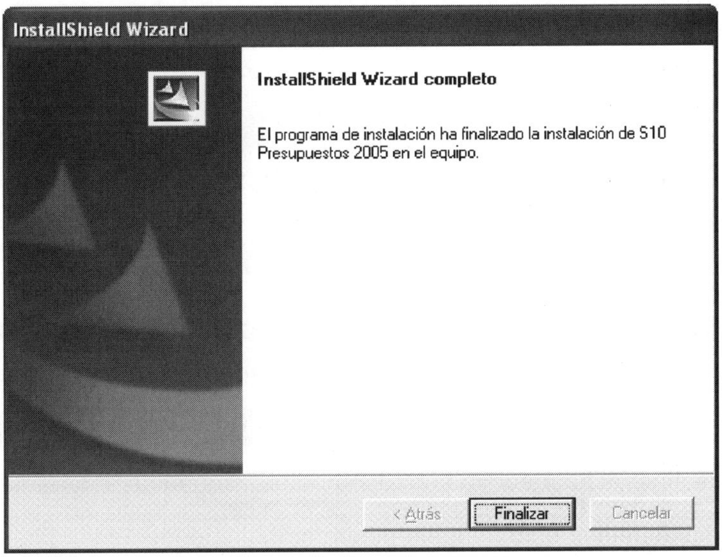

10. Se iniciará la instalación del motor SQL Server 2000

11. Finalizado el proceso de instalación, se mostrará el siguiente cuadro de diálogo que le sugerirá que ya debe tener conectado el HardLock en el puerto de la impresora, para fines de levantar el programa. Haga clic en Aceptar:

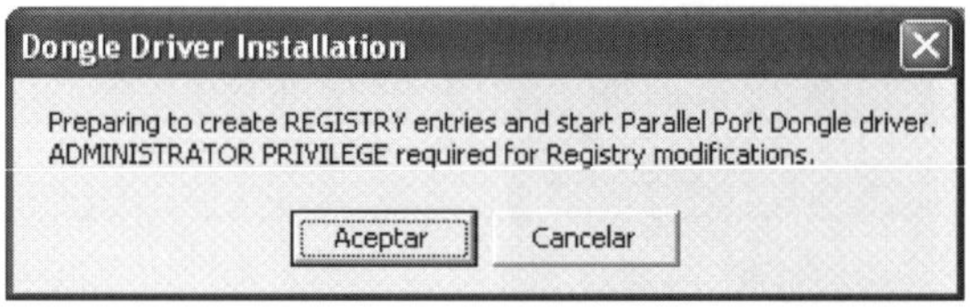

12. Si se ha asegurado de conectar el HardLock entonces deberá hacer clic en Aceptar, para iniciar el reconocimiento de su HardLock:

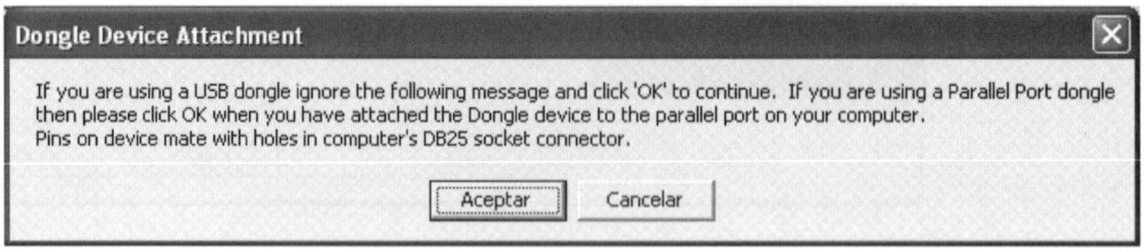

13. Luego del cual se habrá culminado satisfactoriamente con el proceso de instalación del programa:

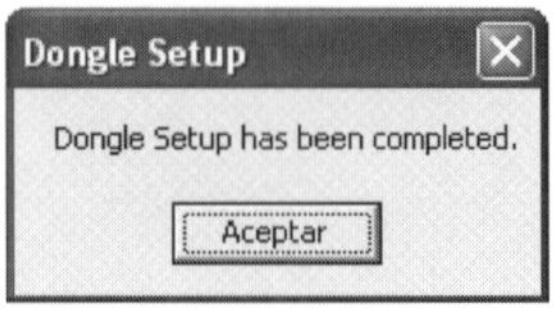

14. El último paso de la instalación será el registro del programa, para lo cual se le solicitará que ingrese el disco adjunto al CD de instalación y luego haga clic en **Sí**:

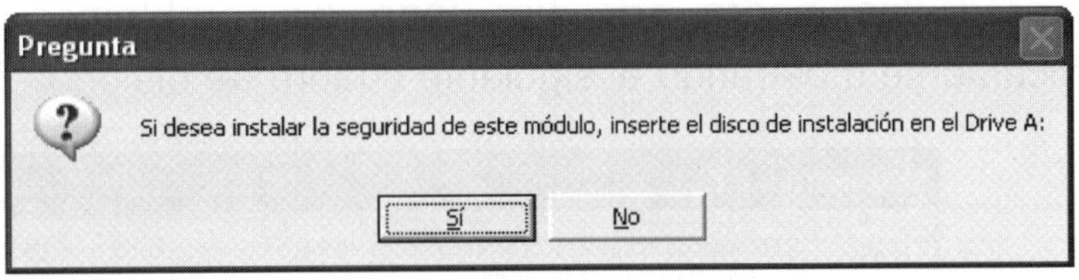

15. El paso siguiente será registrar el producto generando la consulta haciendo clic en el botón tal como se muestra en la siguiente figura:

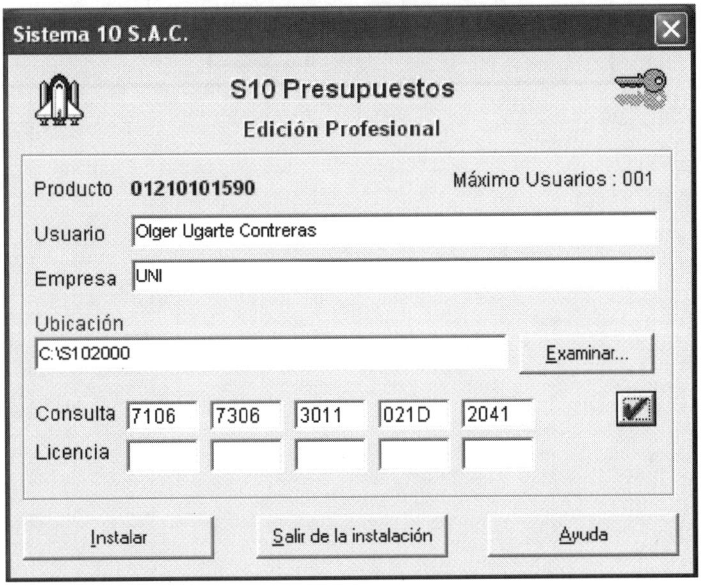

Luego el usuario deberá solicitar vía telefónica la licencia correspondiente a dicha consulta, para terminar con la instalación definitiva del producto, para lo cual debería mostrarse el siguiente mensaje luego de ingresar la licencia:

***Nota**: Lo que deberá tener en cuenta el usuario es que cada vez que desee volver a instalar el producto, ya sea por motivos de formateo de disco, ataques de virus, etc. usted tendrá que nuevamente seguir los pasos hasta ahora descritos, incluyendo la obtención de la licencia.*

Hasta aquí todo se encuentra preparado para empezar a usar el programa, pero hasta este punto el usuario todavía tiene opción de cambiar la configuración regional, en el caso de no haberlo hecho.

Así el programa podrá ser ejecutado sin problemas evitando cerrarse automáticamente mostrando el siguiente cuadro de diálogo:

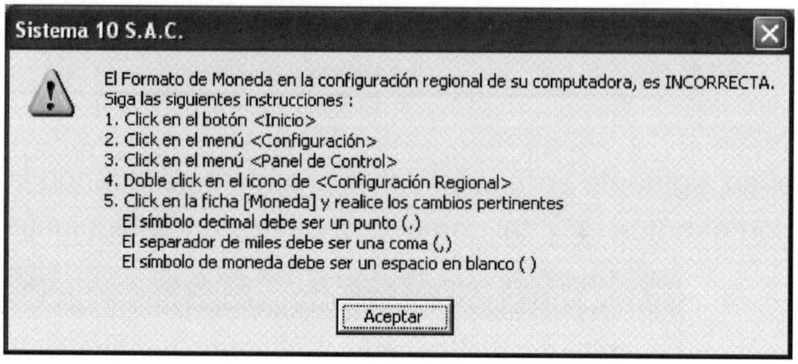

Capítulo 2
Ingreso al S10 Presupuestos 2005

2.1 Ingreso al S10 Presupuestos 2005

Al Iniciar una sesión con el S10 presupuestos 2005 se le solicita que ingrese el nombre del usuario con su correspondiente clave, para lo cual en nuestro caso usaremos el usuario predeterminado sa (**s**ystem **a**dministrator) y la clave la dejamos en blanco.

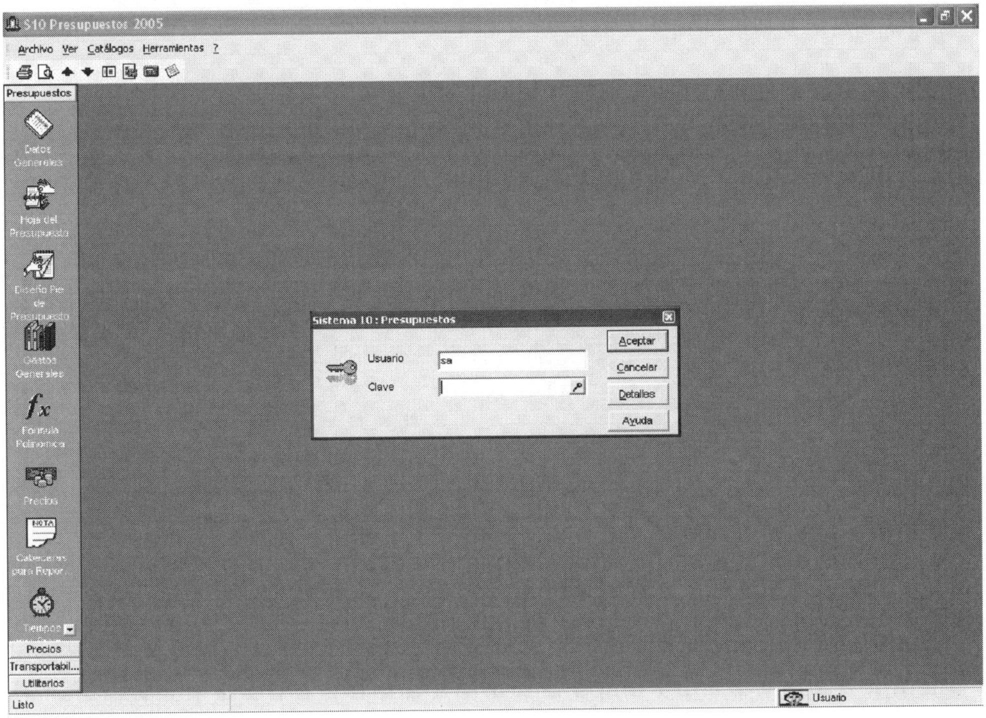

Antes de presionar el botón Aceptar presione el botón **Detalles** para ver lo siguiente:

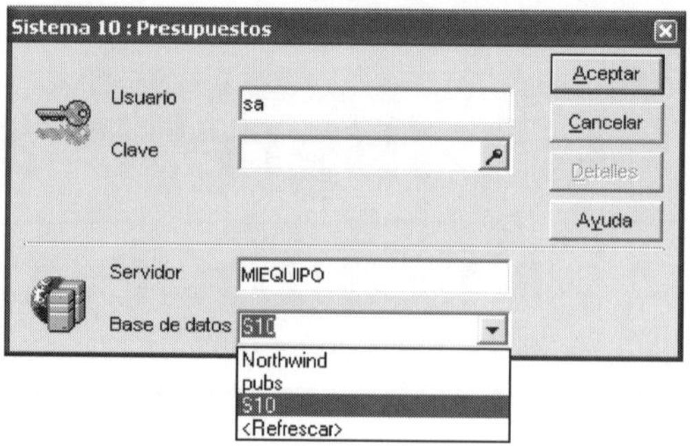

El servidor en este caso es **MIEQUIPO** y la base de datos activa es **S10**.

Nota: *En una instalación limpia del S10 Presupuestos la única base de datos disponible que aparecerá será la del S10. En el ejemplo anterior aparecen las bases de datos Northwind y pubs debido a que ya se poseía anteriormente una instalación de una instancia SQL Server 2000. Estas bases de datos están como ejemplos y no pueden ser usadas por ningún motivo por el programa S10 Presupuestos.*

Ahora haga clic en **Aceptar** y verá la siguiente ventana, la cual aparecerá sólo la primera vez que ejecute el programa.

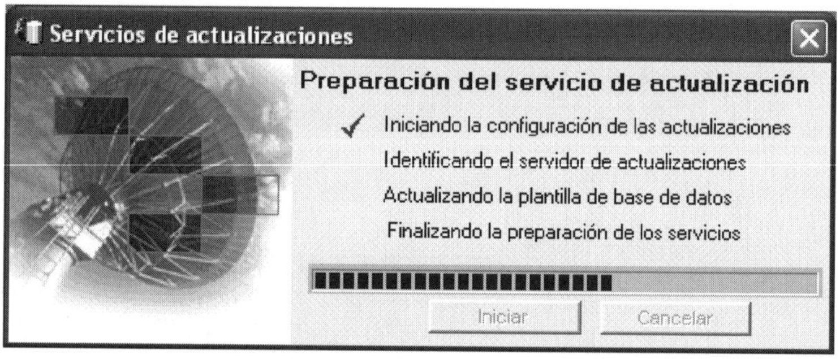

Luego de efectuarse la actualización mediante los Servicios de Actualizaciones, se creará una copia de seguridad en el archivo S10.s2k de todos los presupuestos encontrados en la BD, lo que generalmente ocurre cada cierto tiempo cada vez que empezamos a trabajar con una nueva base de datos o también cada que alternamos entre bases de datos.

El tema de copias de seguridad lo veremos más adelante, así que todavía nos queda mucho por hacer.

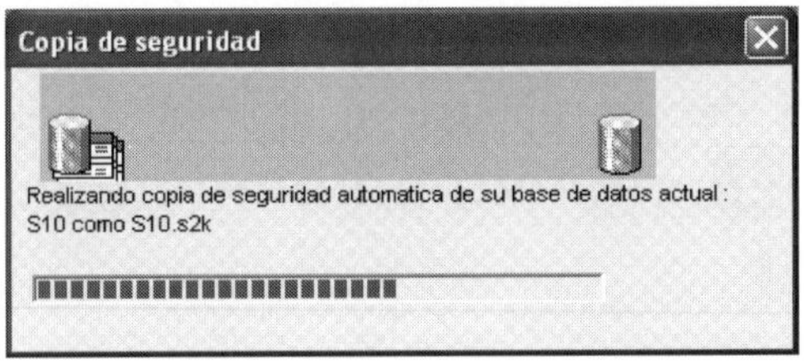

Una vez finalizado los procesos anteriores usted se encontrará habilitado para trabajar con el programa, así que para empezar haga clic en el botón **Datos Generales** que se encuentra en el panel de vistas. Vea la siguiente figura:

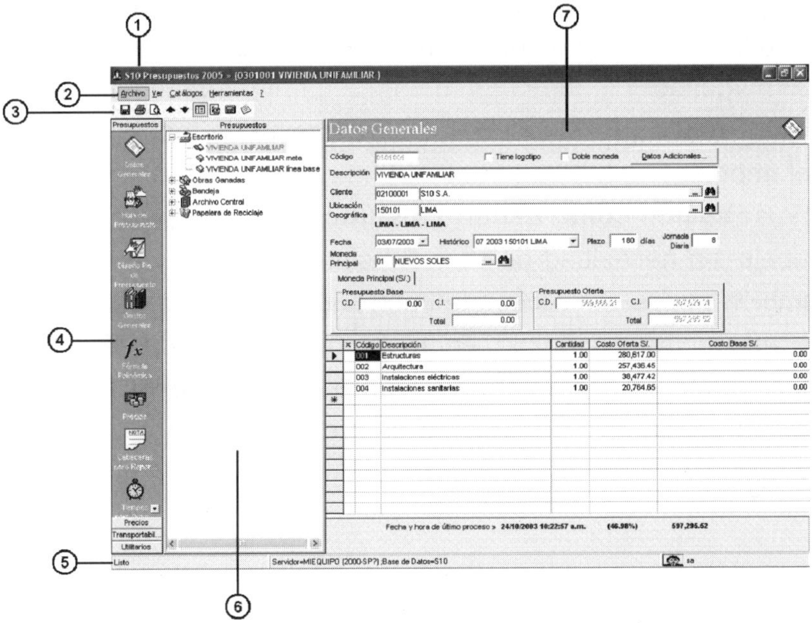

A continuación se detallará cada una de las partes que forman parte del sistema de elaboración de presupuestos:

1. Barra de Título
2. Barra de Menús
3. Barras de Herramientas
4. Panel de Vistas
5. Barra de Estado
6. Árbol de Presupuestos
7. Escenario

Barra de Título

Muestra el nombre del presupuesto actualmente seleccionado y contiene los botones minimizar , maximizar y cerrar .

Barra de Menús

Muestra un conjunto de menús que se encontrarán presentes a lo largo de todos los escenarios del programa. Algunas de las opciones de la barra de menús tienen su equivalente en la barra de botones. Veamos cada uno de los menús:

Archivo: Permite efectuar las siguientes operaciones:

- **Imprimir:** Permite imprimir el contenido del escenario actual. Las opciones de impresión presentadas cambiarán de acuerdo al escenario en el cual sea invocado.
- **Vista Preliminar:** Muestra una vista previa de todos los reportes antes de ser impresos.
- **Iniciar sesión como usuario distinto:** Permite iniciar una nueva sesión de trabajo sin necesidad de salir del sistema y volver a ingresar. Esta opción también puede ser accesada haciendo doble clic en el icono que se encuentra disponible en la barra de estado. El cuadro de diálogo mostrado le solicitará por un **Nombre de Usuario** y **Clave.**
- **Salir:** Permite salir del entorno de presupuesto. Antes de salir le pedirá su confirmación para abandonar el sistema.

Catálogos: Permite acceder a todos los catálogos (tablas) de la base de datos S10 a fin de poder realizar transacciones (crear, modificar y eliminar), en otras palabras permite realizar el mantenimiento de las tablas de la base de datos. A continuación se muestran todos los catálogos disponibles:

- **Recursos:** Este catálogo contiene todos los recursos clasificados según su tipo (mano de obra, materiales, equipos, subcontratos y otros)

- **Unidades:** Todas las unidades de medida incluidos en los recursos y a su vez en los análisis de costos unitarios se encuentran disponibles en este catálogo. Aquí podemos encontrar de muchos tipos como por ejemplo: decimales, longitud, masa, tiempo, superficie, volumen, comodín, velocidad y varios.

- **Partidas:** Todas las partidas de este catálogo pueden ser accedidas por todos los presupuestos, así que usted puede ingresar a este catálogo para realizar mantenimiento periódicamente.

- **Títulos:** Este catálogo posee todos los rótulos que pueden ser usados para formatear el presupuesto. Los títulos no tienen funcionalidad asociada, pero brindan una mejor presentación a la hoja del presupuesto.

- **Plantillas:** Son conjunto de recursos agrupados bajo un nombre, los cuales pueden ser usados para agilizar el proceso de creación de los detalles de partida.

- **Mis Favoritos:** Conjunto de partidas agrupadas que pueden ser usadas para crear presupuestos cuyos grupos de partidas sean típicas. En cada tipo de presupuesto ya sea de edificaciones, viales, etc en muchos casos existen grupos de partidas frecuentemente utilizadas que pueden ser agrupadas y almacenadas en Mis Favoritos para su posterior reutilización.

- **Identificadores:** Este catálogo almacena la información de todas las personas o entidades que tienen relación con los proyectos como: clientes, proveedores, empleados, obreros, etc.

- **Lugares:** Contiene la relación de todos los distritos asociados a su correspondiente provincia y departamento en todo el Perú. Esta clasificado en tres niveles, el nivel 1 de departamentos, el nivel 2 de provincias y el nivel 3 de distritos.

- **Índices Unificados:** Este catálogo alberga la información de todos los índices unificados del INEI (Instituto Nacional de Estadística e Informática) que son asociados a todos los recursos, lo cual será necesario para obtener la cantidad aportada por estos al momento de elaborar la fórmula polinómica.

Herramientas: Contiene un conjunto de opciones propias para personalizar el sistema.

- **Definir Estructura Item:** Permite establecer diversas características como tamaño de letra, color para los títulos y subtítulos mediante un cuadro de diálogo. Si hace clic derecho en una fila específica de éste cuadro de diálogo se mostrará el siguiente menú contextual que le permitirá acceder a la paleta de colores o a la ventana de Fuentes.

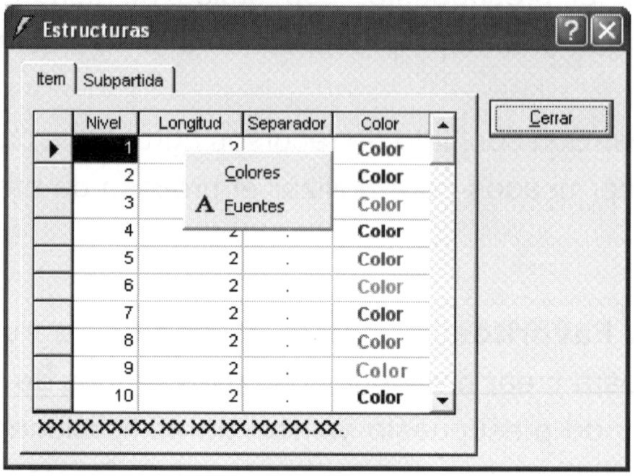

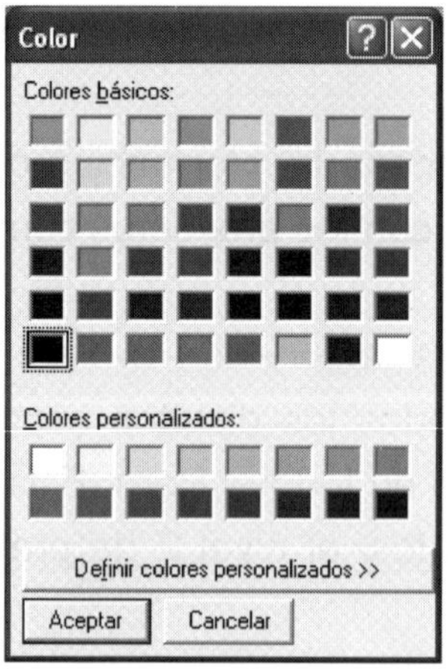

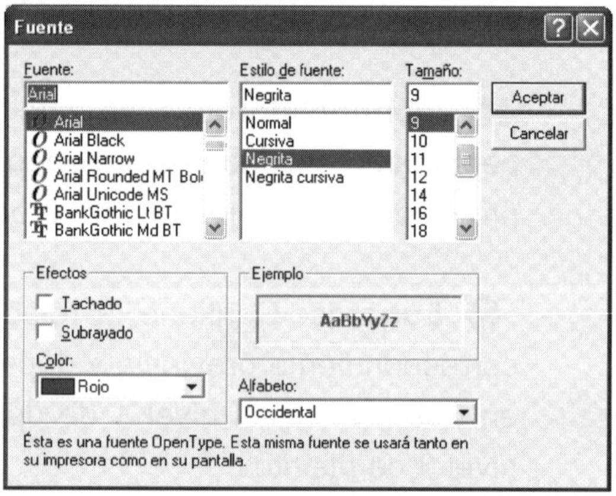

La ficha Subpartida del cuadro de diálogo Estructuras permite también establecer una estructura jerárquica para todas las subpartidas del presupuesto.

- **Definir Horario Base:** El horario de trabajo definido por esta opción es tomado por el MS Project cuando se exporta la información cuando es realizado el planeamiento. En la versión profesional del S10 Presupuestos no se dispone del escenario Planeamiento.

- **Configuración Shift+F1:** Permite visualizar la ventana de configuración del S10 en la cual podrá establecer propiedades para las fichas: General, procesamiento de presupuesto, análisis de precios unitarios, fórmula polinómica, impresión, planeamiento, del supervisor y de la hoja del presupuesto. El uso de sus opciones lo veremos a lo largo del presente libro.

- **Correo interno:** Permite enviar mensajes entre los diferentes equipos conectados al servidor en un entorno corporativo siempre que la base de datos sea compartida por un mismo grupo de trabajo.

- **Calculadora Shift+F2:** Visualiza la calculadora del Windows.

- **Calendario Shift+F3:** Visualiza el calendario de Windows.

- Limpiar registro de control: Por muchos motivos el sistema puede fallar, estos quedan grabados en el editor de registros; esta opción los borra, permitiendo el acceso al escenario donde viene trabajando el usuario.

Barra de herramientas General: Esta barra contiene el conjunto de botones necesarios para realizar operaciones básicas en el primer escenario de Datos Generales.

Grabar Ctrl+S: Permite grabar los datos registrados en el escenario de Datos Generales (sólo disponible en dicho escenario).

Imprimir: Permite imprimir cualquiera de los reportes presentados en cada uno de los escenarios disponibles del programa.

Vista Preliminar: Es el complemento de la opción Imprimir, ya que permite ver la apariencia de los reportes antes de que estos sean enviados a la cola de impresión. Las opciones de vista preliminar presentadas al hacer clic en este botón dependerán del escenario donde se encuentre trabajando.

Retroceder: Permite recorrer en orden inverso a lo largo del árbol de presupuestos.

Avanzar: Permite recorrer en forma secuencial cada uno de los presupuestos del árbol.

Notas: Este botón activa una ventana donde permite registrar todo tipo de notas sobre cada uno de los objetos del presupuesto como: partidas, recursos, actividades, calendarios, etc.

Este campo es similar al campo memo disponible para los registros en Access porque acepta hasta imágenes y archivos de muchas aplicaciones (como AutoCAD).

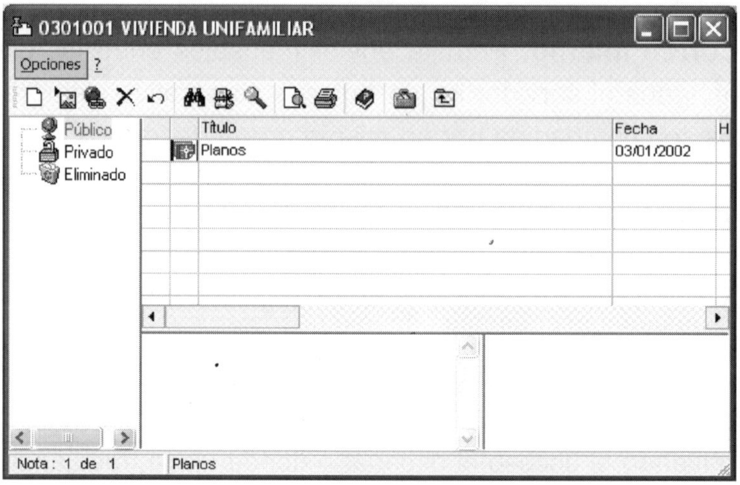

En los paneles de la parte inferior el usuario puede escribir textos y adjuntar imágenes.

Panel de Vistas: Esta barra contiene un conjunto de etiquetas de grupo (Presupuestos, Precios, Transportabilidad y Utilitarios) de las cuales cada uno de ellos contienen los iconos de acceso directo a los diversos escenarios del programa.

Este panel será comúnmente usado para

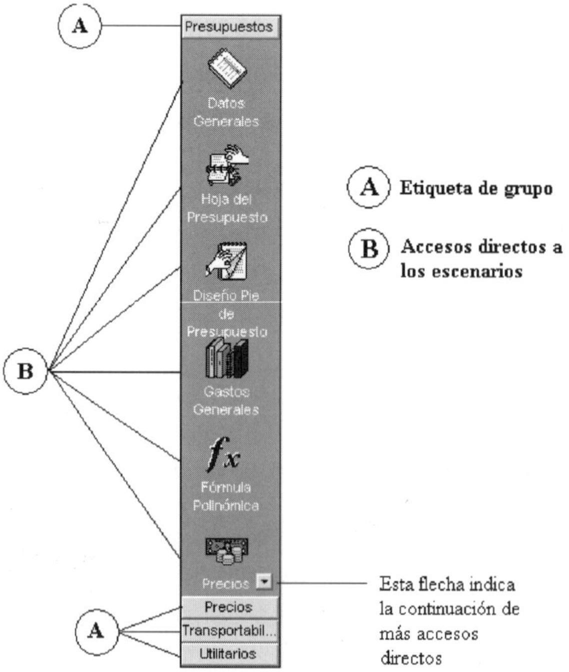

Árbol de presupuestos: Esta sección de la ventana aplicación muestra las distintas posiciones que pueden tener los proyectos en la base de datos, lo cual implica un determinado estado dependiendo a que rama del árbol pertenezca (Escritorio, obras ganadas, bandeja, archivo central y papelera de reciclaje).

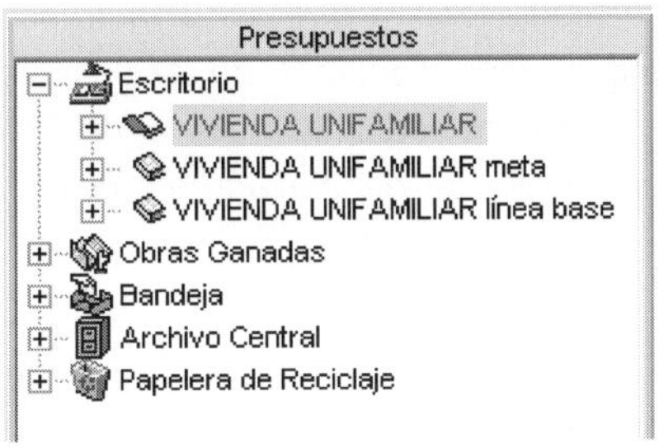

Ahora haga clic derecho sobre cualquiera de las ramas principales del árbol para visualizar el siguiente menú contextual:

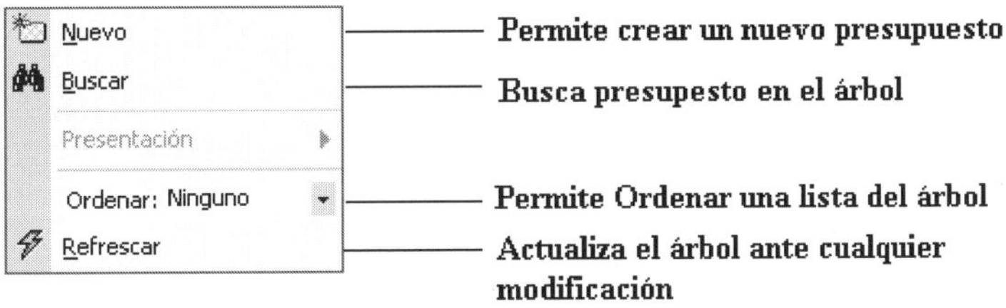

A continuación se detallará cada uno de los elementos del árbol de presupuestos:

- **Escritorio:** En esta rama se encuentran todos los presupuestos que se están implementando y como podrá observar al lado izquierdo del nombre de cada presupuesto se encuentra un icono con la imagen de un pequeño libro el cual podrá visualizarse en 3 colores:
  - **Verde.-** significa que el presupuesto se encuentra en proceso de elaboración (por ejemplo cuando los análisis, metrados y precios no están terminados).
  - **Ámbar.-** Indica que el presupuesto ha sido procesado, lo cual no necesariamente implica que esté terminado puesto que mediante las opciones de configuración se puede desactivar las opciones de verificación de los análisis, metrados , precios, etc que puedan impedir que el presupuesto sea procesado (tema que se tocará más adelante).

- **Rojo.-** Indica que el presupuesto está terminado incluyendo la fórmula polinómica.

***Nota**: Las opciones de edición de presupuestos sólo se encuentran disponibles para los presupuestos que se encuentren en la rama **Escritorio** del árbol de presupuestos. Si cualquier presupuesto quisiera ser modificado tendría que ser arrastrado dentro de la carpeta **Escritorio** del árbol. Usted podrá notar que al momento de seleccionar un prespuesto y lo arrastra manteniendo presionado el botón izquierdo aparece una figura de una mano, lo cual será indicador de que el prespuesto puede ser desplazado a cualquier nueva ubicación.*

Capítulo

3 Creación de un Presupuesto

3.1 Escenario de Datos Generales

Antes que todo asegúrese de seleccionar el icono de **Datos Generales** del panel de vistas.

3.1.1 Registro de un nuevo presupuesto

Luego estando seleccionado el icono **Escritorio** del árbol de presupuestos haga clic derecho para visualizar un menú contextual y luego seleccione **Nuevo.**

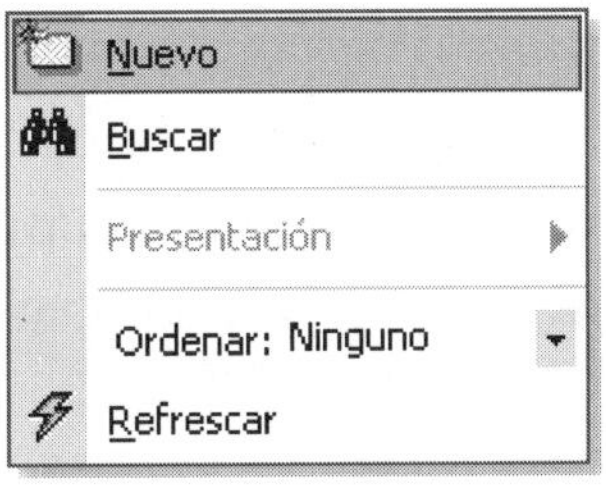

***Nota:** Algo que deberá tener en cuenta es que el menú contextual variará dependiendo de qué rama del árbol se encuentre seleccionada, así que deberá ser más observador para no perder de vista el estado de selección de cualquier elemento en el árbol de presupuestos.*

Para aclarar mejor el tema acerca del estado de selección, realizaremos otro ejemplo, ahora asegúrese de seleccionar el presupuesto VIVIENDA UNIFAMILIAR tal que la apariencia del árbol de presupuesto sea el siguiente:

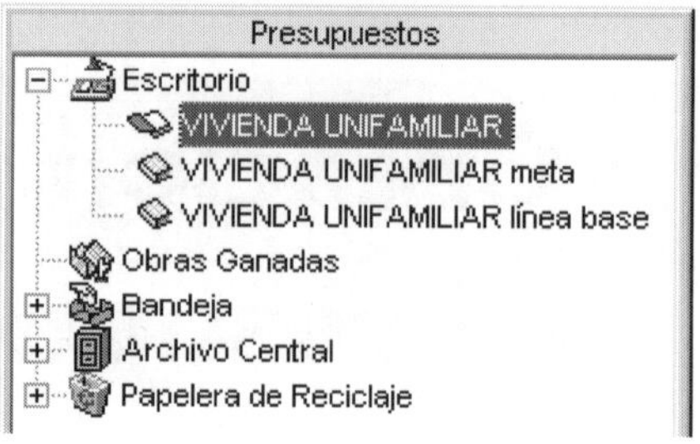

Ahora encontrándonos en tal estado de selección haga clic derecho y observará el siguiente menú contextual:

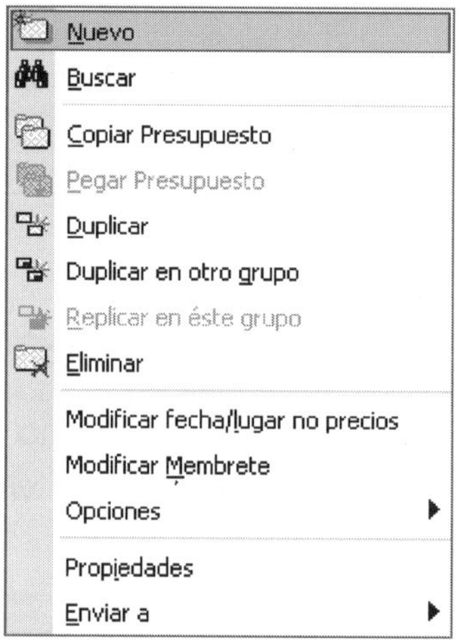

En este caso particular si selecciona la opción **Nuevo** al igual que en el caso anterior se mostrará el **Catálogo de Presupuestos:**

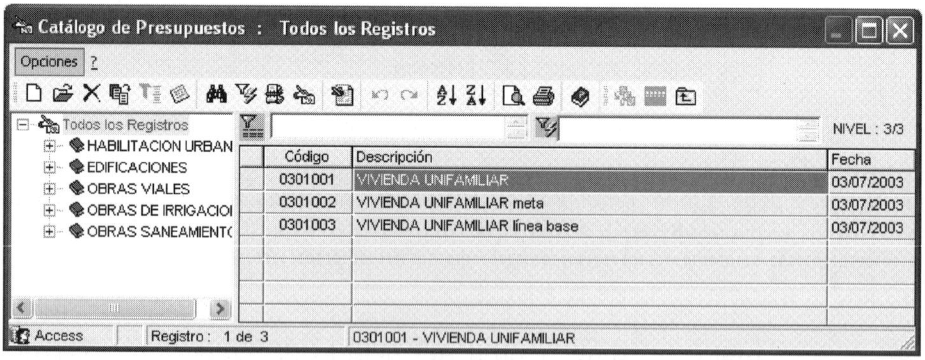

***Observación**: Si usted ha usado el Explorador de Windows (árbol de carpetas), habrá notado que cada vez que hace clic derecho sobre una carpeta o archivo para efectuar cualquier operación sobre tal elemento, justo antes de aparecer el menú contextual el cursor seleccionador siempre se sitúa sobre tal elemento. Cabe mencionar que esto no sucede en el S10 Presupuestos, por lo que deberá estar pendiente del estado de selección de sus elementos en el árbol.*

A continuación crearemos un nuevo presupuesto llamado MODULO DE VIVIENDA, para el cual deberá primero clasificarlo en el árbol y luego hacer clic derecho sobre el icono , el cual representa el último nivel en el árbol y luego en el menú contextual mostrado seleccione **Nuevo SubItem:**

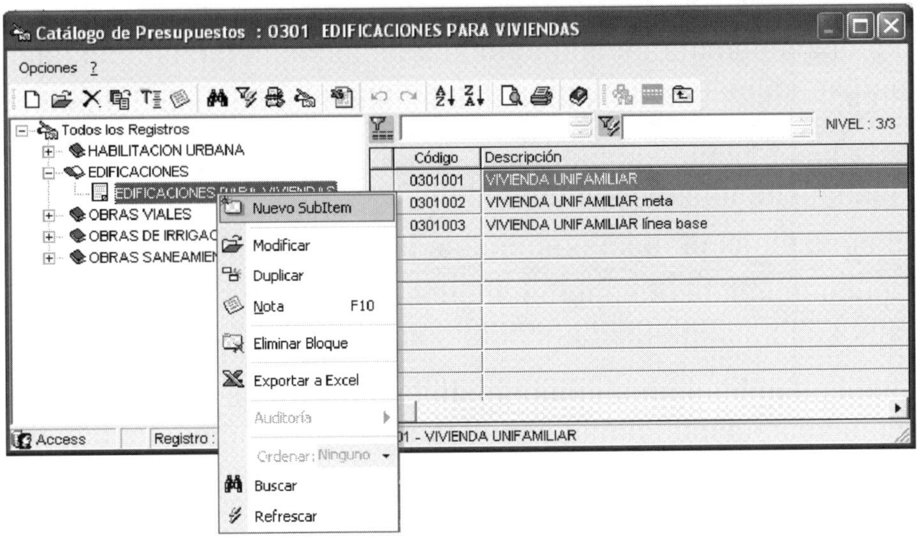

Otra forma válida sería hacer el clic derecho en el panel gris del lado derecho (observe el estado de selección en el árbol). Veamos:

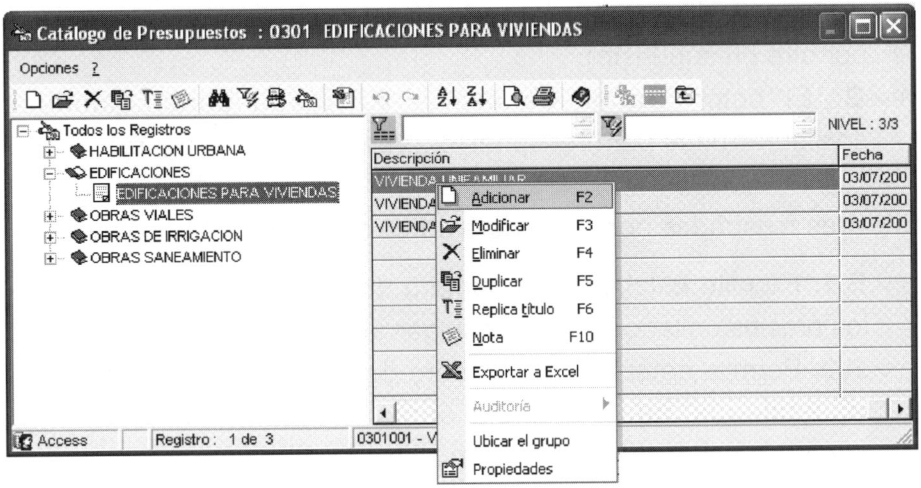

En cualquiera de los dos casos anteriores se mostrará el cuadro de diálogo **Presupuesto** en donde deberá ingresar la siguiente información:

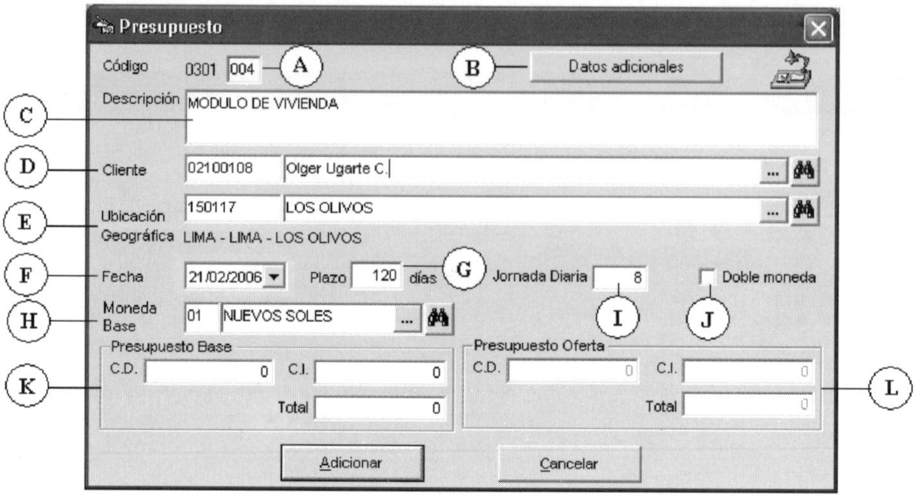

Los siguientes pasos le mostrarán en forma secuencial la forma como usted podrá ingresar los datos en el orden indicado por cada una de las letras mayúsculas:

- **A:** Código generado automáticamente por el programa. Usted sólo podrá modificar este código para ocupar espacios vacíos en el catálogo (por ejemplo al eliminar un presupuesto éste deja su código libre para ser usado por otro presupuesto).
- **B:** El botón **Datos Generales** es usado para establecer algunas configuraciones por presupuesto. (Vea la siguiente figura)

Las partes mostradas por esta figura son explicadas a continuación:

- **B.1:** Permite establecer el número de decimales con el cual se cotizarán los precios unitarios pudiendo llegar a un máximo de 4 decimales.
- **B.2:** Permite establecer el número de decimales con el cual se mostrarán las incidencias de los recursos en los análisis de costos unitarios pudiendo ser como máximo hasta 9 decimales.
- **B.3:** Establece el número de decimales a usar para los metrados.

- **B.4:** Este cuadro de verificación cuando se encuentra seleccionado visualiza el el libro del árbol de proyectos de color amarillo en caso de faltar la fórmula polinómica luego del procesamiento del presupuesto.
- **B.5:** Este cuadro de verificación cuando se encuentra desmarcado permite utilizar el análisis de costos unitarios clásico del S10 Presupuestos para los análisis de costos unitarios en proyectos de edificaciones. Sólo se marcará esta casilla cuando se requiera utilizar análisis de precios unitarios correspondiente a proyectos de carreteras en los que generalmente existen partidas con rendimientos elevados (lo cual puede incurrir en propagación de error por redondeo al momento de calcular la cantidad de HH y HM para la mano de obra y equipo)

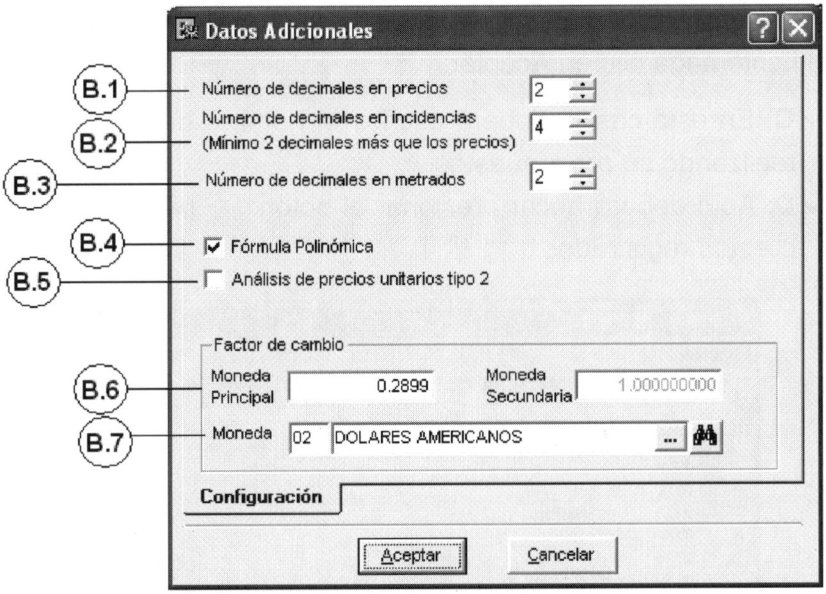

- **B.6:** En esta casilla se deberá ingresar el factor a ser utlizado para transformar la cantidad de soles a dólares americanos. El factor será igual a 1/tipo de cambio. Para que este factor sea aplicado en el presupuesto será necesario marcar la opción **con factor de cambio** en el cuadro de diálogo **Configuración Presupuestos** dentro de la ficha **Impresión.**
- **B.7:** Permite establecer el tipo de moneda a usar haciendo clic sobre el botón ... el cual le mostrará el siguiente catálogo:

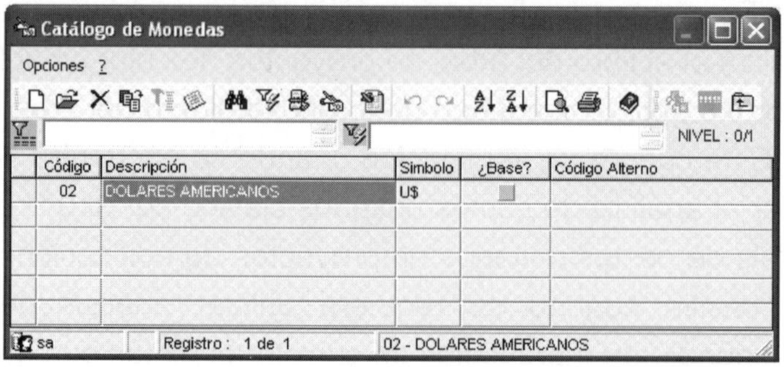

***Nota**: Tenga en cuenta que cada vez que desee seleccionar algún elemento del catálogo sólo bastará con hacer doble clic para que este elemento sea llevado a la ventana que lo invocó. En la ventana anterior haga doble clic sobre DOLARES AMERICANOS.*

Finalmente haga clic en Aceptar.

- **C:** En esta casilla deberá escribir el nombre del proyecto del cual se está realizando su presupuesto.
- **D:** Aquí deberá hacer presionar el botón ... para visualizar el catálogo de clientes registrados:

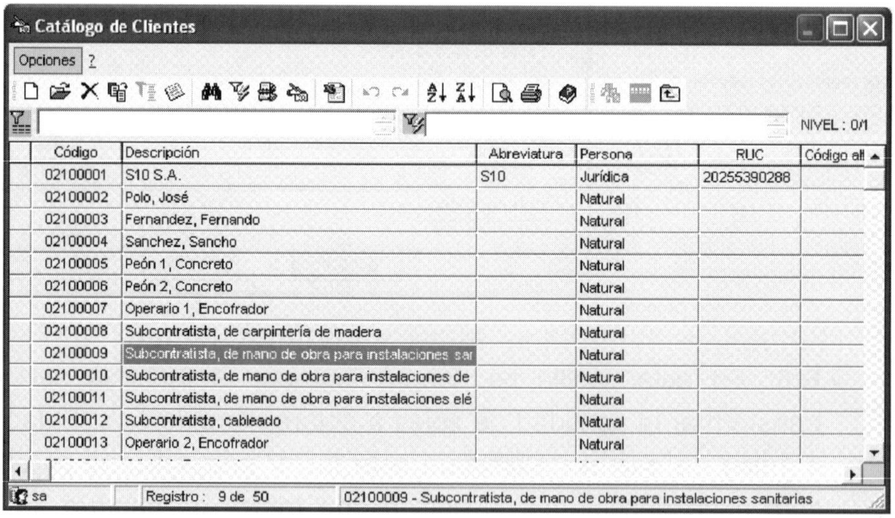

En el catálogo anterior deberá registrar un nuevo cliente, para esto haga clic sobre el botón **Adicionar** o haga clic derecho sobre cualquiera de los registros del catálogo para ver un menú contextual y seleccione la opción **Adicionar:**

Luego podrá visualizar el cuadro de diálogo **Identificador** en el cual por fines didácticos registraré mis datos como nuevo cliente, para lo cual deberá asegurarse de seleccionar de la lista desplegable la opción **Persona Natural.**

Habrá notado que la configuración de casillas cambia automáticamente luego de seleccionar el tipo de persona a la que va asociado el cliente, asegúrese de ingresar los datos según lo que se indica en la siguiente tabla:

Campo	**Valor**
Tratamiento	Sr.
Ape. Paterno	Ugarte
Ape. Materno	Contreras
Nombre	Olger
Abreviatura	OUC
Teléfonos	5400391
Celular	97491065
Correo electrónico	olgerugarte@speedy.com.pe
Página Web	http://ccfic.no-ip.com

Para indicar el **Tipo de Identificador** deberá hacer clic derecho en el fondo blanco y en el menú contextual seleccione **Agregar**, veamos:

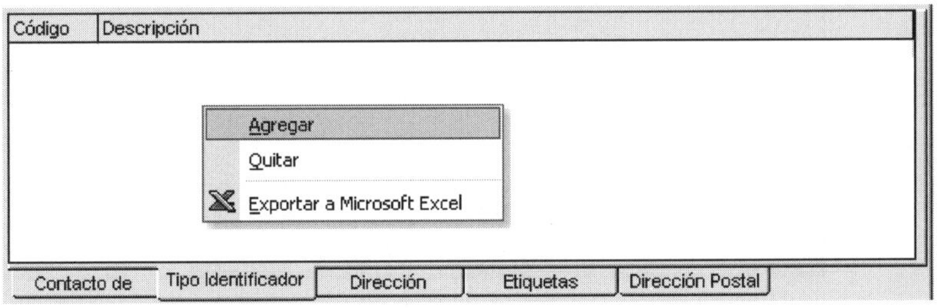

Esto le llevará al catálogo de **Tipo de Identificadores** donde deberá seleccionar el tipo de identificador **Cliente** según los pasos indicados a continuación:

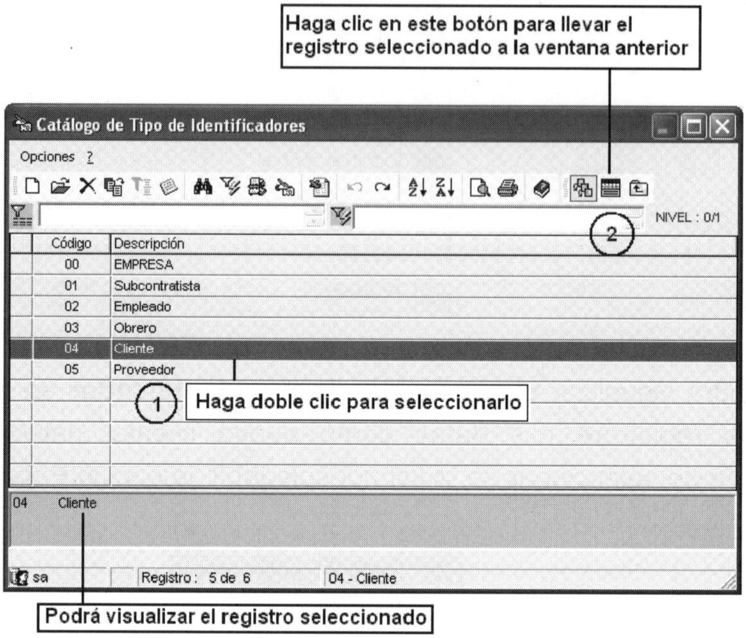

Finalmente el cuadro de diálogo **Identificador** deberá lucir como lo mostrado en la siguiente figura:

Probablemente este cuadro de diálogo solicite más información de la que realmente se necesita registrar para el nuevo cliente, por lo que sólo será necesario que ingrese información básica (vea figura anterior).

Una vez creado el cliente éste se agregará en el catálogo de clientes y a continuación haga doble clic sobre él para volver al cuadro **Presupuesto.**

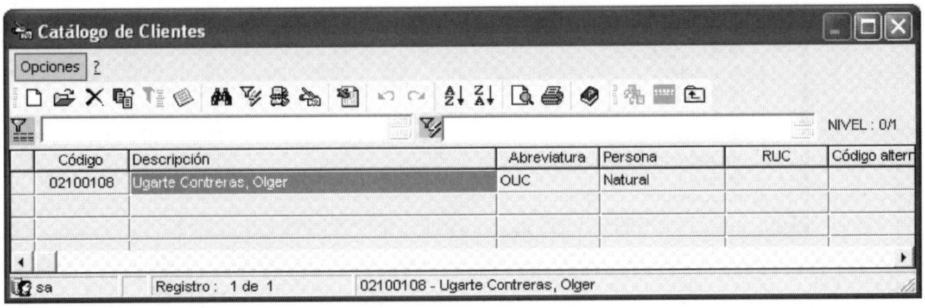

- **E:** Permite seleccionar el Departamento-Provincia-Distrito en el cual está ubicado el proyecto.
  Presione el botón ··· para visualizar el catálogo de **Ubicación Geográfica.**

Presione el botón de la barra de herramientas para establecer el estado de selección del árbol en **Todos los Registros** que corresponde a un nivel de búsqueda global.

Ahora escriba **INDE**PENDENCIA y notará desde luego que por cada dígito presionado el grupo de registros se va actualizando, visualizándose finalmente el siguiente grupo de registros:

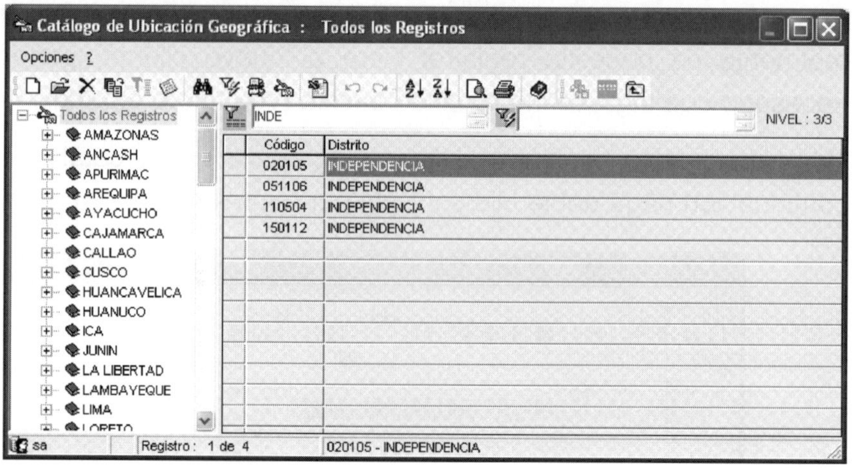

Como pudo apreciar sólo fue suficiente escribir **INDE** para mostrar el grupo de registros con el nombre de distrito INDEPENDENCIA esto nos hace comprender que en un nivel de búsqueda global sin importar en que provincia y departamento del Perú se encuentre este tipo de búsqueda selecciona todos los registros que tengan el nombre solicitado.

Entonces como puede notar desde luego una búsqueda global en éste caso no nos sirve de mucha ayuda si se trata de buscar un **departamento-provincia-distrito** específico por ejemplo ICA-PISCO-INDEPENDENCIA, para lo cual iniciamos una búsqueda local. Para esto haga clic sobre ICA en el árbol del panel izquierdo para visualizar en el panel derecho sólo los distritos correspondientes al departamento de ICA. Luego haga clic sobre cualquier registro del panel derecho para luego escribir **IN**DEPENDENCIA y notará que la búsqueda no mostrará más redundancias.

Finalmente haga doble clic en el registro seleccionado para cerrar el catálogo y volver al cuadro de diálogo **Presupuesto.**

***Nota**: Es preciso hacer notar que cuando se realiza una búsqueda ésta puede ser en el panel izquierdo (árbol) o en panel derecho (registros), para lo cual deberá asegurarse de activar el cursor seleccionador de acuerdo a la ventana que quiera consultar para evitar obtener resultados inesperados.*

- **F:** Permite visualizar el calendario electrónico de Windows en el cual deberá seleccionar la fecha de elaboración del presupuesto, teniendo en cuenta que los precios unitarios son cotizados de acuerdo a la fecha y lugar.

- **G:** En esta casilla escriba la el plazo en días calendarios de la obra. La duración final se determinará a partir del diagrama de Gantt en el MS Project.
- **H:** Permite establecer la moneda base del presupuesto.
- **I:** Permite establecer el número de horas por jornada diaria de trabajo.
- **J:** Marque esta casilla cuando esté seguro de realizar un presupuesto de doble moneda (soles y dólares).
- **K:** Esta sección contiene casillas donde podrá escribir el costo directo, indirecto y el total de presupuesto en la modalidad de referencial o base.
- **L:** Esta casilla sólo esta disponible para el sistema y es donde se almacenará el costo directo, cosnto indirecto y el total de presupuesto calculado por el sistema.

Luego haga clic en el botón **Adicionar** y podrá visualizar el nuevo registro en el catálogo de presupuestos (vea la siguiente figura):

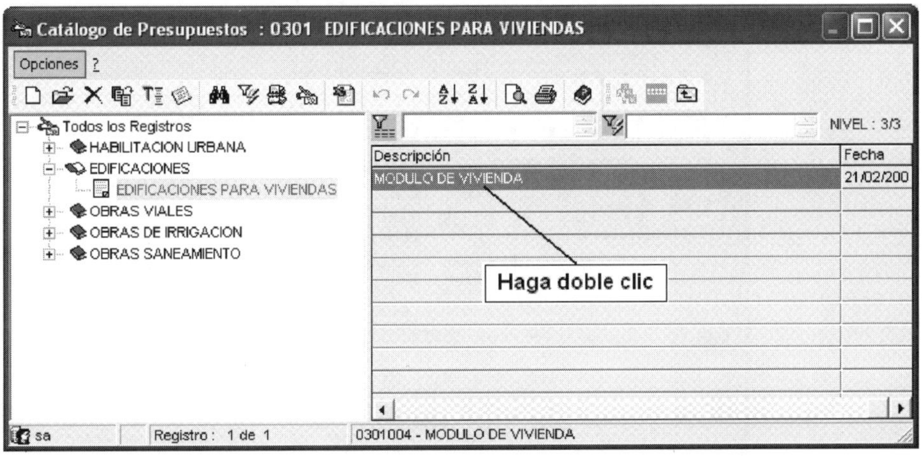

Luego de hacer doble clic sobre MODULO DE VIVIENDA aparecerá el siguiente mensaje indicándole que debe refrescar el árbol:

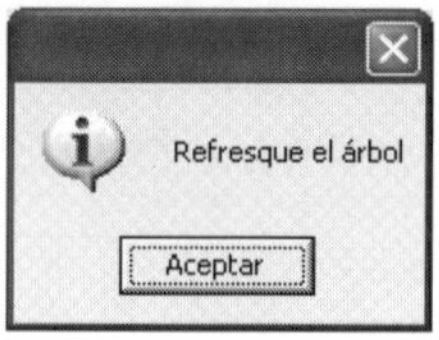

Haga clic en **Aceptar.**

***Nota**: El mensaje anterior se basa en el hecho de que algunas veces será necesario hacer clic derecho sobre el icono **Escritorio** del árbol de presupuestos y escoger la opción **Refrescar** para poder recién visualizar el presupuesto en dicho árbol.*

Finalmente el presupuesto MODULO DE VIVIENDA es visualizado en el árbol de presupuestos. Luego asegúrese de seleccionar el presupuesto tal como se ve en la siguiente figura:

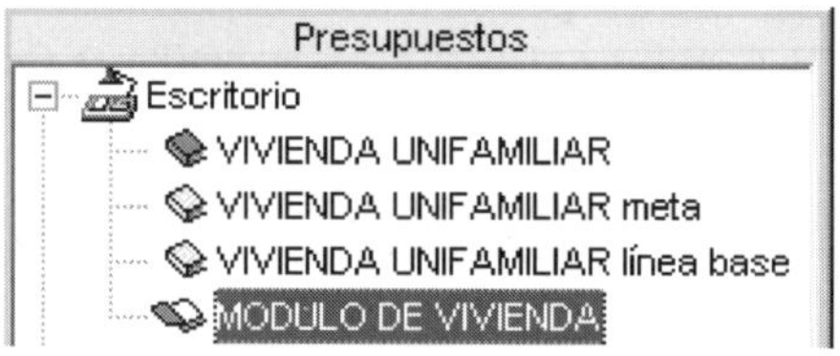

3.1.2 Registro de los Subpresupuestos

Cada vez que se crea un nuevo presupuesto, por defecto se crea un subpresupuesto con el mismo nombre, lo que se hará en este punto será cambiarlo. La siguiente figura muestra el punto donde debemos cambiar:

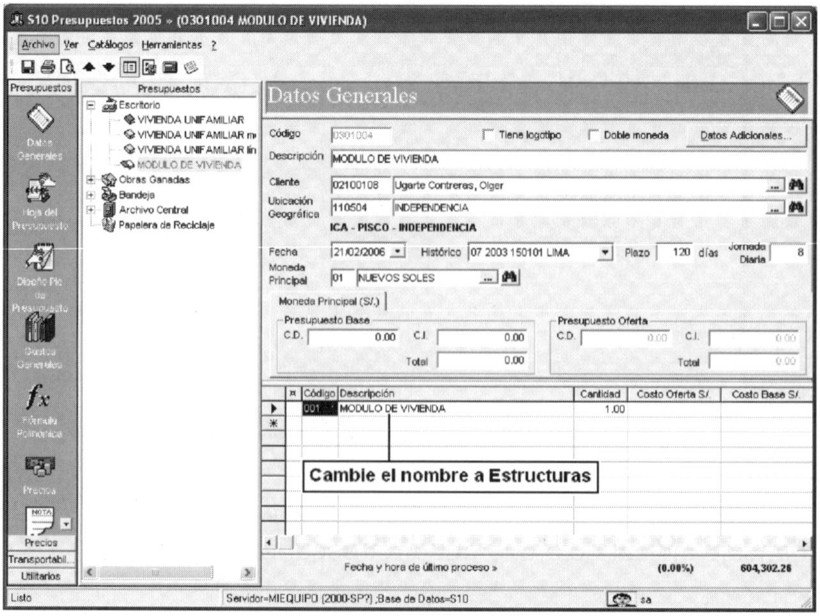

Haga clic sobre la descripción MODULO DE VIVIENDA que se encuentra en la parte inferior de la ficha de datos generales para seleccionar esa celda. Luego presione F2 o haga otro clic sobre la celda para poder editar el texto y cambiarlo a ESTRUCTURAS.

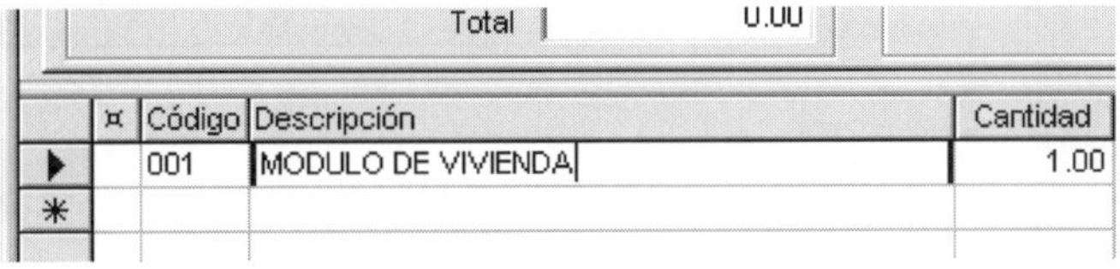

Note que mientras está escribiendo aparece un lápiz en el lado izquierdo que es un indicador de que se está modificando un texto.

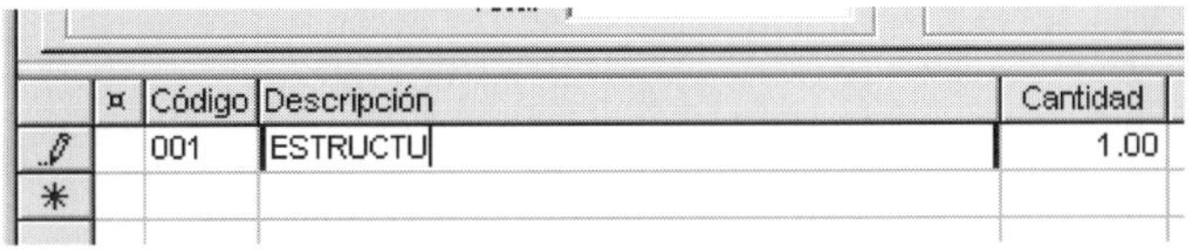

Repita el procedimiento para las tres siguientes filas de tal forma que obtenga finalmente ESTRUCTURAS, ARQUITECTURA, INSTALACIONES ELECTRICAS e INSTALACIONES SANITARIAS. Luego seleccione ESTRUCTURAS lo cual debe visualizarse como se muestra a continuación.

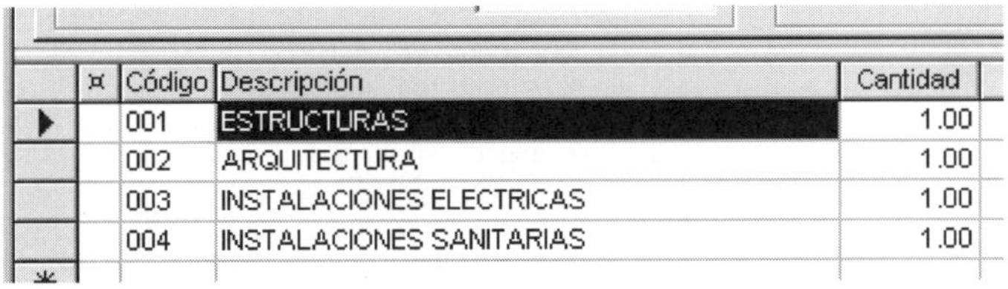

3.3 Escenario de la Hoja del Presupuesto

A continuación haga clic en el acceso directo **Hoja del Presupuesto** que se encuentra en el panel de vistas para así acceder al siguiente escenario:

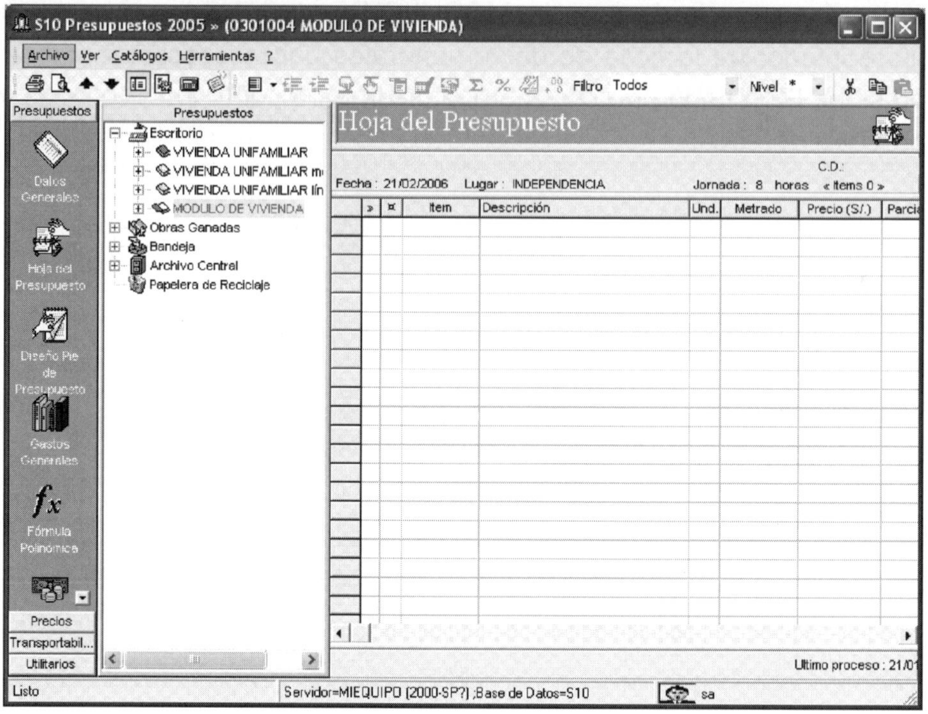

En el árbol de presupuestos despliegue el nodo MODULO DE VIVIENDA y seleccione el subpresupuesto ESTRUCTURAS (vea la siguiente figura)

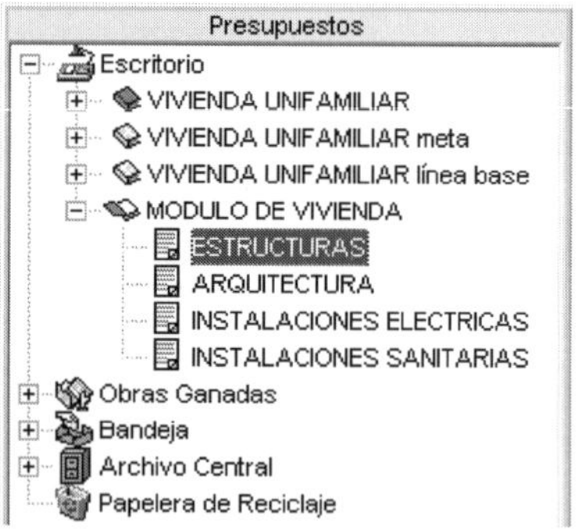

Para visualizar el panel de análisis de costos unitarios haga clic en la lista desplegable **Modo Ver** que se encuentra en la barra de herramientas **General** y seleccione lo siguiente:

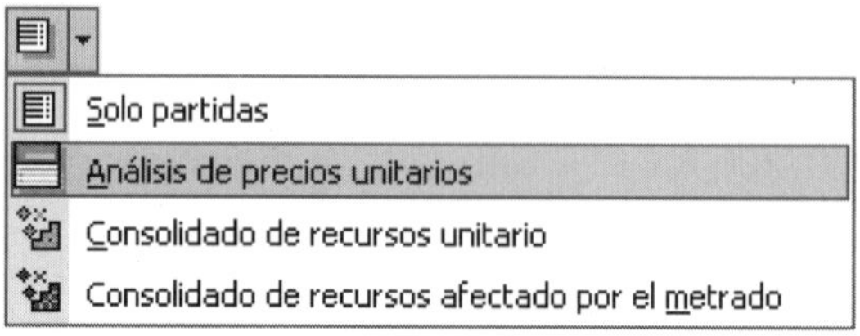

Ahora ya podemos ver el escenario completo correspondiente a la Hoja del Presupuesto:

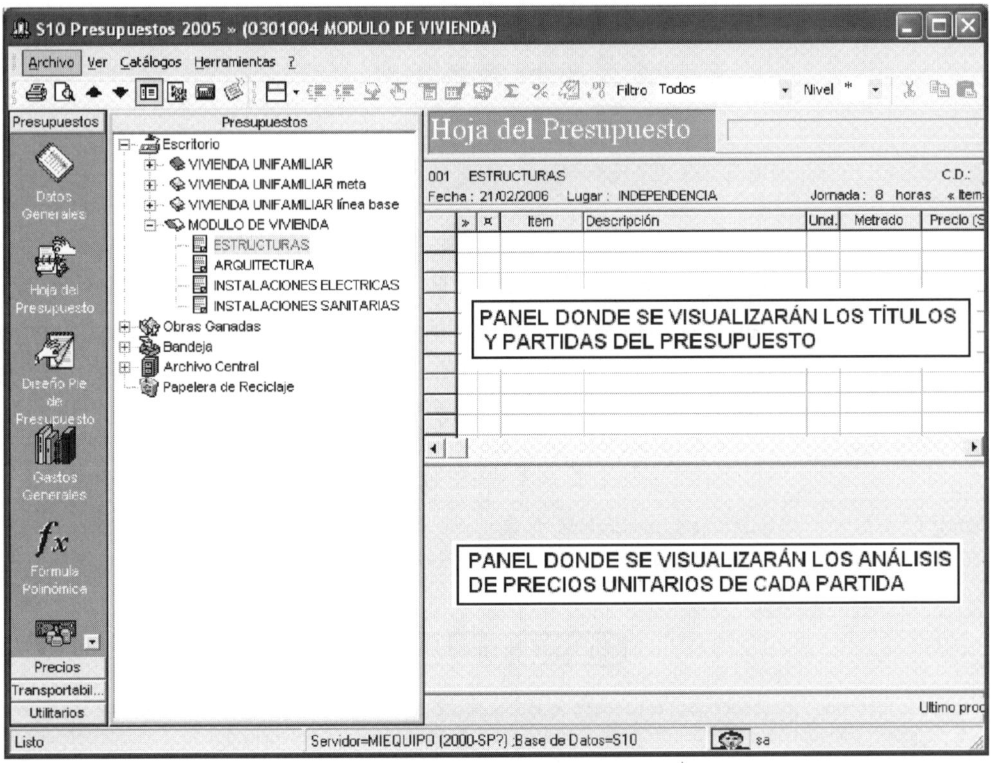

Como ha podido notar hemos dividido el escenario en dos paneles:

- Panel Superior.- Es el que mostrará todos los títulos y nombres de partidas del presupuesto.
- Panel Inferior.- Es la que mostrará los detalles de partida (análsis de precios unitarios) de todos los ítems seleccionados en el panel superior.

3.3.1 Inserción de los títulos del presupuesto

Ahora haga clic derecho sobre el panel superior del escenario de la hoja de presupuestos para visualizar el siguiente menú contextual que nos permitirá registrar los títulos y subtítulos del presupuesto. A continuación seleccione la opción **Adicionar Título**...para visualizar el catálogo de títulos.

Entonces continuando con el proceso de insertar **Títulos y Subtítulos** al presupuesto nos encontramos con la ventana **Catálogo de títulos** la cual muestra todos los registros disponibles en el catálogo.

Por ejemplo ahora escriba **OBRAS PRO**VISIONALES dígito por dígito para seleccionar del catálogo el ítem solicitado y notará que mientras va presionando los dígitos correspondientes la lista del catálogo se va reduciendo mostrando a cada momento todos los registros que hasta el momento coincidan con la cadena hasta ese momento ingresada.

***Nota**: Las letras mayúsculas parcialmente en negritas le indicarán que usted sólo necesita escribir la parte en negritas para lograr seleccionar un registro.*

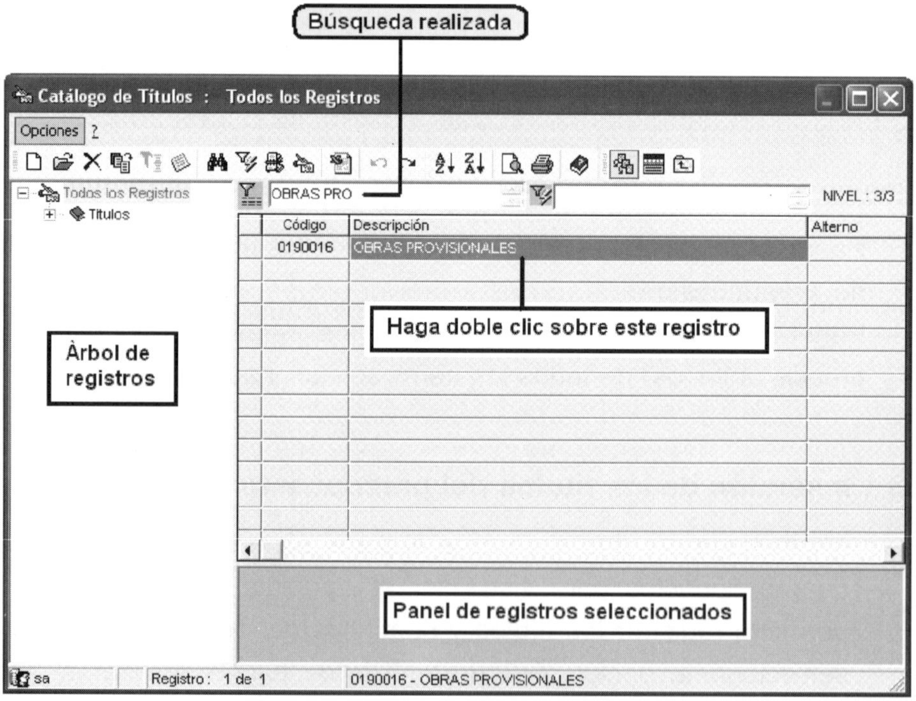

Ahora haga doble clic sobre OBRAS PROVISIONALES para seleccionar el registro y llevarlo al panel de registros seleccionados.

***Nota**: Note que al momento de realizar el doble clic sobre el registro, la zona donde se aparece la búsqueda realizada se limpia, permitiendo así que usted pueda realizar una búsqueda nueva.*

Repita el procedimiento para seleccionar:

- **OBRAS PRE**LIMINARES
- **MO**VIMIENTO DE TIERRAS
- OBRAS DE CONCRETO SIMPLE

En este último registro se dará cuenta de que no existe, para lo cual deberá crearlo. Para lograr esto primero despliegue la rama **Títulos** del árbol de registros y seleccione TITULOS PARA DETALLES DE SUBPRESUPUESTOS y haga clic derecho para visualizar un menú contextual del cual deberá seleccionar **Nuevo SubItem** o también podría hacer clic derecho en el panel derecho para seleccionar la opción **Adicionar** del menú contextual (vea la siguiente figura)

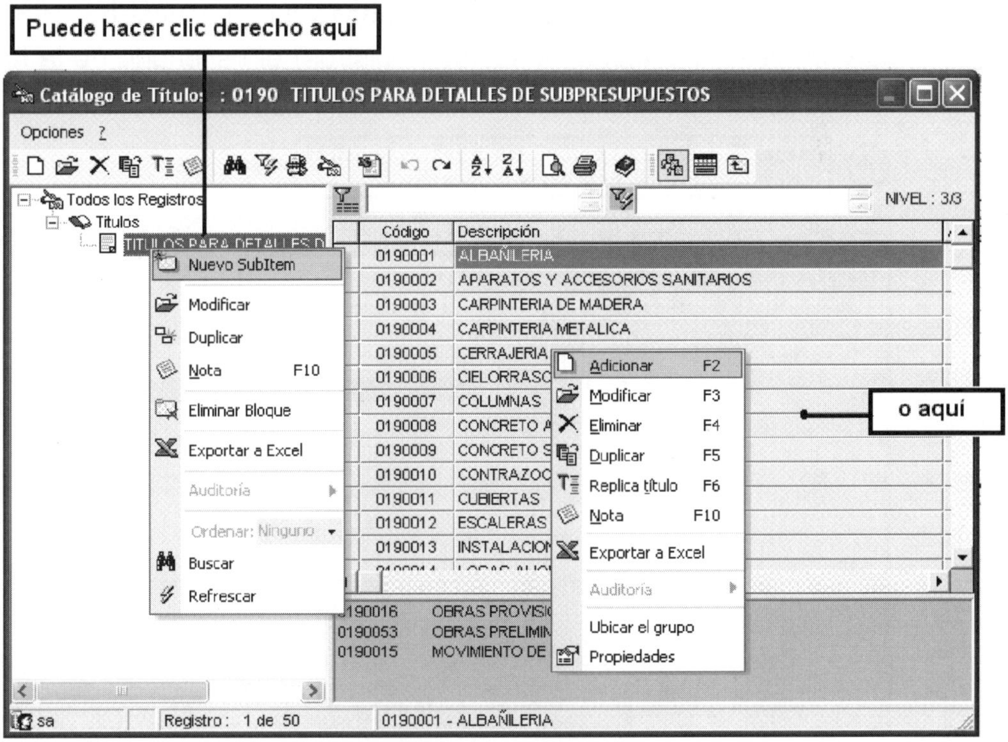

Con cualquiera de los dos mecanismos anteriores se visualizará un cuadro de diálogo en el cual se procederá a ingresar el nombre del nuevo título:

Haga clic en el botón **Adicionar** y luego también selecciónelo con doble clic para así pueda formar parte del panel donde se encuentran los registros seleccionados y de esta manera tambièn repita el procedimiento para crear OBRAS DE CONCRETO ARMADO.

Continúe seleccionando:

- **CIM**IENTOS Y SOBRECIMIENTOS
- **COL**UMNAS
- **VIG**AS
- CIELORRASOS

Este último no pertenece al presupuesto de ESTRUCTURAS por lo que deberá ser removido del panel de registros seleccionados y luego deberá hacer clic en el botón ▦ para llevar los títulos restantes (registros) al escenario de la hoja del presupuesto. Siga el orden indicado en la siguiente figura:

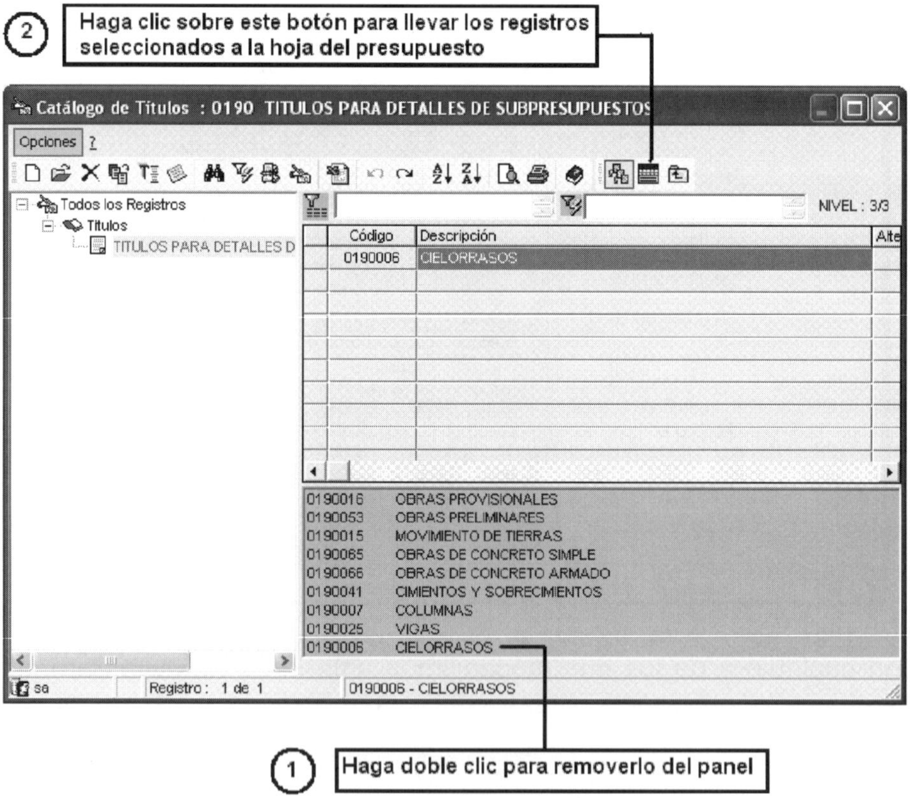

Finalmente los tìtulos deberán ahora aparecer en el escenario de la hoja del presupuesto MODULO DE VIVIENDA:

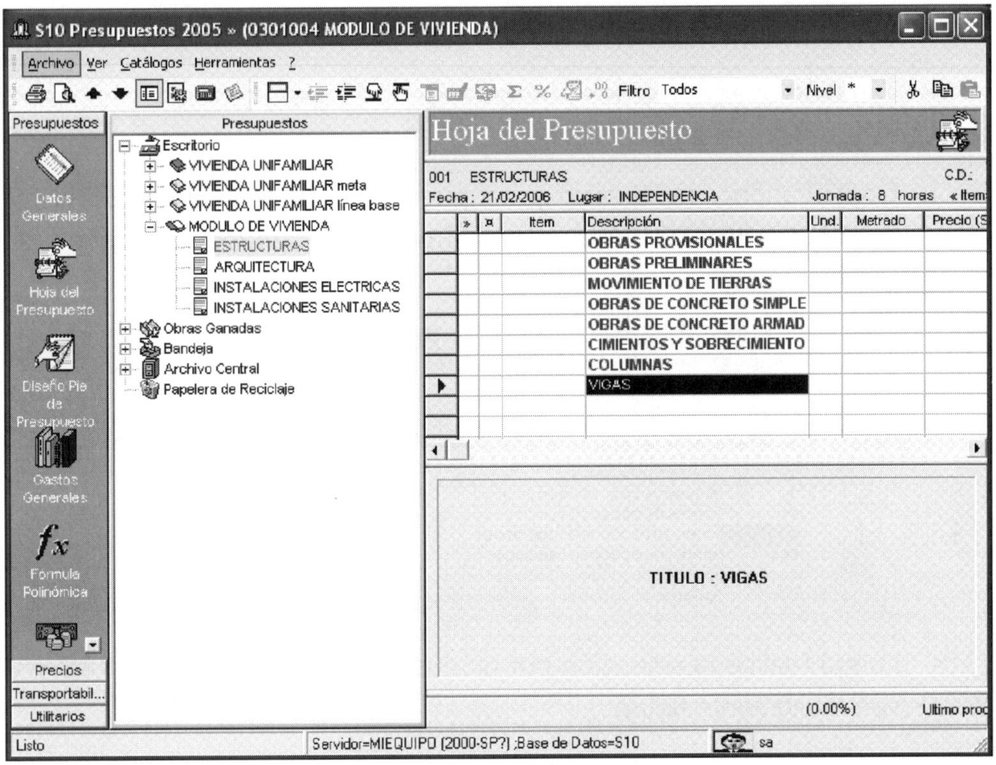

3.3.2 Generación de ìtems

El siguiente paso será generar los Ítems, para lo cual deberá presionar el botón para generar los códigos en forma correlativa (en este caso del 01 al 08) como se muestra en la figura:

3.3.3 Estableciendo jerarquìas en la hoja del presupuesto

Utilice los botones y de la barra de herramientas siempre que tenga que establecer una jerarquía en el proceso constructivo conjuntamente con el botón para generar los ítems.

También puede usar los botones y para reordenar los ítems en la hoja del prespuesto.

Continuando con nuestro presupuesto ahora seleccione CIMIENTOS Y SOBRECIMIENTOS y presione el botón y luego el botón para generar la siguiente jerarquía:

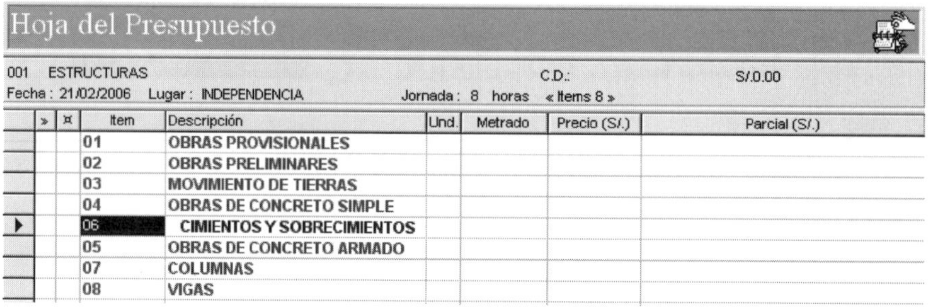

Hoja del Presupuesto

001 ESTRUCTURAS C.D.: S/.0.00
Fecha : 21/02/2006 Lugar : INDEPENDENCIA Jornada : 8 horas « Items 8 »

Item	Descripción	Und.	Metrado	Precio (S/.)	Parcial (S/.)
01	OBRAS PROVISIONALES				
02	OBRAS PRELIMINARES				
03	MOVIMIENTO DE TIERRAS				
04	OBRAS DE CONCRETO SIMPLE				
06	CIMIENTOS Y SOBRECIMIENTOS				
05	OBRAS DE CONCRETO ARMADO				
07	COLUMNAS				
08	VIGAS				

Luego realice la selección por bloque de los títulos COLUMNAS y VIGAS, vea la siguiente figura:

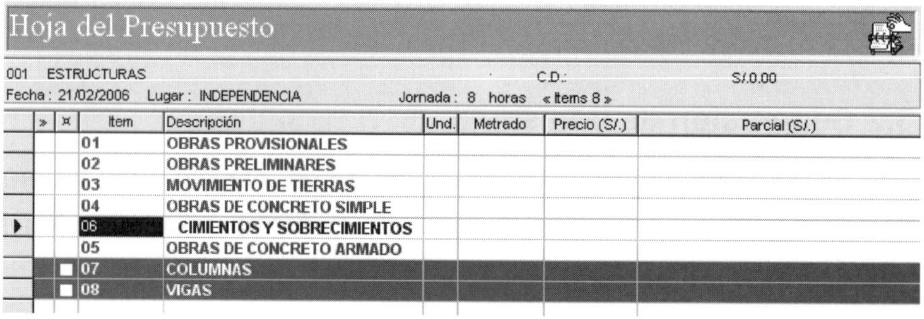

Hoja del Presupuesto

001 ESTRUCTURAS C.D.: S/.0.00
Fecha : 21/02/2006 Lugar : INDEPENDENCIA Jornada : 8 horas « Items 8 »

Item	Descripción	Und.	Metrado	Precio (S/.)	Parcial (S/.)
01	OBRAS PROVISIONALES				
02	OBRAS PRELIMINARES				
03	MOVIMIENTO DE TIERRAS				
04	OBRAS DE CONCRETO SIMPLE				
06	CIMIENTOS Y SOBRECIMIENTOS				
05	OBRAS DE CONCRETO ARMADO				
07	COLUMNAS				
08	VIGAS				

Luego presione el botón y finalmente el botón para volver a generar los ítems. Veamos la apariencia final de nuestra hoja del presupuesto:

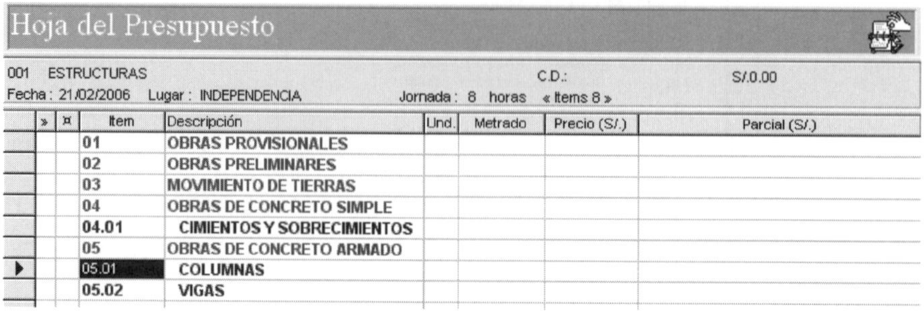

Hoja del Presupuesto

001 ESTRUCTURAS C.D.: S/.0.00
Fecha : 21/02/2006 Lugar : INDEPENDENCIA Jornada : 8 horas « Items 8 »

Item	Descripción	Und.	Metrado	Precio (S/.)	Parcial (S/.)
01	OBRAS PROVISIONALES				
02	OBRAS PRELIMINARES				
03	MOVIMIENTO DE TIERRAS				
04	OBRAS DE CONCRETO SIMPLE				
04.01	CIMIENTOS Y SOBRECIMIENTOS				
05	OBRAS DE CONCRETO ARMADO				
05.01	COLUMNAS				
05.02	VIGAS				

Capítulo 4 Implementación de un Presupuesto - Parte I

4.1 Partidas Estimadas

Son partidas de análisis aproximado que no tienen un detalle exacto debido a que no se conoce con certeza la cantidad de recursos necesarios para su desarrollo por ejemplo cuando se subcontrata todo un proceso y por muchos motivos no se tiene acceso a dichos análisis es necesario utilizar una partida cuyos recursos sean directamente los índices unificados del INEI los cuales tendrán un determinado peso teniendo como base el 100%.

Nota: *Las partidas del tipo estimada son las menos usadas en la práctica, así que se recomienda evitar su uso en lo posible*

4.1.2 Implementación de partidas estimadas

Sitúe el cursor de celda sobre OBRAS PRELIMINARES y haga clic derecho para visualizar un menú contextual y seleccione **Adicionar Partida…** tal como se muestra en la figura:

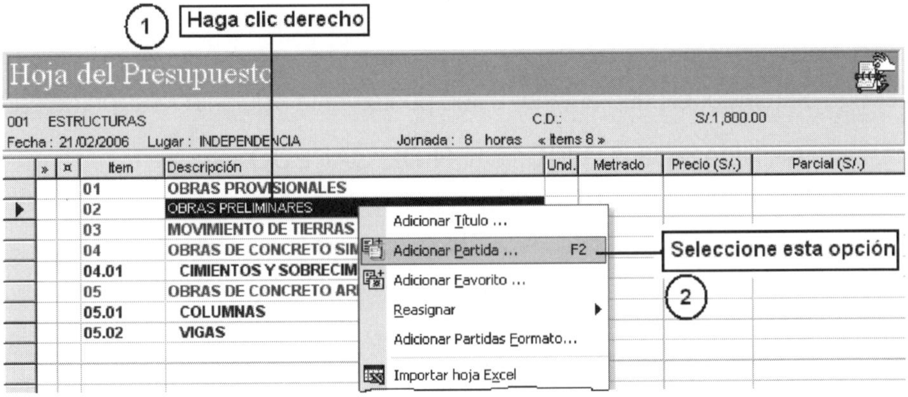

Luego visualizará el catálogo de partidas el cual dividiremos en 4 paneles como se muestra a continuación:

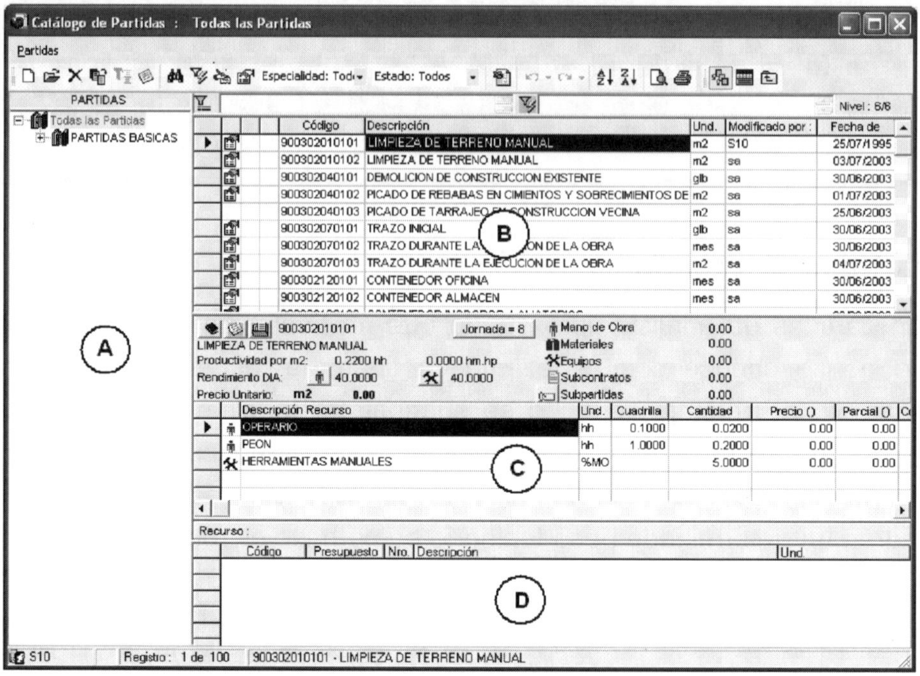

Panel A (Árbol de partidas):

En este lugar se encuentran clasificadas todas las partidas según cada una de sus ramas principales. Para visualizar estas ramas haga clic en el símbolo + al lado izquierdo de PARTIDAS BASICAS

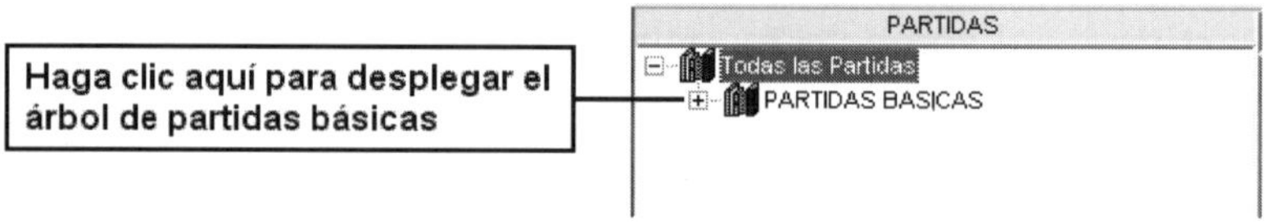

Luego de realizar el paso anterior usted podrá ver la siguiente relación de partidas:

- PARTIDAS DE EDIFICACION DE CAPECO
- PARTIDAS DE SEDAPAL
- PARTIDAS DE IRRIGACION
- PARTIDAS DE PAVIMENTACION
- PARTIDAS DE CARRETERAS
- PARTIDAS DE OBRAS DE ARTE

De las cuales cada una de estas ramas o carpetas tiene a su vez un conjunto de subcarpetas las cuales usted tendrá que recorrer hasta llegar a la última rama que es donde finalmente podrá registrar su partida, cosa que veremos en breve.

Panel B (Registros de partidas):

Es donde se localizan los nombres de todas las partidas. Si el cursor seleccionador en el árbol de partidas se encuentra en la raíz como se ve en la figura siguiente; mostrará todos los registros del catálogo de partidas a lo que denominaremos un estado de *búsqueda global*.

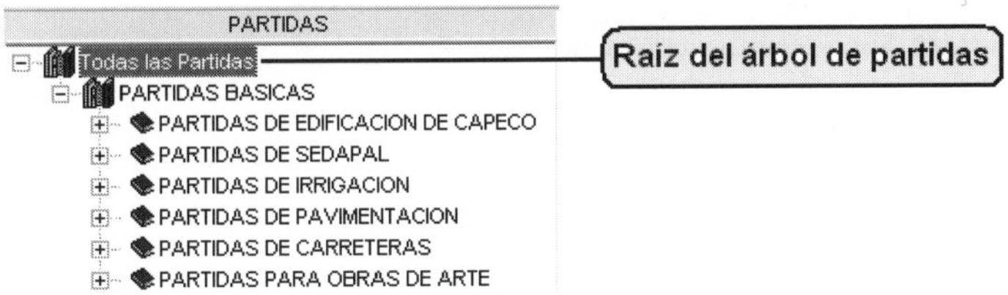

Despliegue la rama PARTIDAS DE EDIFICACION DE CAPECO y seleccione TRABAJOS PRELIMINARES (ver figura)

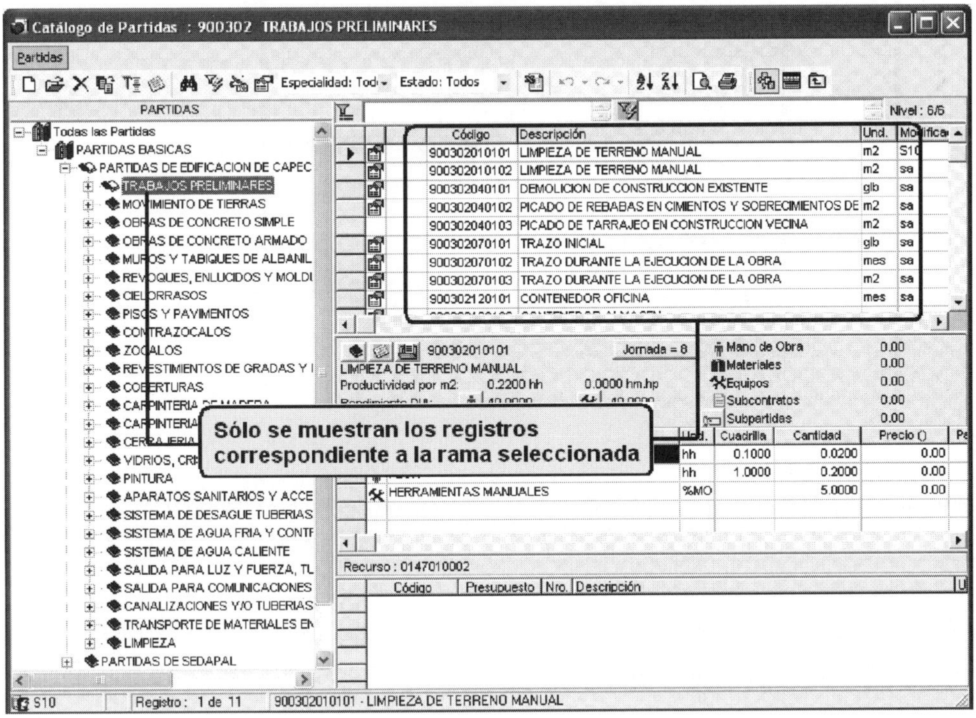

Como pudo notar en la figura anterior el panel de registros sólo muestra las partidas relacionadas con TRABAJOS PRELIMINARES, a este tipo de recorrido a través de las ramas lo denominaremos una búsqueda local porque permite buscar por registros en categorías específicas del árbol de partidas.

Finalmente despliegue la carpeta TRABAJOS PRELIMINARES luego despliegue la rama LIMPIEZA DEL TERRENO y haga clic derecho sobre LIMPIEZA DEL TERRENO para seleccionar la opción **Nuevo SubItem** tal como se muestra en la figura:

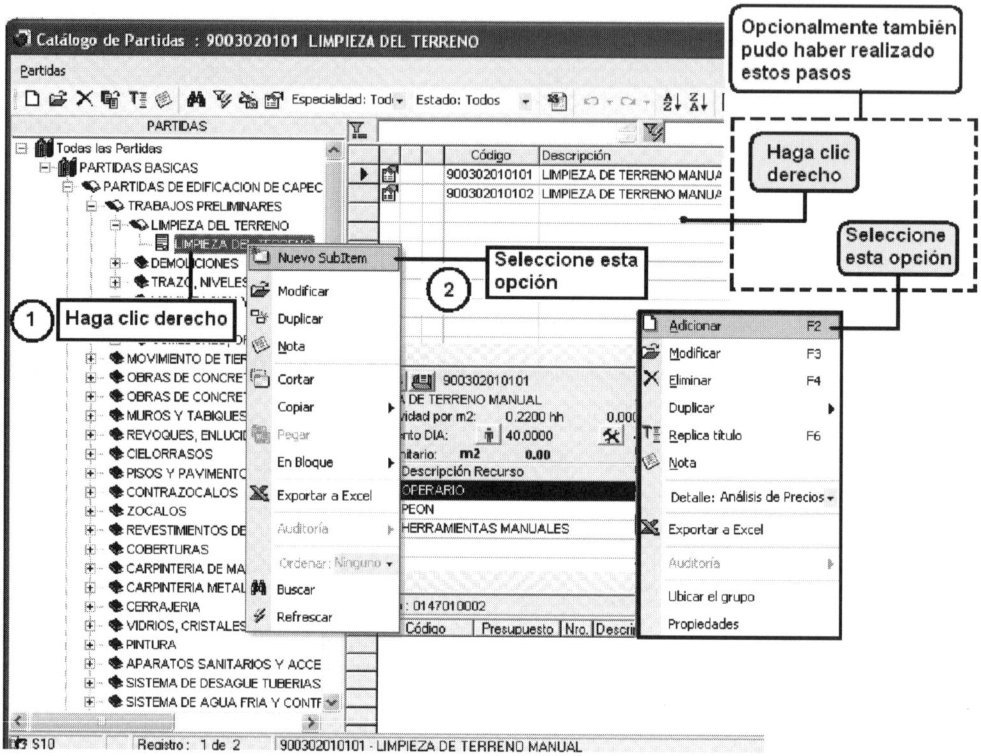

Nota: *El lector debe tener en cuentra que el icono representa el último nivel de la jeraquía en el árbol, por lo tanto es aquí donde se podrán registrar todas las partidas del presupuesto.*

Cualquiera sea la secuencia elegida en el paso anterior, usted deberá visualizar el siguiente cuadro de diálogo e ingrese los datos que aquí se muestran:

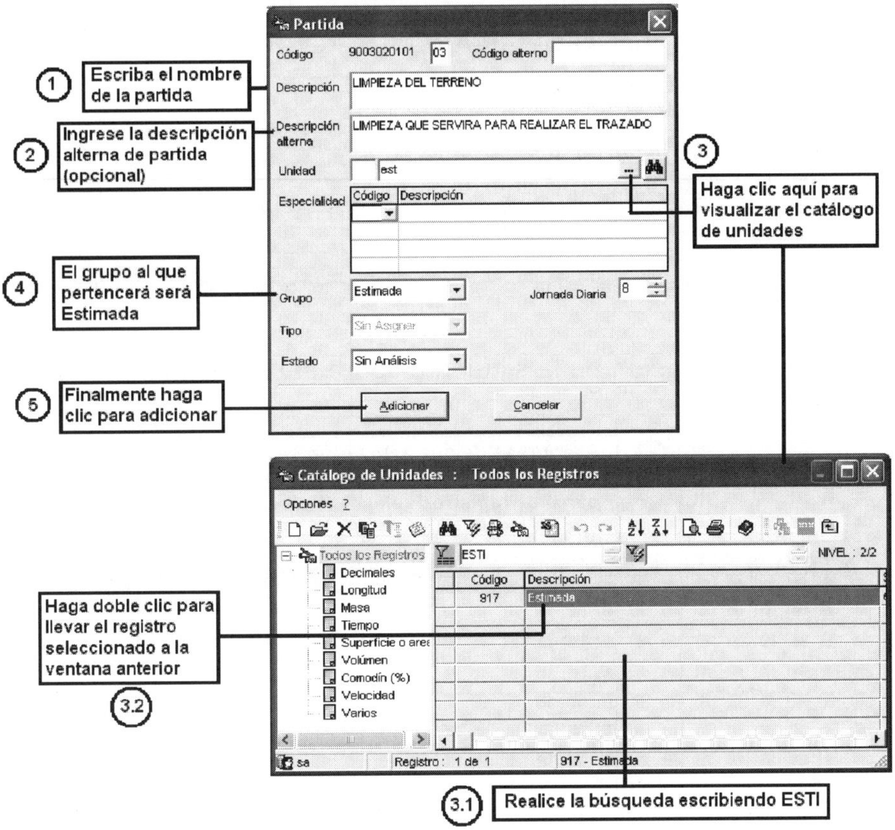

Panel C (Detalle de partida):

En este panel del catálogo de partidas se muestran todos los análisis de costos unitarios (Detalles de partidas) de cada una de las partidas seleccionadas en el panel de registros de partidas (panel B).

Seleccione la partida creada y notará que inmediatamente se mostrará el panel C vacío (puesto que es una partida recientemente creada).

Luego haga clic derecho en el panel C y seleccione la opción **Adicionar Recurso…** como se muestra en la siguiente figura:

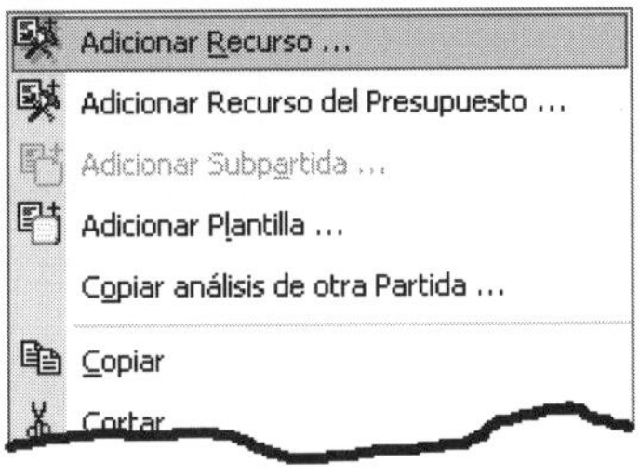

Después visualizará el catálogo de recursos en el cual deberá seleccionar los siguientes índices unificados **MANO** DE OBRA INC. LEYES SOCIALES y **MAQ**UINARIA Y EQUIPO NACIONAL

***Nota**: Supongamos que usted por error escribió **MALL**A DE ACERO en lugar de **MAQ**UINARIA Y EQUIPO NACIONAL, entonces la forma de corregir esto es a través de la tecla de borrado en retroceso (backspace) siempre observando la casilla al costado del icono con forma de embudo*

Veamos a continuación en la siguiente figura el procedimiento a seguir:

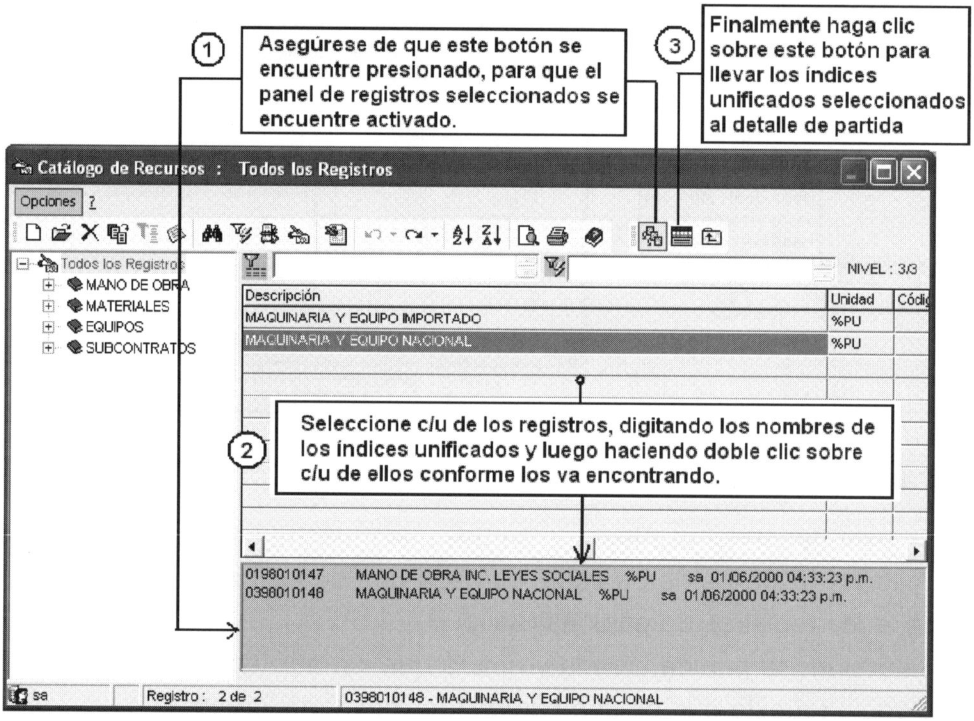

El detalle de la partida debe lucir tal como se indica en la siguiente figura:

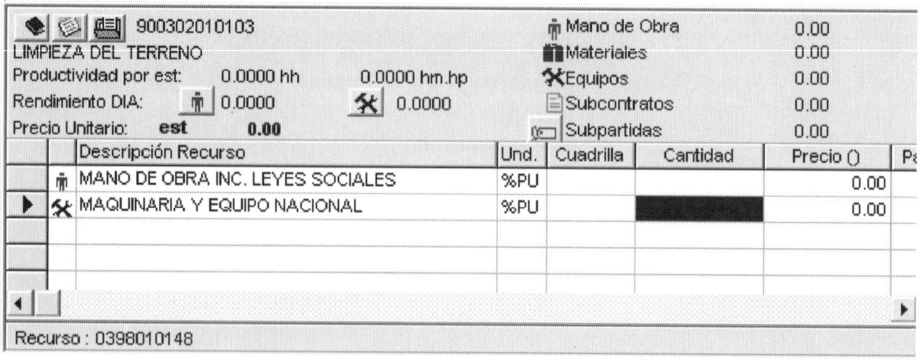

Como puede ver la columna Und. muestra las unidades sólo en %PU, para lo cual en la columna Cantidad para MANO DE OBRAS INC. LEYES SOCIALES escribiremos **25** y luego para MAQUINARIA Y EQUIPO NACIONAL escribiremos **75** que sumados representan el 100% del costo total de la partida estimada.

Panel D (Lista de registros seleccionados):

Este panel aparece en todos los catálogos vistos anteriormente, así que no nos sorprenda verlo nuevamente en el catálogo de partidas, así que el siguiente paso será hacer doble clic en el nombre de la partida LIMPIEZA DEL TERRENO para que aparezca seleccionado en el panel D como se muestra en la figura más abajo.

Algo más que cabe resaltar mientras se está elaborando esta partida es que mientras no sea jalada a la hoja del presupuesto ésta no será convertida automáticamente en "Propia" (tema que veremos más adelante) lo cual se puede verificar por la falta del símbolo en el lado izquierdo del nombre de partida.

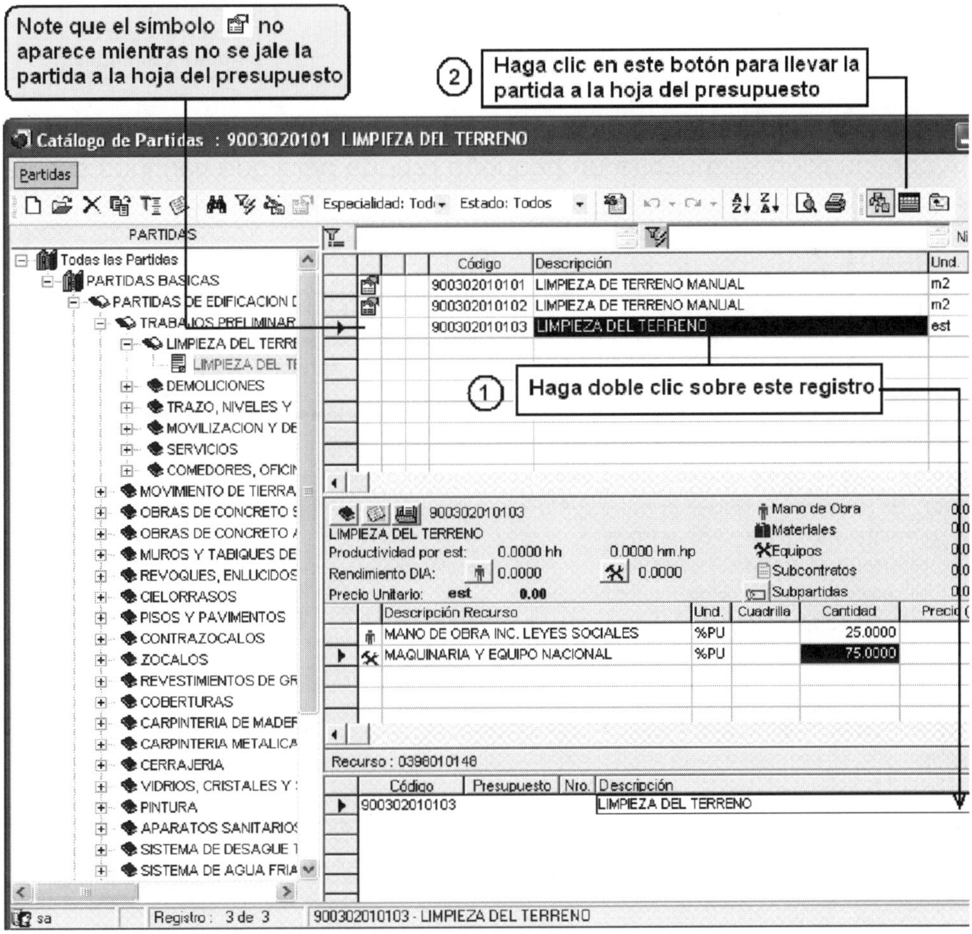

Luego estando en la hoja del presupuesto presione el botón para generar su número de ítem.

En la columna Metrado escriba **1** y en la columna Precio(S/.) escriba **1800.**

***Nota**: Sólo para el caso de partidas estimadas usted será capaz de poder escribir el precio unitario directamente en la columna **Precio(S/.)**, porque para el caso de partidas básicas que veremos más adelante el precio unitario será calculado por el sistema en base a un análisis más detallado que generalmente incluye un rendimiento unitario.*

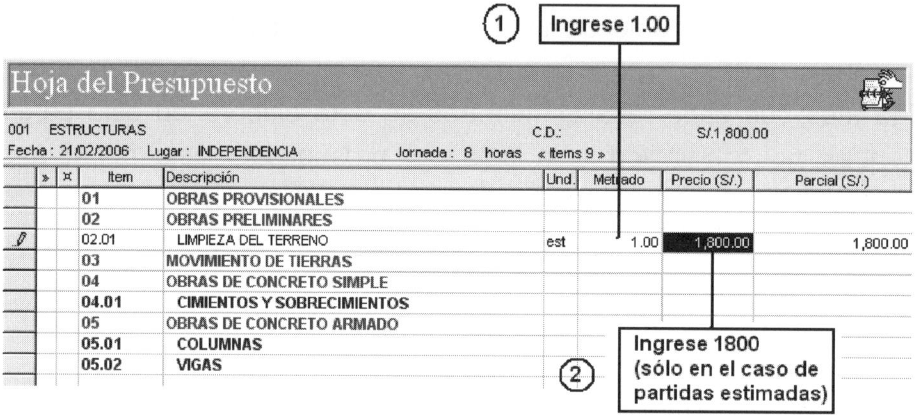

A continuación se muestra un pequeño reporte para que verifique sus datos:

LIMPIEZA DEL TERRENO

Partida: 02.01

Descripción Recurso	Und.	Cuadrilla	Cantidad	Precio (S/.)	Parcial (S/.)
MANO DE OBRA INC. LEYES SOCIALES	%PU		15.0000	1,800.00	270.00
MAQUINARIA Y EQUIPO NACIONAL	%PU		75.0000	1,800.00	1,350.00

***Nota**: Es importante haber comprendido cada paso y como llamar por su nombre cada uno de los paneles del catálogo de partidas:*

- *Panel A: Árbol de Partidas*
- *Panel B: Registros de Partidas*
- *Panel C: Detalles de Partidas*
- *Panel D: Registros seleccionados*

Si no tiene claro esta parte le recomendamos vuelva a revisar desde el inicio del capítulo para una mejor comprensión del resto del libro.

Creación de la partida ALMACENES, GUARDIANIA Y COMEDORES

Siga los siguientes pasos:

1. Haga clic sobre el título OBRAS PROVISIONALES para seleccionarlo
2. Luego haga clic derecho sobre el título seleccionado para visualizar el menú contextual en el cual deberá seleccionar Adicionar Partida... para visualizar el catálogo de partidas.

Creación de una nueva rama en el árbol de partidas

3. En el árbol de partidas seleccione y luego haga clic derecho sobre el grupo PARTIDAS DE EDIFICACION DE CAPECO y en el menú contextual seleccione **Nuevo SubItem.**
4. En el cuadro de diálogo mostrado escriba TRABAJOS PROVISIONALES en la casilla Descripción y luego haga clic en el botón **Adicionar** (verifique que se haya creado al final del grupo)

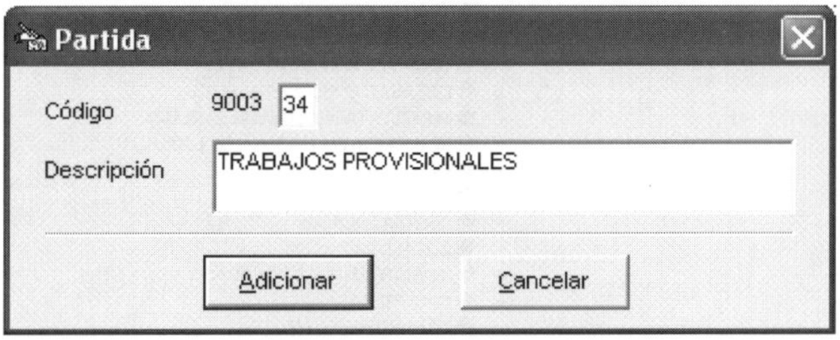

5. Luego seleccione y haga clic derecho sobre TRABAJOS PROVISIONALES para seleccionar la opción Nuevo SubItem del menún contextual.
6. En el cuadro de diálogo mostrado escriba PARA ALMACEN Y GUARDIANIA en la casilla Descripción y luego haga clic en el botón **Adicionar** (despliegue la rama TRABAJOS PROVISIONALES y verifique que se haya creado esta rama)

7. Finalmente, seleccione y haga clic derecho sobre la rama PARA ALMACEN Y GUARDIANIA y del menú contextual seleccione **Nuevo SubItem.**
8. En el cuadro de diálogo mostrado escriba PARTIDAS MACRO PERU en la casilla Descripción y luego haga clic en el botón **Adicionar** (despliegue la rama PARA ALMACEN Y GUARDIANIA y verifique que se haya creado esta rama)

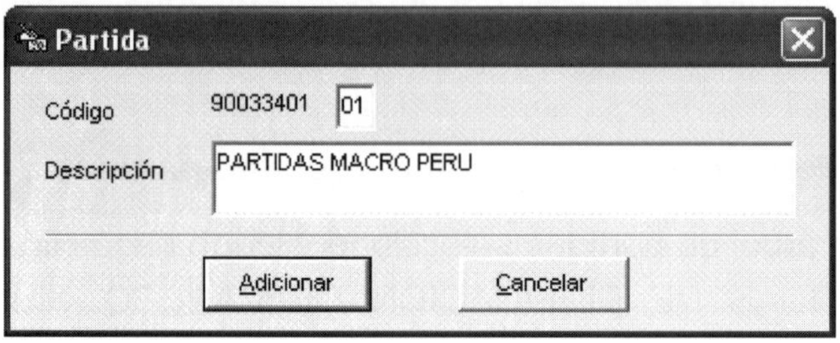

A continuación se muesra el árbol con las ramas recientemente creadas:

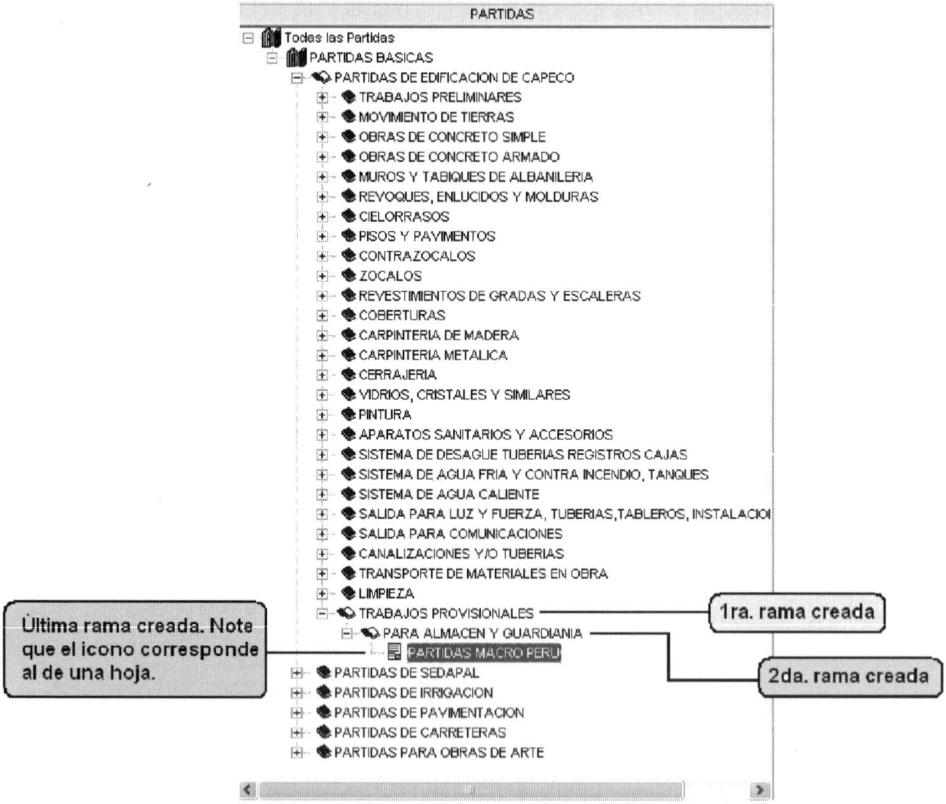

9. Finalmente haga clic derecho sobre la última rama creada y seleccione la opción **Nuevo SubItem** del menú contextual para visualizar el siguiente cuadro de diálogo e ingrese la información que allí se presenta:

10. Haga clic en el botón **Adicionar** y luego seleccione la partida creada, para luego hacer clic derecho en su correspondiente detalle de partida y seleccione la opción **Adicionar Recurso**... del menú contextual presentado para visualizar el catálogo de recursos.

11. Del catálogo seleccione los índices unificados:
    a. MANO DE OBRA INC. LEYES SOCIALES
    b. MADERA NACIONAL PARA ENCOF. Y CARPINT.
    c. PLANCHA DE ACERO LAC
    d. MAQUINARIA Y EQUIPO NACIONAL

12. Una vez seleccionados todos los registros haga clic sobre para retornar al detalle de partida con todo el grupo de registros seleccionados.

13. Luego ubique el cursor en la columna cantidad dentro del detalle de partida e ingrese como cantidades **30, 50, 5** y **15** que son los porcentajes de participación de cada uno de los recursos seleccionados en la partida estimada. (vea la siguiente figura)

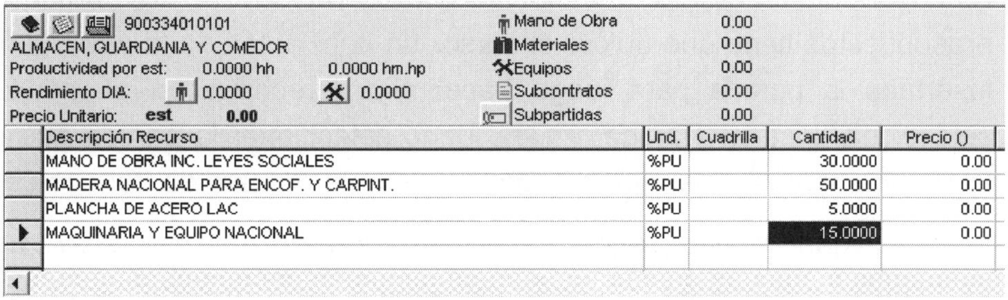
900334010101
ALMACEN, GUARDIANIA Y COMEDOR
Productividad por est: 0.0000 hh 0.0000 hm.hp
Rendimiento DIA: 0.0000 0.0000
Precio Unitario: est 0.00

Mano de Obra 0.00
Materiales 0.00
Equipos 0.00
Subcontratos 0.00
Subpartidas 0.00

Descripción Recurso	Und.	Cuadrilla	Cantidad	Precio ()
MANO DE OBRA INC. LEYES SOCIALES	%PU		30.0000	0.00
MADERA NACIONAL PARA ENCOF. Y CARPINT.	%PU		50.0000	0.00
PLANCHA DE ACERO LAC	%PU		5.0000	0.00
MAQUINARIA Y EQUIPO NACIONAL	%PU		15.0000	0.00

14. Estando en el catálogo de partidas haga doble clic sobre el nombre de la partida en el grupo de registros (panel B) para seleccionarlo y luego presione para que la partida seleccionada sea llevada a la hoja del presupuesto.

15. En la hoja de presupuesto haga clic sobre el botón para generar su número de ítem.

16. Ingrese como metrado **1** y como Precio (S/.) **2500**

Asegúrese de verificar sus datos con el siguiente reporte:

ALMACEN, GUARDIANIA Y COMEDOR

Partida: 01.01

Descripción Recurso	Und.	Cuadrilla	Cantidad	Precio (S/.)	Parcial (S/.)
MANO DE OBRA INC. LEYES SOCIALES	%PU		30.0000	2,500.00	750.00
MADERA NACIONAL PARA ENCOF. Y CARPINT.	%PU		50.0000	2,500.00	1,250.00
PLANCHA DE ACERO LAC	%PU		5.0000	2,500.00	125.00
MAQUINARIA Y EQUIPO NACIONAL	%PU		15.0000	2,500.00	375.00

***Nota**: La diferencia en la forma de crear la partida LIMPIEZA DEL TERRENO con la anterior partida llamada ALMACENES, GUARDIANIA Y COMEDORES es sólo que en éste último caso hemos creado carpetas, similar a lo que se haría en el explorador de Windows cuando se quiere almacenar un archivo en una ruta específica que identifique y clasifique dicho archivo.*

Ejercicio:

Desarrolle la partida estimada mostrada en el siguiente cuadro:

AGUA Y FLUIDO ELECTRICO PARA LA OBRA

Partida: 02.02

Descripción Recurso	Und.	Cuadrilla	Cantidad	Precio (S/.)	Parcial (S/.)
INDICE GENERAL DE PRECIOS AL CONSUMIDOR	%PU		100.0000	1,200.00	1,200.00

SOLUCIÓN:

Es importante recordar que cada vez que desee insertar una partida a la hoja de presupuestos tiene que ubicar el cursor un ítem antes de la posición donde será insertada la partida para luego hacer clic derecho y en el menú contextual seleccionar Insertar Partida... para luego seleccionar la partida que se desea y finalmente vuelva a generar su correspondiente número de ítem con el botón  .

Si por algún motivo olvida esta indicación no se preocupe, porque esto fácilmente se soluciona utilizando las flechas  de la barra de botones de la hoja del presupuesto con los cuales podrá desplazar la partida en la hoja del presupuesto y cuando esté seguro de su lugar adecuado volver a generar los números de ítems con el botón .

En el desarrollo de ésta última partida estimada aprovecharé hacer uso de estos botones.

Siga los siguientes pasos:

1. Estando en la hoja del presupuesto seleccione la primera fila (OBRAS PROVISIONALES) y luego haga clic derecho sobre ella.
2. En el menú contextual seleccione Adicionar Partida... para visualizar el catálogo de partidas.
3. En el árbol de partidas recorra la siguiente ruta PARTIDAS DE EDIFICACION DE CAPECO/TRABAJOS PRELIMINARES/SERVICIOS y asegúrese de que el cursor seleccionador esté sobre SERVICIOS para luego hacer clic derecho sobre él.
4. En el menú contextual seleccione Nuevo SubItem y en la casilla Descripción del cuadro de diálogo escriba AGUA Y FLUIDO ELECTRICO y luego presione el botón Adicionar.
5. Luego seleccione y haga un clic derecho sobre AGUA Y FLUIDO ELECTRICO
6. En el menú contextual seleccione Nuevo SubItem y en la casilla Descripción del cuadro de diálogo escriba AGUA Y FLUIDO ELECTRICO PARA LA OBRA, en la casilla Unidad establezca la unidad est y finalmente en la lista desplegable Grupo seleccione Estimada y finalmente presione el botón Adicionar.
7. Haga clic derecho en el detalle de partida de AGUA Y FLUIDO ELECTRICO PARA LA OBRA y seleccione Adicionar Recurso... para visualizar el catálogo de índices unificados del INEI.
8. Haga clic sobre cualquier recurso del grupo de registros y escriba INDICE GENERAL DE PRECIOS AL CONSUMIDOR.
9. Una vez seleccionado haga doble clic sobre el registro y haga clic sobre el botón para llevarlo al detalle de partida.
10. Una vez de vuelta al catálogo de partidas haga doble clic sobre el nombre de la partida en el grupo de registros para que pase a formar parte del grupo de registros seleccionados.
11. En la columna Cantidad dentro en el detalle de partida escriba 100
12. Finalmente haga clic sobre para llevarlo a la hoja del presupuesto.
13. En la hoja del presupuesto presione 3 veces el botón para ubicarlo en la posición correcta y luego presione el botón para volver a generar los números de ítems.
14. Para terminar ingrese metrado 1 y precio 1200.

4.2 Partidas Básicas

Una partida es una actividad o proceso que se requieren realizar en la obra por lo cual está formado por 4 partes: Mano de Obra, Materiales, Materiales y Subcontratos, donde el ritmo de producción es llamado rendimiento y de acuerdo a este valor podemos determinar la cantidad aportada por la mano de obra y los equipos en cada proceso.

Costo Unitario = Mano de Obra + Materiales + Equipo/Herramientas

Aportes

La cantidad aportada de los recursos (mano de obra, material y equipo) que se necesitan para ejecutar una unidad de producción (m3, m2, kg, m, etc.)

Rendimientos

El término correcto que debe ser atribuido es "producción" que es la cantidad de obra (m3, m2, kg, m, etc.) que se puede desarrollar en una jornada de 8 horas diarias de trabajo, pero para no confundir al lector se seguirá considerando el término rendimiento a lo largo de todo este libro.

Por ejemplo:

Para una partida llamada SOLADOS DE CONCRETO f'c=100 kg/cm2 h=2" (unidad en m3) tenemos la siguiente cuadrilla y equipo por jornada:

(1 Operador de equipo liviano + 1 Operario +1 Oficial + 1 Peon + Mezcladora de concreto de tambor) … 120 m2 / 8 horas

Además de los materiales que se pueden ver en el siguiente análisis de precios unitarios:

Descripción Recurso	Und.	Cuadrilla	Cantidad	Precio	Parcial
Mano de Obra					
Operador de equipo liviano	hh	1	**A**	8.00	A*8.00
Operario	hh	1	**B**	7.50	B*7.50
Oficial	hh	1	**C**	6.00	C*6.00
Peon	hh	8	**D**	5.00	D*5.00
Materiales					
Cemento Pórtland Tipo I (42.5 kg)	bls		0.03	16.00	0.48
Hormigon (puesto en obra)	m3		0.10	22.00	2.20
Equipos y Herramientas					
Herramientas manuales	%MO		3.00	**F**	0.03*F
Mezcladora de concreto tambor 18 HP 11 p3	hm	1	**E**	15.00	E*15.00

MANO DE OBRA

El costo de la mano de obra está definido por dos parámetros:

- El costo del obrero por hora o también llamado hora hombre
- El rendimiento de un obrero o cuadrilla de obreros para producir una unidad de producción. Esto es subjetivo a cada analista que según su experiencia determinará el mejor valor para este rendimiento según las condiciones de obra.

Costo de hh = Ganacia del Obrero + Aportaciones del Empleador

Cabe mencionar que el costo de la hora hombre esta en función del área geográfica en la que se desenvuelve, tipo de obra, etc.

Aporte Unitario de la Mano de Obra

Aporte M.O. = (No. Obreros * 8 horas)/Rendimiento

Cálculo del aporte unitario (A, B, y C):

La determinación del aporte unitario será lo mismo para OPERADOR DE EQUIPO LIVIANO, OPERARIO y OFICIAL.

A = B = C = (1 * 8)/120 = 0.0667 hh

Cálculo del aporte unitario (D):

D = (8 * 8)/120 = 0.5333 hh

Cálculo del aporte unitario (E):

E = (1 * 8)/120 = 0.0667 hm

Cálculo del total de Mano de Obra (F):

F = (A * 8.00 + B * 7.50 + C * 6.00 + D * 5.00) = 4.10

Determinación del precio unitario:

Corresponde a la suma de todos los parciales del análisis:

P.U. = (A * 8.00 + B * 7.50 + C * 6.00 + D * 5.00 + 0.48 + 2.20 + 0.03*F + E * 15.00)

P.U. = 7.90

Las celdas sombreadas en la tabla anterior corresponden a todos los valores que serían ingresados por el usuario si se tratará de una partida básica.

***Nota:** El ejemplo anterior sólo es para familiarizarlo con la forma de trabajo de las paritdas básicas en el S10 Presupuestos, en ningún momento se supone que el lector deba desarrollarlo como parte del presupuesto MODULO DE VIVIENDA.*

4.2.1 Búsqueda mediante el Filtro

Ahora insertaremos una partida directamente desde el catálogo (sin crearlo) para resaltar otro tipo de búsqueda, para eso siga los siguientes pasos

1. En la hoja del presupuesto seleccione MOVIMIENTO DE TIERRAS y luego haga clic derecho sobre él.
2. En el menú contextual seleccione **Adicionar Partida...** para visualizar el catálogo de partidas básicas.
3. En el catálogo ubique el cursor seleccionador sobre la raíz del árbol de partidas PARTIDAS BASICAS para realizar una búsqueda global.

***Nota**: Cuando no esté seguro en que rama del árbol realizar la búsqueda de un registro (búsqueda local) es recomendable hacer una búsqueda global.*

4. Haga clic en el botón que se encuentra en la barra de herramientas para visualizar un cuadro de diálogo con tres casillas en donde deberá escribir tres palabras:

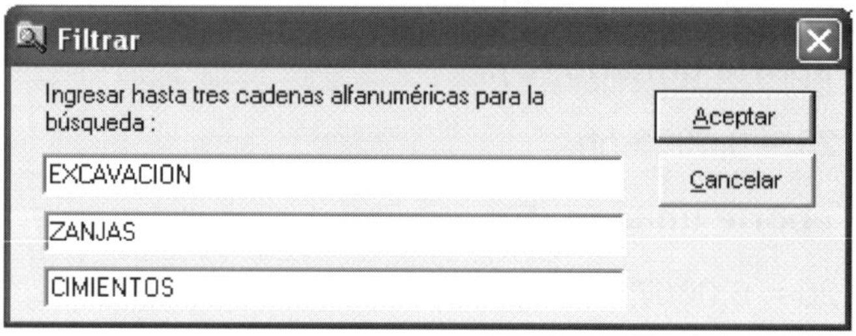

Luego haga clic en **Aceptar**. En ese momento usted debe poder visualizar los elementos filtrados (vea la siguiente figura)

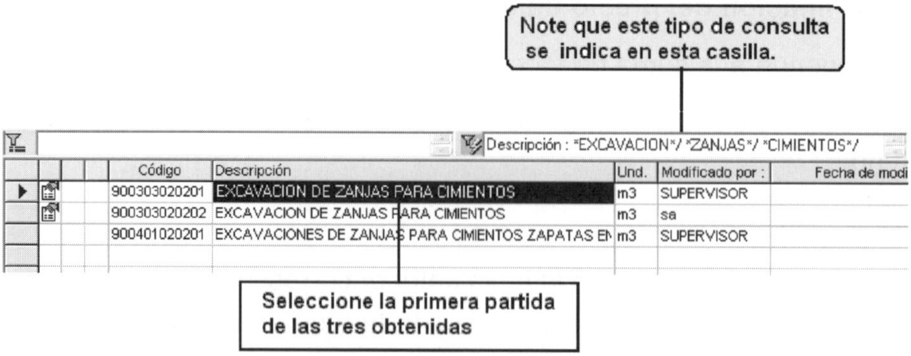

5. Ahora haga doble clic sobre la partida seleccionada para llevarla al grupo de registros seleccionados.

6. luego presione el botón para llevar la partida a la hoja de presupuesto.
7. Haga clic sobre el botón para volver a generar los ítems.
8. Ingrese sólo el metrado **75.6**

4.2.2 Creando Partidas directamente en el catálogo desde el escenario

Para crear un conjunto de partidas directamente del catálogo siga cuidadosamente cada uno de los siguientes pasos:

1. Desde cualquiera de los escenarios del presupuesto (por ejemplo: Datos generales, hoja del presupuesto, etc.) en la barra de menús seleccione **Catálogos** y luego la opción **Partidas** (vea la siguiente figura)

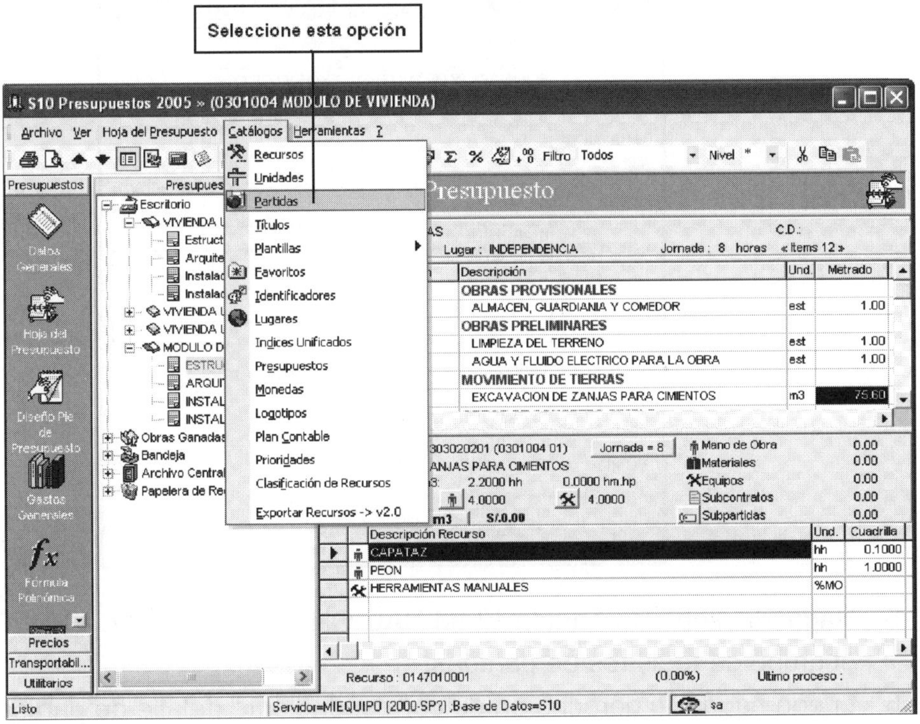

2. En el catálogo de partidas recorra las siguientes carpetas del árbol PARTIDAS BASICAS/PARTIDAS DE EDIFICACION DE CAPECO/MOVIMIENTO DE TIERRAS/ELIMINACION DE MATERIAL EXCEDENTE/ELIMINACION DE MATERIAL EXCEDENTE

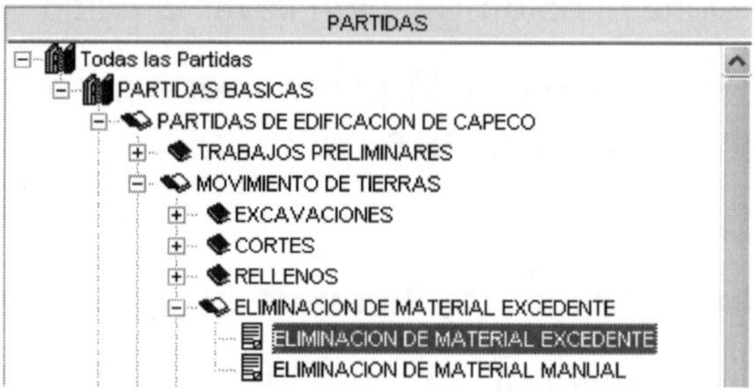

3. Luego haga clic derecho sobre ELIMINACION DE MATERIAL EXCEDENTE y seleccione la opción **Nuevo SubItem** del menú contextual.
4. En el cuadro de diálogo Partida asegúrese de ingresar todos los datos que se muestran en la siguiente figura y luego haga clic en **Adicionar**

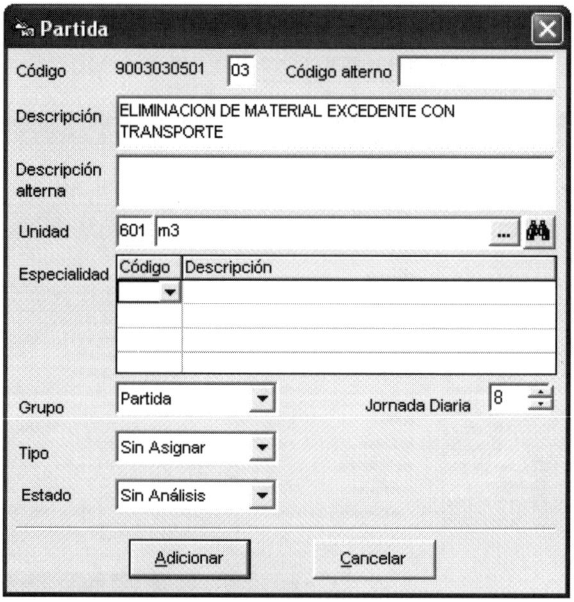

5. Haga clic sobre la partida ELIMINACION DE MATERIAL EXCEDENTE en el grupo de registros de partidas.
6. Luego haga clic derecho en su correspondiente detalle de partida.
7. En el menú contextual seleccione **Adicionar Recurso...**
8. En el catálogo de recursos seleccione CAPATAZ, PEON, HERRAMIENTAS MANUALES y CAMION VOLQUETE 4x2 140-210HP 6M3.
9. En el caso de éste último puede escribir CAMION y luego presione el botón para realizar un filtrado. (Vea la siguiente figura)

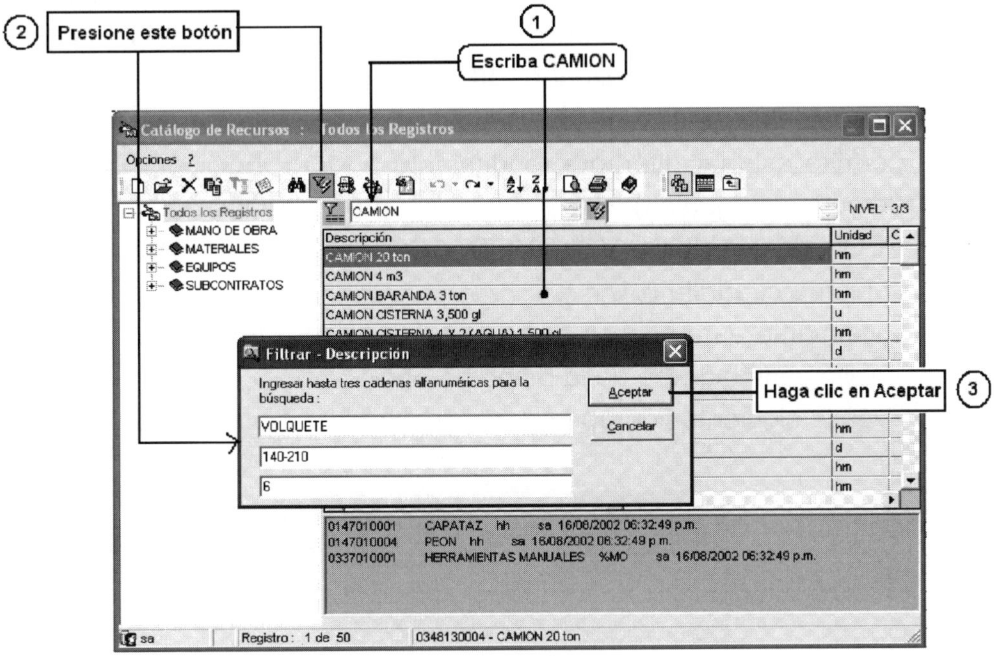

Luego seleccione el recurso cuya unidad sea en hm:

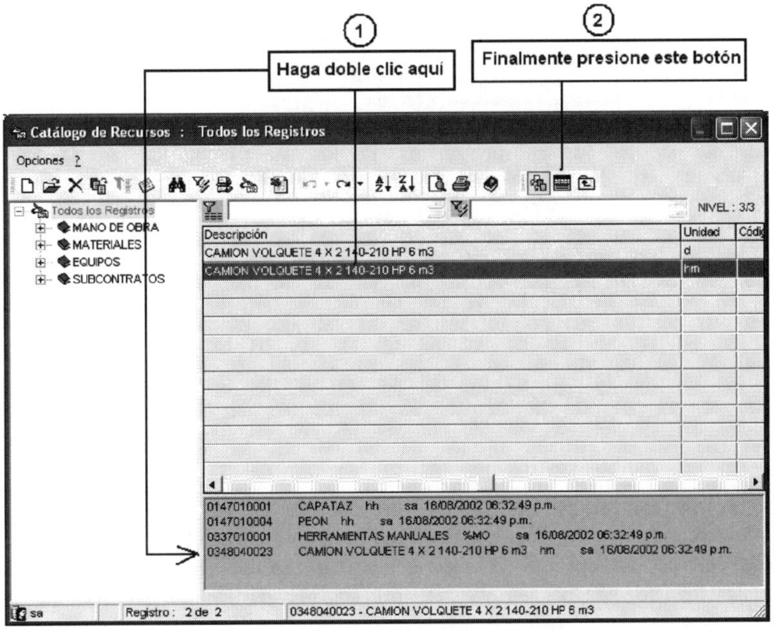

10. Luego en el detalle de partidas haga clic en el botón Rendimiento para que luego en el cuadro de diálogo Rendimientos en la casilla Rendimiento (MO) escriba **30** y notará que en la segunda casilla Rendimiento (EQ) también cambia al mismo valor (Esta versión del S10 permite asignar diferente rendimiento a MO y EQ, pero inicialmente por defecto son iguales). Haga clic en Aceptar. para los recursos OPERARIO, PEON Y CAMION VOLQUETE 4X2 140-210HP 6M3 escriba en la columna cuadrilla **0.1, 4** y **1.**

   Finalmente para el caso de HERRAMIENTAS MANUALES escriba **3** en la casilla cantidad (3% de la mano de obra)

   (Vea la siguiente figura)

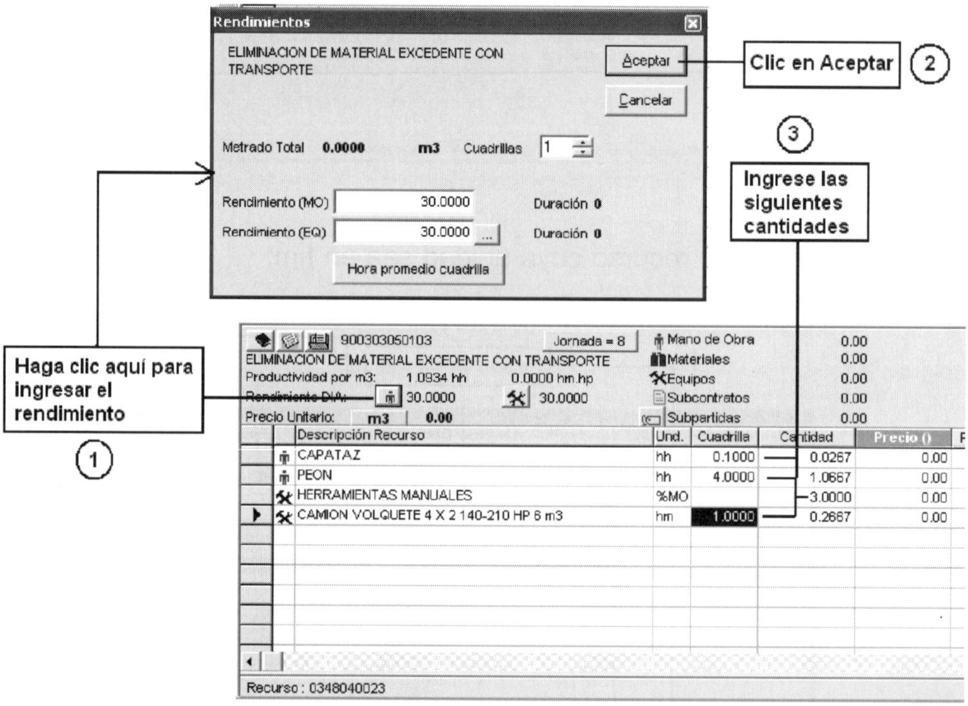

Nota**: Habrá notado que cuando escribe el valor del rendimiento en la casilla **Rendimiento (MO)** este valor es replicado automáticamente en la casilla **Rendimiento (EQ).** Si usted necesitará por alguna razón tener rendimientos distintos para la MO y EQ, entonces deberá seleccionar **Herramientas?Configuración** y en la ficha **Análisis de Precios Unitarios** marcar la casilla **Rendimiento de Mano de Obra y Equipo diferentes.

Verifique sus datos según el siguiente reporte:

ELIMINACION DE MATERIAL EXCEDENTE CON TRANSPORTE

Partida: 03.02

Descripción Recurso	Und.	Cuadrilla	Cantidad	Precio ()	Parcial ()
CAPATAZ	hh	0.1000	0.0267	0.00	0.00
PEON	hh	4.0000	1.0667	0.00	0.00
HERRAMIENTAS MANUALES	%MO		3.0000	0.00	0.00
CAMION VOLQUETE 4 X 2 140-210 HP 6 m3	hm	1.0000	0.2667	0.00	0.00

Usted ha creado su primera partida de forma directa en el catálogo de partidas básicas. Las partidas creadas aquí estarán disponibles a todos los presupuestos que utilicen esta base de datos, pero no podrá por el momento llevarlas a la hoja del presupuesto sino hasta que haga clic derecho y seleccione la opción **Adicionar Partida…** desde la hoja de presupuesto MODULO DE VIVIENDA.

4.2.3 Duplicar una partida

En muchos de los casos usted requerirá acelerar el proceso de creación de una partida ya sea estimada o básica mediante el duplicado de otra partida que tenga aproximadamente las mismas características. Las partidas creadas a partir de otras generalmente son modificadas en el Rendimiento, en algunos casos implementados con nuevo recursos o depuradas para obtener finalmente la partida deseada.

Hay que tener en cuenta que cuando usted duplica una partida el código de registro de la partida duplicada está asociado a una determinada ubicación en el árbol de partidas, por eso sería recomendable duplicar partidas que se encuentren en un mismo nivel de jerarquía en el árbol de partidas de dicho catálogo. Por ejemplo no sería recomendable duplicar la partida CONCRETO PARA COLUMNAS para crear a partir de ella CONCRETO PARA VIGAS porque el S10 Presupuestos crearía la partida duplicada en la misma rama o carpeta de la partida original y por cuestiones de preservar una coherencia en el almacenamiento de información no sería recomendable.

A continuación siga los siguientes pasos para crear la partida ENCOFRADO Y DESENCOFRADO DE SOBRECIMIENTO HASTA 0.5 m:

1. Estando en cualquiera de los escenarios del presupuesto (por ejemplo: Datos generales, hoja del presupuesto, etc.) en la barra de menús seleccione Catálogos y luego la opción **Partidas.**

2. En el catálogo de partidas recorra las siguientes ramas del árbol de partidas: PARTIDAS DE EDIFICACION DE CAPECO/OBRAS DE CONCRETO SIMPLE/SOBRECIMIENTOS/ENCOFRADO Y DESENCOFRADO DE SOBRECIMIENTO.

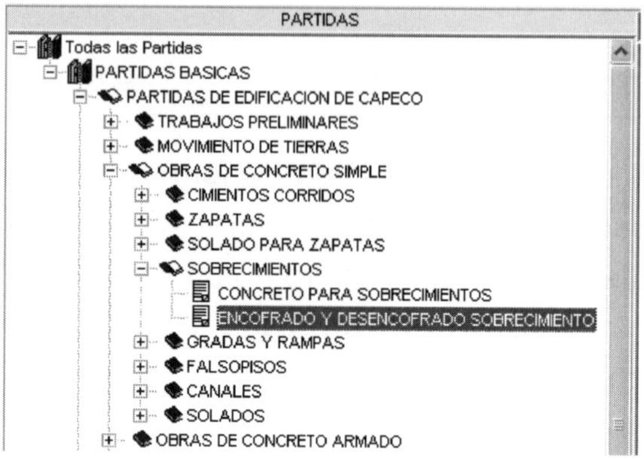

3. Una vez que haya seleccionado la última rama (tal como se ve en la figura anterior) podrá visualizar en el grupo de registros de partidas la partida ENCOFRADO Y DESENCOFRADO NORMAL PARA SOBRECIMIENTOS HASTA 0.30 m, para lo cual deberá seleccionarla y hacer clic derecho sobre dicha partida para seleccionar del mençu contextual la opción **Duplicar?Partidas y análisis de precios unitarios.**

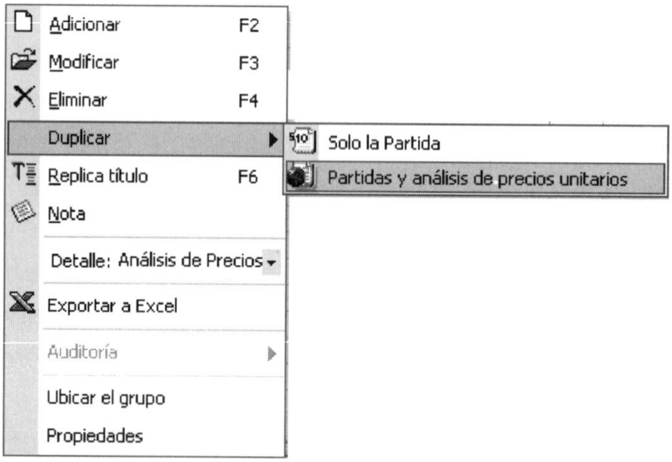

4. El siguiente cuadro de diálogo muestra la información por defecto que se le atribuye a una partida duplicada, para lo cual usted tendrá que hacer un pequeño cambio en la casilla Descripción reemplazando **0.3** por **0.5.**

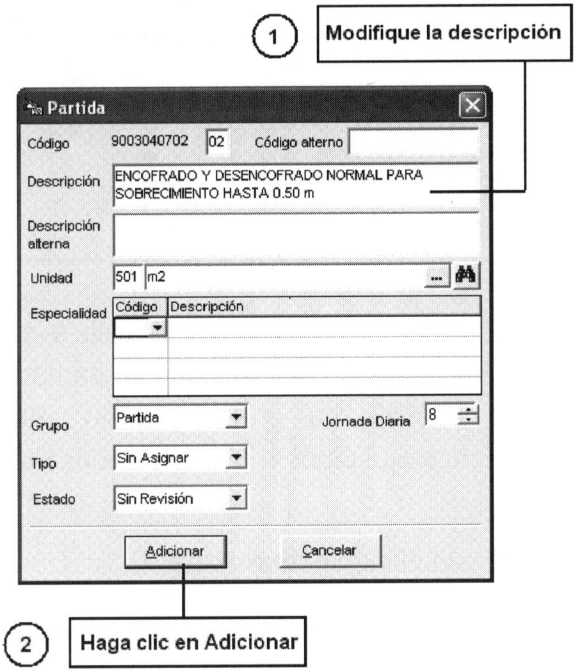

5. En la partida modificaremos el rendimiento de 16 a 17 presionando el botón del panel de detalle de partidas (Vea la siguiente figura)
Luego de aceptar notará que se recalcula automáticamente la columna cantidad para la cuadrilla básica.

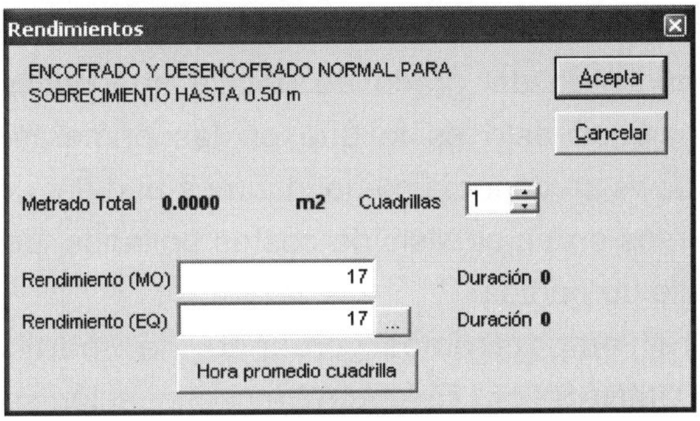

6. Luego en el análisis de precios unitarios modifique la cantidad de peones de **0.75** a **2**.

Esta herramienta le permite incrementar la productividad en el trabajo de crear

ENCOFRADO Y DESENCOFRADO NORMAL PARA SOBRECIMIENTO HASTA 0.50 m
Partida: 04.01.01
Rendimiento: M2/DIA MO: 17 EQ:17

Descripción Recurso	Und.	Cuadrilla	Cantidad	Precio ()	Parcial ()
CAPATAZ	hh	0.1000	0.0471	0.00	0.00
OPERARIO	hh	1.0000	0.4706	0.00	0.00
OFICIAL	hh	1.0000	0.4706	0.00	0.00
PEON	hh	2.0000	0.9412	0.00	0.00
ALAMBRE NEGRO RECOCIDO # 8	kg		0.2600	0.00	0.00
CLAVOS PARA MADERA CON CABEZA DE 3"	kg		0.1300	0.00	0.00
MADERA TORNILLO INCLUYE CORTE PARA ENCOFRADO	p2		4.8300	0.00	0.00
HERRAMIENTAS MANUALES	%MO		3.0000	0.00	0.00

partidas debido a que como pudo usted notar le evita de estar recorriendo las carpetas del árbol de partidas para registrar la partida y no sólo eso también le permite tener un análisis ya preestablecido sobre el cual realizar las modificaciones del caso ajustados a las condiciones de trabajo y de la mano de obra disponible.

Verifique sus datos con el siguiente reporte:

Nota: *Recuerde que sólo estamos registrando las partidas directamente a la base de datos, pero todavía no las estamos implementando a la hoja del presupuesto, por lo que los reportes que se muestran aunque ya tengan un número de ítem sólo serán usados para verificar sus datos ingresados.*

4.2.4 Creando partidas que contienen subpartidas

La subpartidas al igual que las partidas tienen un análisis de costos unitarios que pueden estar conformados por los bloques de recursos: Mano de obra, materiales, equipos, subcontratos y a su vez dependiendo del grado de detalle que necesite puede contener más subpartidas esto es lo que en las primeras versiones del S10 para Windows se conocía como insumos partida, porque forman parte de los recursos en un análisis de costos unitarios, pero a su vez presentan un detalle de partida.

Ahora empezaremos creando la partida CONCRETO PARA COLUMNAS f'c=175 kg/cm2 a continuación se muestra la estructura de esta partida con sus correspondientes subpartidas.

COLOCACION DEL CONCRETO

Rendimiento: M3/DIA M.O.:15 EQ.:15

Descripción Recurso	Und.	Cuadrilla	Cantidad	Precio ()	Parcial ()
OPERADOR DE EQUIPO LIVIANO	hh	2.0000	1.0667	0.00	0.00
CAPATAZ	hh	1.0000	0.5333	0.00	0.00
OFICIAL	hh	1.0000	0.5333	0.00	0.00
PEON	hh	9.0000	4.8000	0.00	0.00
HERRAMIENTAS MANUALES	%MO		5.0000	0.00	0.00
VIBRADOR DE CONCRETO 4 HP 1.50"	hm	1.0000	0.5333	0.00	0.00

CONCRETO PARA COLUMNAS

Partida: 05.01.01

Rendimiento: M3/DIA M.O.:1 EQ:1

Descripción Recurso	Und.	Cuadrilla	Cantidad	Precio ()	Parcial ()
COLOCACION DEL CONCRETO	m3		1.0000		
FABRICACION DEL CONCRETO f'c=175 kg/cm2	m3		1.0000		

FABRICACION DEL CONCRETO f'c=175 kg/cm2

Rendimiento: M3/DIA M.O.:20 EQ.:20

Descripción Recurso	Und.	Cuadrilla	Cantidad	Precio ()	Parcial ()
OPERADOR DE EQUIPO LIVIANO	hh	2.0000	0.8000	0.00	0.00
CAPATAZ	hh	0.1000	0.0400	0.00	0.00
PEON	hh	9.0000	3.6000	0.00	0.00
ARENA GRUESA	m3		0.5500	0.00	0.00
CEMENTO PORTLAND TIPO I (42.5 kg)	bls		0.7500	0.00	0.00
AGUA	m3		7.6500	0.00	0.00
HERRAMIENTAS MANUALES	%MO		3.0000	0.00	0.00
MEZCLADORA DE CONCRETO TROMPO 8 HP 9 p3	hm	1.0000	0.4000	0.00	0.00

Ahora siga los siguientes pasos:

Creación de la partida COLOCACION DEL CONCRETO:

1. Seleccione el menú Catálogos y luego la opción Partidas para visualizar el catálogo de Partidas.
2. Ahora en el árbol de partidas asegúrese de recorrer las carpetas del árbol hasta llegar a CONCRETO tal y como se muestra en la figura:

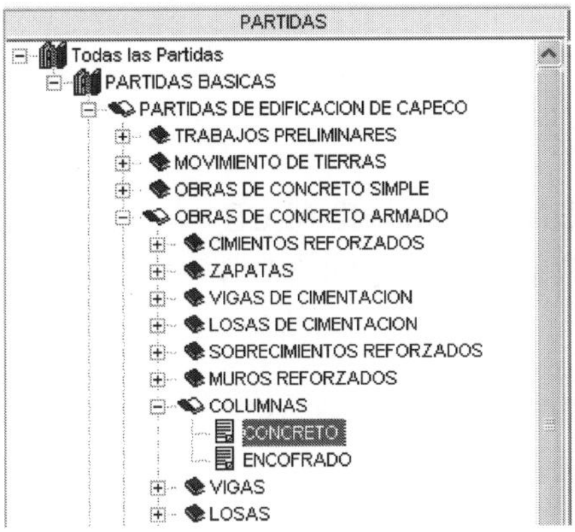

3. Luego haga clic derecho y seleccione **Nuevo SubItem** para visualizar el cuadro de diálogo Partida. A continuación deberá ingresar los datos tal y como se muestra en la figura:

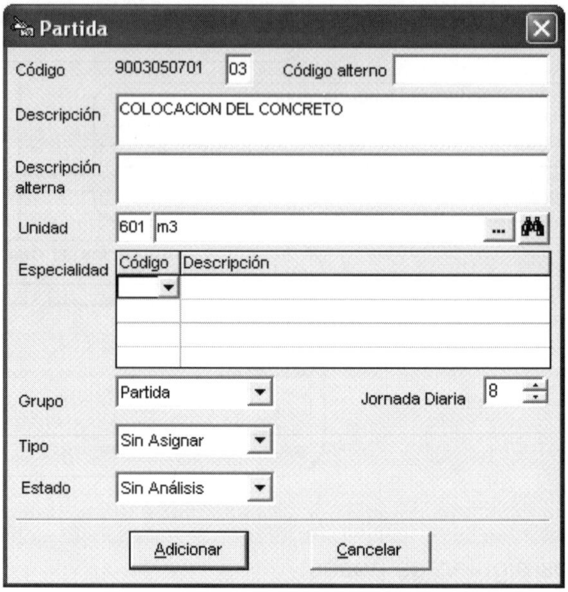

4. Haga clic en **Adicionar** para luego hacer clic derecho sobre su correspondiente Detalle de Partida y así visualizar un menú contextual en el cual seleccione la opción **Adicionar Recurso…**
5. En el catálogo de recursos seleccione utilizando cualquiera de los métodos de búsqueda anteriormente utilizados:
   - OPERADOR DE EQUIPO LIVIANO
   - CAPATAZ
   - OFICIAL
   - PEON
   - HERRAMIENTAS MANUALES
   - VIBRADOR DE CONCRETO 4 HP CAP.=1.50"

Tal como se muestra en la figura:

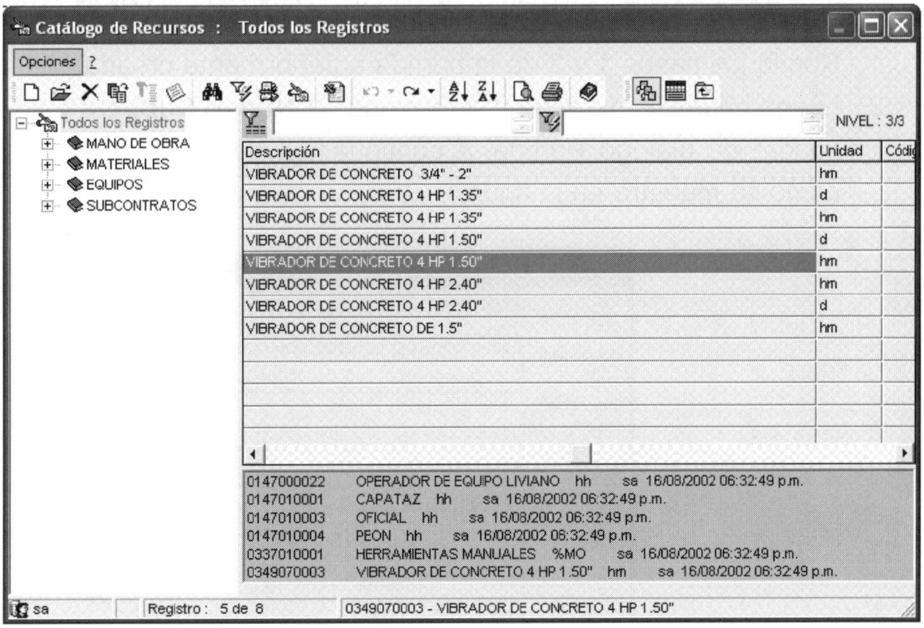

6. Luego haga clic en el botón para llevar los recursos seleccionados a su correspondiente detalle de partida.
7. Presione el botón para ingresar el rendimiento tal y como se muestra a continuación y luego haga clic en Aceptar:

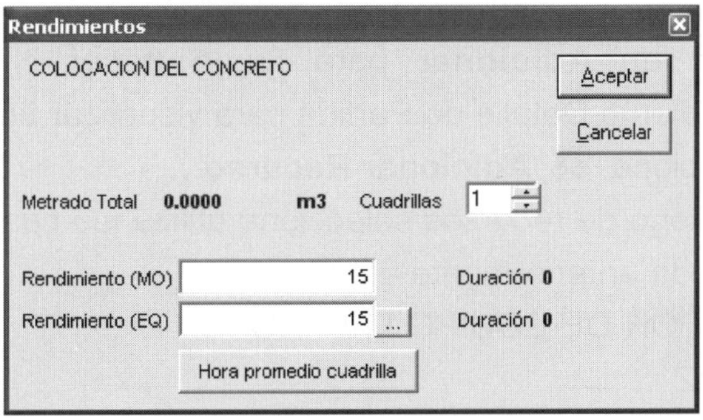

8. Ingrese los datos según se indican en el siguiente reporte:

COLOCACION DEL CONCRETO

Rendimiento: M3/DIA M.O.:15 EQ.:15

Descripción Recurso	Und.	Cuadrilla	Cantidad	Precio ()	Parcial ()
OPERADOR DE EQUIPO LIVIANO	hh	2.0000	1.0667	0.00	0.00
CAPATAZ	hh	1.0000	0.5333	0.00	0.00
OFICIAL	hh	1.0000	0.5333	0.00	0.00
PEON	hh	9.0000	4.8000	0.00	0.00
HERRAMIENTAS MANUALES	%MO		5.0000	0.00	0.00
VIBRADOR DE CONCRETO 4 HP 1.50"	hm	1.0000	0.5333	0.00	0.00

***Nota**: Si usted ya está diestro en la creación de partidas le recomiendo que se remita a los reportes mostrados al final de cada procedimiento para crear partidas. Tomando estos reportes como referencia usted podrá crearlas sin seguir procedimiento alguno.*

Creación de la partida FABRICACION DEL CONCRETO f'c=175 kg/cm2:

1. Repita los pasos 1 y 2 de la partida anteriormente creada.
2. Luego haga clic derecho y seleccione **Nuevo SubItem** para visualizar el cuadro de diálogo Partida. A continuación deberá ingresar los datos tal y como se muestra en la figura:

3. Haga clic en **Adicionar** para luego hacer clic derecho sobre su correspondiente Detalle de Partida para visualizar un menú contextual en el cual seleccione **Adicionar Recurso...**
4. En el catálogo de recursos seleccione utilizando cualquiera de los métodos de búsqueda anteriormente utilizados:
   - OPERADOR DE EQUIPO LIVIANO
   - CAPATAZ
   - PEON
   - ARENA GRUESA
   - PIEDRA CHANCADA DE 1"
   - CEMENTO PORTLAND TIPO I (42.5KG)
   - AGUA
   - HERRAMIENTAS MANUALES
   - MEZCLADORA DE CONCRETO TROMPO 8HP 9P3

Tal como se muestra en la figura:

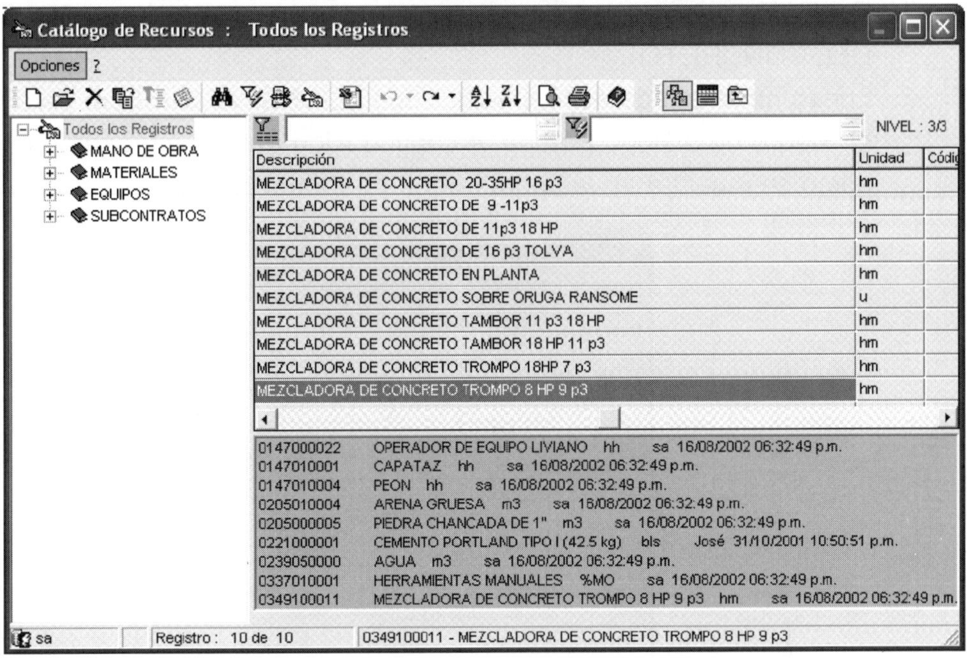

5. Luego haga clic en el botón para llevar los recursos seleccionados a su correspondiente detalle de partida.
6. Presione el botón para ingresar un rendimiento de **20** y luego haga clic en **Aceptar.**
7. Luego ingrese los datos del análisis de precios unitarios ral como se muestra en el siguiente reporte:

FABRICACION DEL CONCRETO f'c=175 kg/cm2

Rendimiento: M3/DIA M.O.:20 EQ.:20

Descripción Recurso	Und.	Cuadrilla	Cantidad	Precio ()	Parcial ()
OPERADOR DE EQUIPO LIVIANO	hh	2.0000	0.8000	0.00	0.00
CAPATAZ	hh	0.1000	0.0400	0.00	0.00
PEON	hh	9.0000	3.6000	0.00	0.00
PIEDRA CHANCADA DE 1"	m3		0.7500	0.00	0.00
ARENA GRUESA	m3		0.5300	0.00	0.00
CEMENTO PORTLAND TIPO I (42.5 kg)	bls		7.6500	0.00	0.00
AGUA	m3		0.2100	0.00	0.00
HERRAMIENTAS MANUALES	%MO		3.0000	0.00	0.00
MEZCLADORA DE CONCRETO TROMPO 8 HP 9 p3	hm	1.0000	0.4000	0.00	0.00

Espero que esto le haya servido como repaso sino como mencioné en la nota anterior, usted puede remitirse directamente a los reportes si ya siente que está diestro en la creación de partidas.

Ahora que ya creamos las partidas COLOCACION DEL CONCRETO y FABRICACION DEL CONCRETO vamos a crear una última partida llamada CONCRETO PARA COLUMNAS:

1. Repita los pasos 1 y 2 de la partida anteriormente creada (COLOCACION DEL CONCRETO).
2. Luego haga clic derecho y seleccione Nuevo **SubItem** para visualizar el cuadro de diálogo Partida. A continuación deberá ingresar los datos tal y como se muestra en la figura:

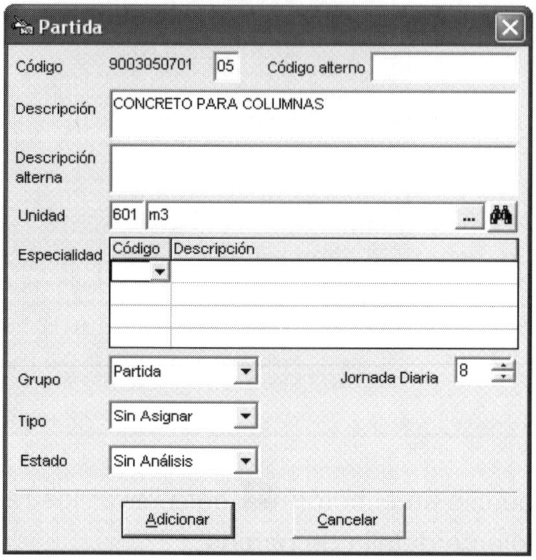

3. Haga clic en **Adicionar** para luego hacer clic derecho sobre su correspondiente Detalle de Partida para visualizar un menú contextual en el cual seleccione **Adicionar Recurso...**
4. En el menú contextual Seleccione **Adicionar Subpartida...** tal como se muestra en la figura:

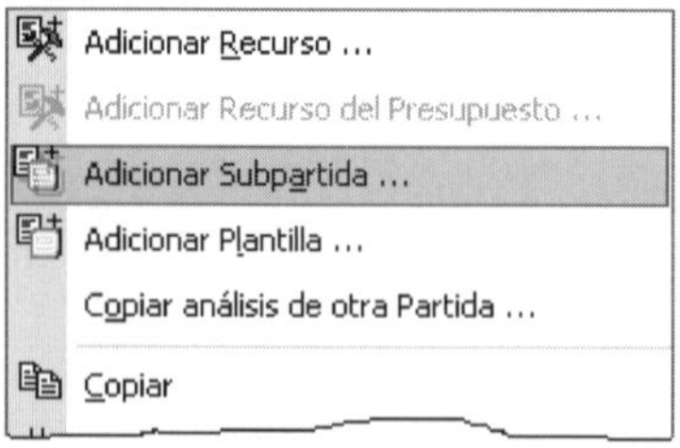

5. A continuación se mostrará otro catálogo de partidas pero con la diferencia que este catálogo posee un panel de registros seleccionados que le permitirá seleccionar las partidas para que luego sean llevadas al detalle de partida de CONCRETO PARA COLUMNAS. Ahora escriba COLOCACION DEL CONCRETO para seleccionarlo y luego haga doble clic sobre él (note que queda seleccionado en el panel inferior). escriba FABRICACION DEL CONCRETO y luego haga doble clic sobre su nombre.

Ahora deberá tener dos registros seleccionados así como se muestra en la figura:

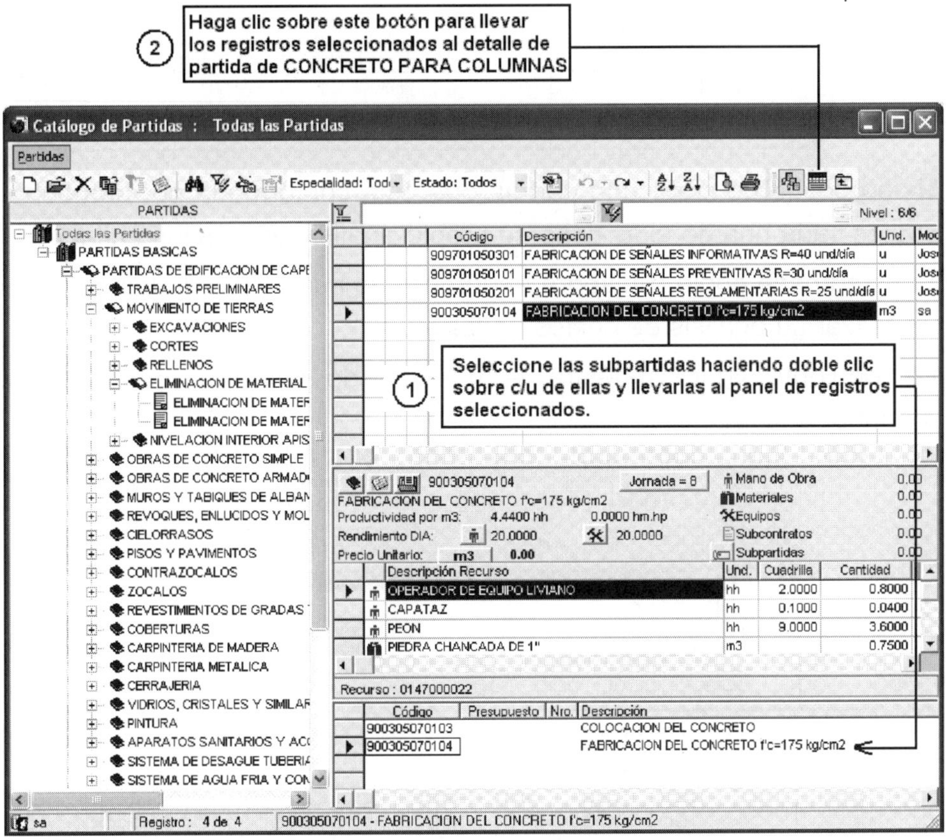

6. Finalmente haga clic sobre el botón para llevar las partidas seleccionadas al detalle de partida de CONCRETO PARA COLUMNAS, así como se indicó en la figura anterior.
7. Ahora ingrese un rendimiento de 1 y cantidades igual a 1 tal como se muestra en la figura:

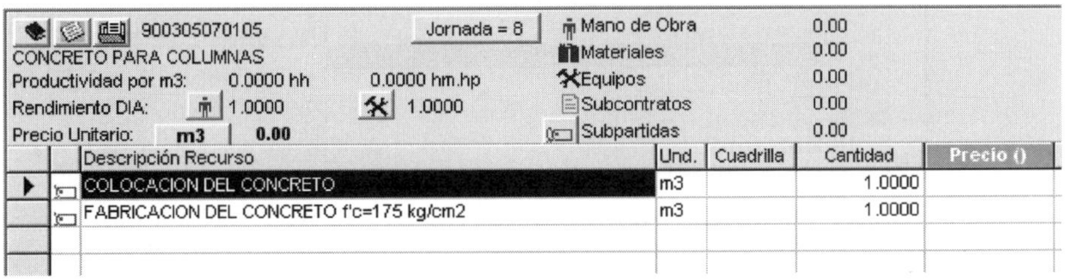

Verfifique su partida creada con el siguiente reporte:

CONCRETO PARA COLUMNAS

Partida: 05.01.01

Rendimiento: M3/DIA M.O.:1 EQ:1

Descripción Recurso	Und.	Cuadrilla	Cantidad	Precio ()	Parcial ()
COLOCACION DEL CONCRETO	m3		1.0000		
FABRICACION DEL CONCRETO f'c=175 kg/cm2	m3		1.0000		

Usted acaba de crear una partida que esta conformada por dos subpartidas las cuales cada una de ellas tiene su propio análisis de precios unitarios.

Si usted hace doble clic sobre el nombre de cualquiera de las subpartidas podrá visualizar su análisis de costos unitarios.

La siguiente figura muestra la relación de las tres partidas anteriormente creadas.

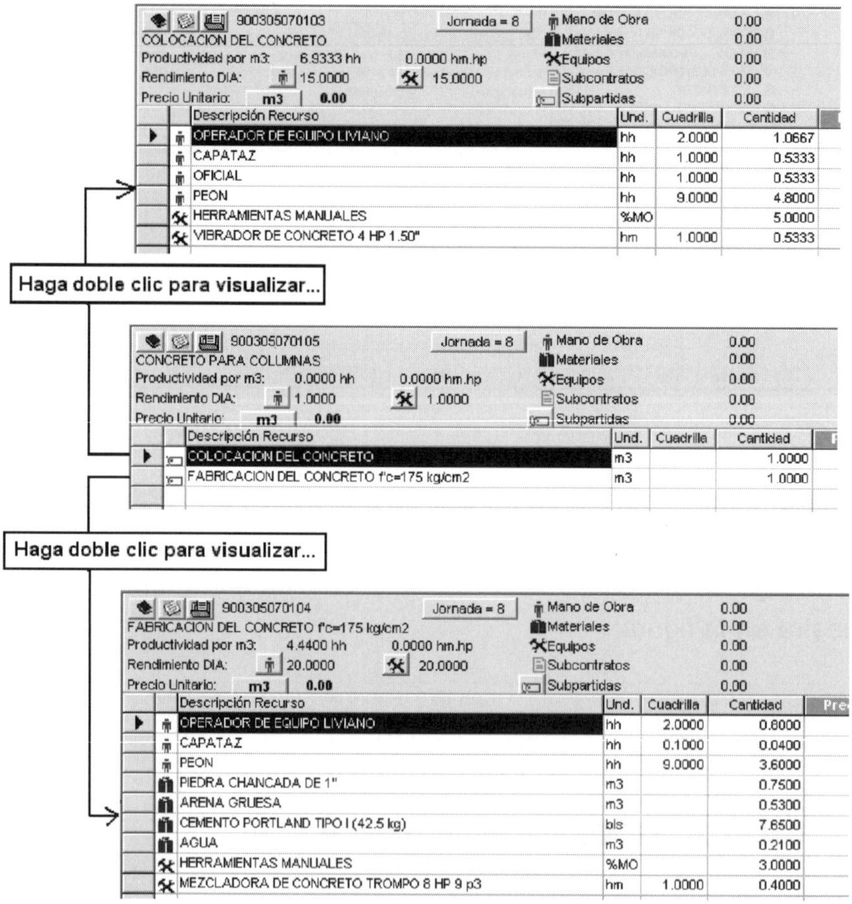

Descripción Recurso	Und.	Cuadrilla	Cantidad
OPERADOR DE EQUIPO LIVIANO	hh	2.0000	1.0667
CAPATAZ	hh	1.0000	0.5333
OFICIAL	hh	1.0000	0.5333
PEON	hh	9.0000	4.8000
HERRAMIENTAS MANUALES	%MO		5.0000
VIBRADOR DE CONCRETO 4 HP 1.50"	hm	1.0000	0.5333

Descripción Recurso	Und.	Cuadrilla	Cantidad
COLOCACION DEL CONCRETO	m3		1.0000
FABRICACION DEL CONCRETO f'c=175 kg/cm2	m3		1.0000

Descripción Recurso	Und.	Cuadrilla	Cantidad
OPERADOR DE EQUIPO LIVIANO	hh	2.0000	0.8000
CAPATAZ	hh	0.1000	0.0400
PEON	hh	9.0000	3.6000
PIEDRA CHANCADA DE 1"	m3		0.7500
ARENA GRUESA	m3		0.5300
CEMENTO PORTLAND TIPO I (42.5 kg)	bls		7.6500
AGUA	m3		0.2100
HERRAMIENTAS MANUALES	%MO		3.0000
MEZCLADORA DE CONCRETO TROMPO 8 HP 9 p3	hm	1.0000	0.4000

***Nota**: En versiones anteriores del S10 Presupuestos las subpartidas eran conocidas como insumos partida y se registraban en un catálogo aparte a pesar de tener la misma estructura de una partida básica o estimada.*

Como pudo notar en el ejemplo anterior la creación de una subpartida se realiza en el mismo catálogo de partidas lo cual simplifica el uso de muchos catálogos para elaborar un presupuesto.

4.2.5 Copiar un análisis de precios unitarios

La idea de usar un sistema de información como el S10 es agilizar el proceso de creación de partidas en un presupuesto, por eso en esta parte del libro explicaré como puede copiar el análisis de costos unitarios de una partida a otra, pero también se responderán algunas preguntas como: ¿Cuándo se puede copiar un análisis de una partida a otra? o ¿Cuál es la diferencia existente entre duplicar y copiar un análisis?

La respuesta a la primera pregunta es bastante sencilla; sólo se puede copiar un análisis de costos unitarios cuando la partida que se está implementando está completamente vacía (sin recursos) y es sólo en ese momento que usted podrá usar está opción.

Para responder a la segunda pregunta prefiero remitirme al siguiente ejemplo y resaltar algunas diferencias relevantes de lo anteriormente mencionado.

1. Seleccione el menú Catálogos y luego la opción **Partidas** para visualizar el catálogo de Partidas.
2. Ahora en el árbol de partidas asegúrese de recorrer las carpetas del árbol hasta llegar a CONCRETO tal y como se muestra en la figura

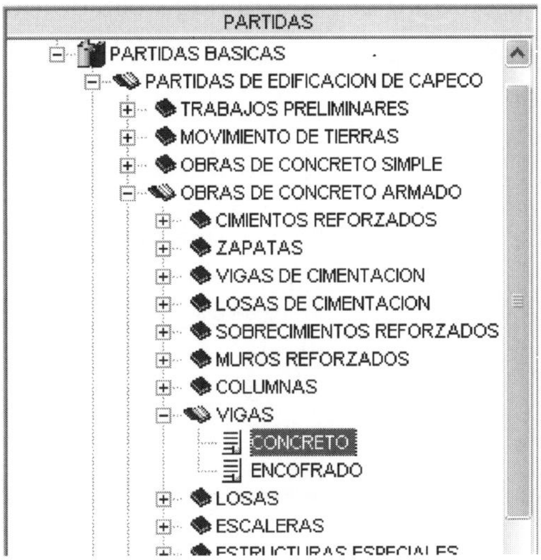

3. Luego haga clic derecho y seleccione **Nuevo SubItem** para visualizar el cuadro de diálogo Partida. A continuación deberá ingresar los datos tal y como se muestra en la figura.

4. Haga clic en **Adicionar** y luego asegúrese de seleccionar la partida haciendo clic sobre él y luego haga clic derecho sobre su detalle de partida y seleccione la opción **Copiar análisis de otra partida...** tal como se muestra en la figura:

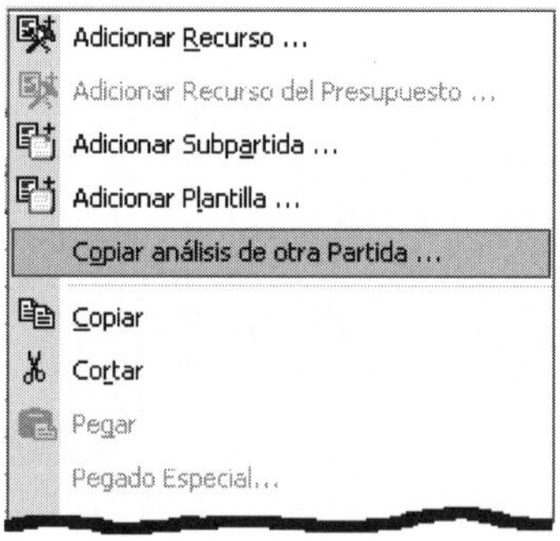

5. Este paso puede que resulte algo confuso (pero no complicado) así que observe que lo que se visualiza a continuación es nuevamente un catálogo de partidas en el cual deberá seleccionar la partida de la cual quiere copiar su análisis de costos unitarios. Escriba CONCRETO PARA COLUMNAS en el grupo de registros para seleccionar dicha partida y luego haga doble clic sobre él para efectuar el copiado de los recursos.

Note que en este caso el botón se visualiza desactivado indicando que sólo puede seleccionar un análisis de precios unitarios a la vez y que luego de hacer el doble clic sobre la partida seleccionada la ventana se cerrará automáticamente.

6. Una vez copiado el análisis y estando seleccionada la partida CONCRETO PARA VIGAS, haga doble clic sobre su subpartida llamada COLOCACION DEL CONCRETO para visualizar su análisis de costos unitarios.
7. Luego haga clic sobre el botón para especificar el rendimiento a 30 M3/DIA.
8. Después si desea volver a la vista anterior haga clic en el código de la partida seleccionada en el grupo de registros.

***Nota**: Note que las partidas anteriormente creadas pueden estar disponibles a cualquier presupuesto que esté elaborando, tal es así que si trabaja con una base de datos centralizada las partidas implementadas a la base de datos estarán disponibles a todos los usuarios que se encuentren trabajando con dicha base de datos.*

4.2.6 Implementación de las partidas anteriormente creadas

Seguramente se habrá preguntado por que no aparecen las partidas en la hoja del presupuesto. Esto es porque sólo hemos implementado directamente la base de datos con las partidas por medio de crearlas ingresando al menú Catálogos y luego la opción Partidas la cual se encuentra disponible en cualquier escenario disponible por medio de los accesos directos que se encuentran en el panel de vistas al lado izquierdo de la pantalla.

Siga los siguientes pasos:

1. Asegúrese de seleccionar ESTRUCTURAS del MODULO DE VIVIENDA en el árbol de presupuestos tal como se muestra en la figura:

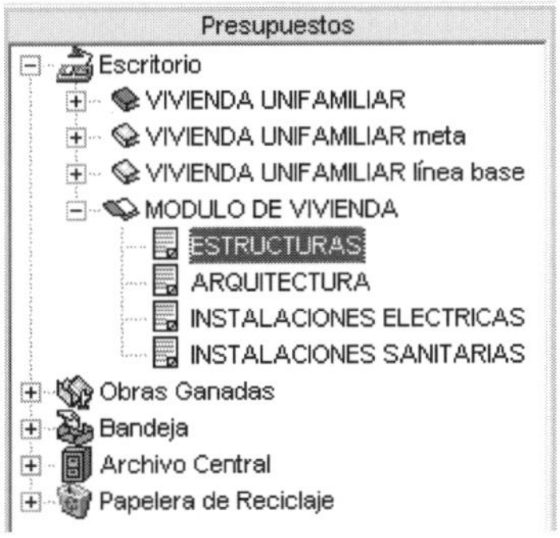

2. Haga clic para sobre el ítem 04.01 para seleccionarlo con el cursor de celda (Punto a partir del cual se insertarán las partidas anteriormente creadas en el catálogo)
3. Haga clic derecho sobre la fila seleccionada y escoja **Adicionar Partida…** para visualizar el catálogo de partidas.
4. Antes de continuar asegúrese de presionar el botón para activar el modo de búsqueda global.
5. Ahora en el grupo de registros escriba: ELIMINACION DE MATERIAL EXCEDENTE CON TRANSPORTE y una vez seleccionado haga doble clic sobre él.
6. Repita el procedimiento anterior para seleccionar las siguientes partidas:
   - CIMIENTOS CORRIDOS MEZCLA 1:10 CEMENTO HORMIGON 30% PIEDRA
   - ENCOFRADO Y DESENCOFRADO NORMAL PARA SOBRECIMIENTO HASTA 0.50 m
   - CONCRETO 1:8+25% PM PARA SOBRECIMIENTOS
7. Luego de asegurarse que las partidas se encuentren en el grupo de registros seleccionados haga clic sobre el botón para llevarlas a la hoja del presupuesto.
8. Una vez en la hoja del presupuesto presione el botón para generar los ítems.
9. Ahora ingrese **30, 45.5, 140.2** y **22.1** como metrados a cada una de las partidas implementadas al presupuesto.

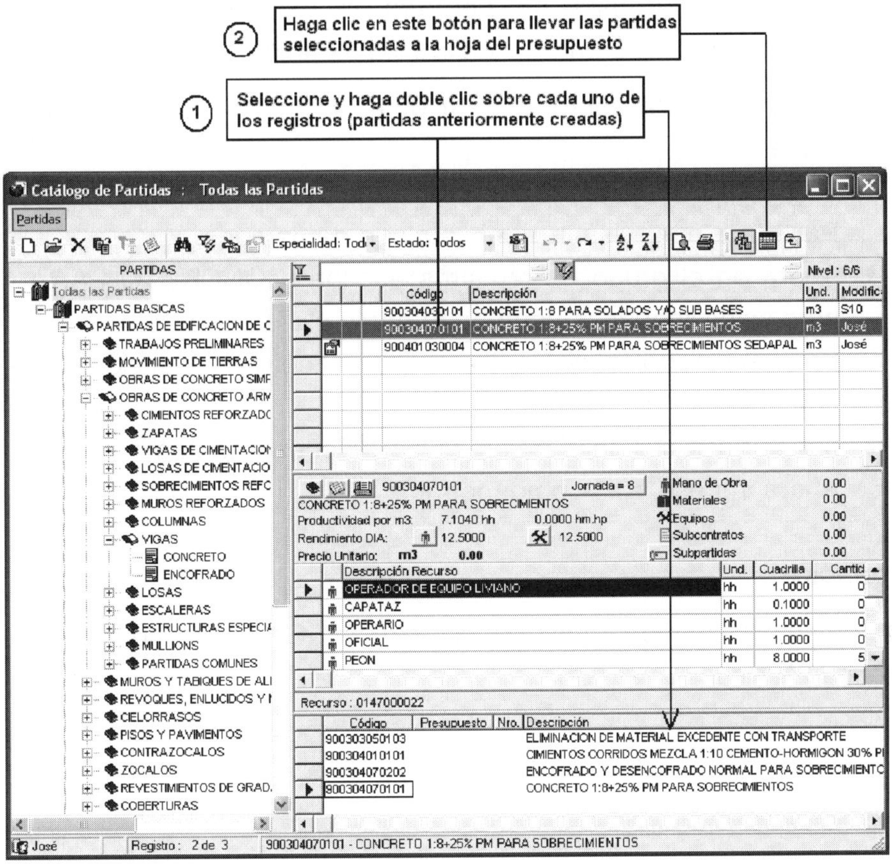

Hasta el momento la hoja del presupuesto debe lucir como se muestra en la siguiente figura:

Hoja del Presupuesto

001 ESTRUCTURAS C.D.: S/.5,500.00
Fecha: 21/02/2006 Lugar: INDEPENDENCIA Jornada: 8 horas « Items 16 »

Item	Descripción	Und.	Metrado	Precio (S/.)
01	**OBRAS PROVISIONALES**			
01.01	ALMACEN, GUARDIANIA Y COMEDOR	est	1.00	2,500.00
02	**OBRAS PRELIMINARES**			
02.01	LIMPIEZA DEL TERRENO	est	1.00	1,800.00
02.02	AGUA Y FLUIDO ELECTRICO PARA LA OBRA	est	1.00	1,200.00
03	**MOVIMIENTO DE TIERRAS**			
03.01	EXCAVACION DE ZANJAS PARA CIMIENTOS	m3	75.60	0.00
04	**OBRAS DE CONCRETO SIMPLE**			
04.01	**CIMIENTOS Y SOBRECIMIENTOS**			
04.01.01	ELIMINACION DE MATERIAL EXCEDENTE CON TRANSPOI	m3	30.00	0.00
04.01.02	CIMIENTOS CORRIDOS MEZCLA 1:10 CEMENTO-HORMIG	m3	45.50	0.00
04.01.03	ENCOFRADO Y DESENCOFRADO NORMAL PARA SOBR	m2	140.20	0.00
04.01.04	CONCRETO 1:8+25% PM PARA SOBRECIMIENTOS	m3	22.10	0.00
05	**OBRAS DE CONCRETO ARMADO**			
05.01	**COLUMNAS**			
05.02	**VIGAS**			

Ahora implementaremos de partidas al bloque denominado OBRAS DE CONCRETO ARMADO para esto siga los siguientes pasos:

1. Haga clic para sobre el ítem 05.01 para seleccionarlo con el cursor de celda.
2. Haga clic derecho sobre la fila seleccionada y escoja  **Adicionar Partida…** para visualizar el catálogo de partidas.
3. Ahora en el grupo de registros escriba: CONCRETO PARA COLUMNAS para seleccionarlo y luego haga doble clic sobre él.
4. Presione el botón  para llevar el registro seleccionado a la hoja del presupuesto.
5. Luego haga clic en el botón  para generar su ítem.
6. Ahora ingrese **12.1** como metrado.

Ejercicio

Implemente la partida CONCRETO PARA VIGAS a la hoja del presupuesto y escriba **23.7** como metrado.

Capítulo

5 Implementación de un Presupuesto - Parte 2

5.1 Partidas Propias

Son aquellas que forman parte del catàlogo de partidas de un presupuesto específico en otras palabras son "propias del presupuesto". Para dejar claro este punto recuerde que todas las partidas son creadas en el catálogo en forma general, pero al momento de "jalarlas" al presupuesto éstas son convertidas en propias automáticamente para evitar que otro presupuesto que se encuentre usando la misma partida pueda ser alterado por los nuevos cambios impuestos.

Para verificar que todas las partidas sean convertidas en propias automáticamente, presione el botón de la barra de herramientas o desde el menú **Herramientas** seleccione la opción **Configuración.**

Seleccione la ficha **Hoja Presupuesto** y de un vistazo en las casillas marcadas (vea la siguiente figura)

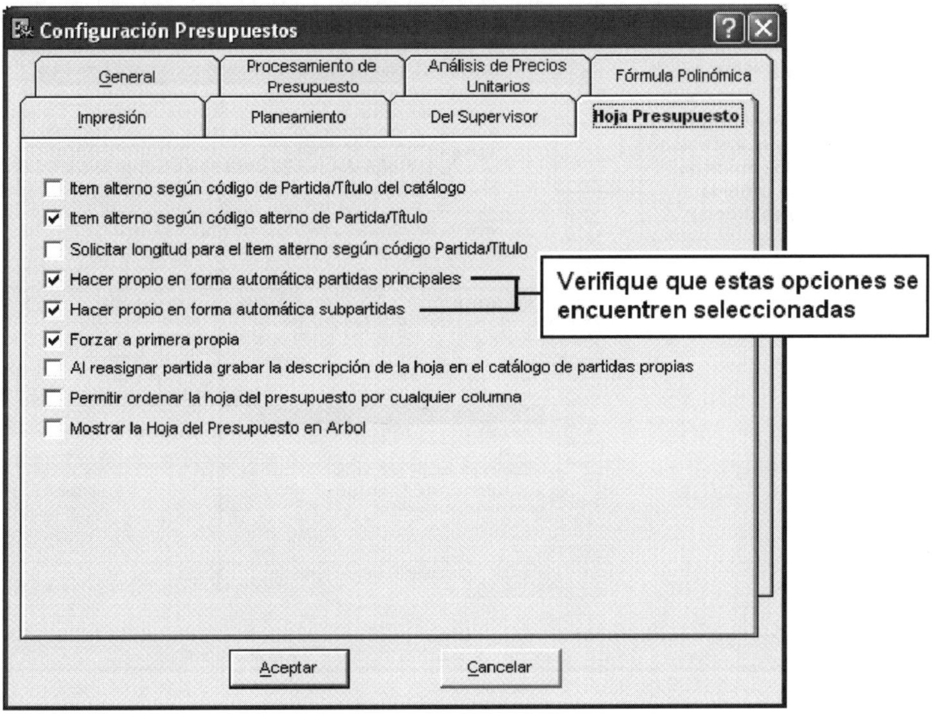

Como pudo observar en la figura anterior, las opciones "Hacer propio … " se encuentran seleccionadas por defecto, asegurando como ya se mencionó que todas las partidas jaladas al presupuesto desde el catálogo de partidas sean convertidas en propias automáticamente.

¿Pero que sucedería si estas casillas se encontaran desmarcadas?

Para responder la pregunta anterior desactive primeramente estas casillas.

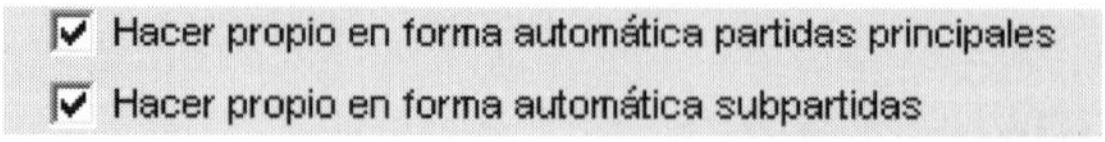

Inserción de la partida ACERO ESTRUCTURAL TRABAJADO PARA COLUMNAS:

Siga los siguientes pasos:

1. Ubique el cursor sobre CONCRETO PARA COLUMNAS y haga clic derecho para luego seleccionar **Adicionar partida…** del menú contextual.
2. En el catálogo de partidas seleccione la partida ACERO ESTRUCTURAL TRABAJADO PARA COLUMNAS (ver figura)

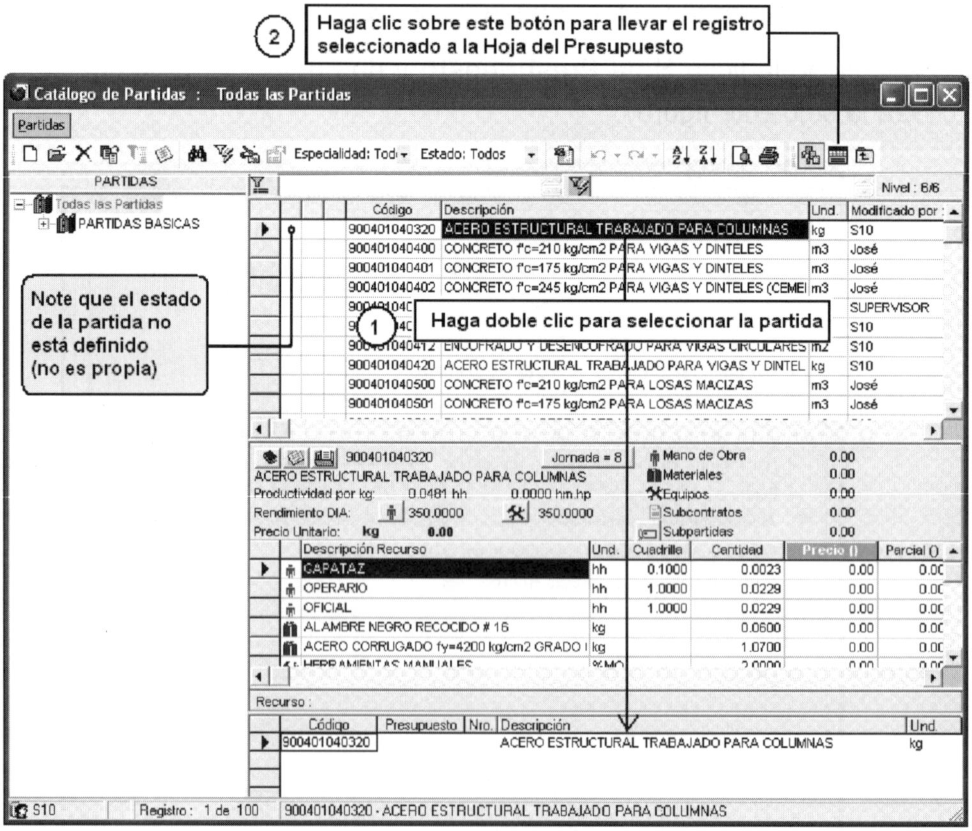

3. Luego presione el botón para llevar la partida seleccionada a la hoja del presupuesto (ver figura anterior)
4. Una vez en la hoja del presupuesto puede generar el ítem con el botón

Hasta el momento lo que acaba de hacer es jalar una partida a la hoja del presupuesto, pero esta partida no ha sido convertida en propia debido a que desactivamos las casillas indicadas anteriormente.

Lo que hará a continuación es verificar el problema comentado al inicio de este capítulo. Realice los siguientes pasos:

1. En la hoja del presupuesto modifique el rendimiento de la partida ACERO ESTRUCTURAL TRABAJADO PARA COLUMNAS de **350** a **400.**
2. Ahora ingrese al catálogo de partidas desde el menú **Catálogos** y seleccionado la opción **Partidas.**

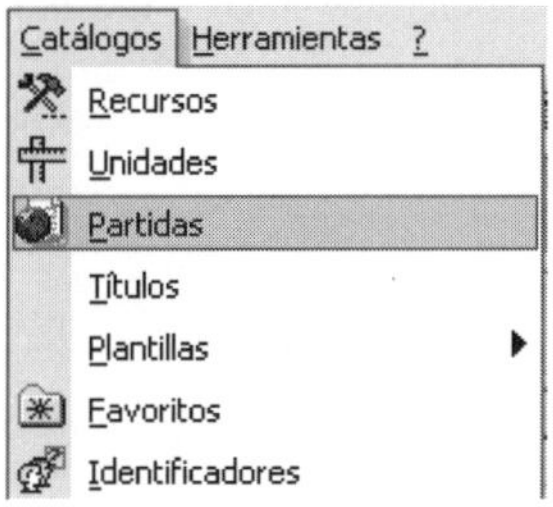

3. En el catálogo verifique que se haya reflejado el cambio realizado en el primer paso. ¿Pudo notarlo?, si es así debe ser conciente que esto implica un gran problema, porque cualquier presupuesto que use esta partida puede involucrar sus propios cambios los cuales podrían descuadrar los prespuestos que esta misma partida.
4. Estando todavía en el catálogo de partidas restablezca el rendimiento de la partida ACERO ESTRUCTURAL TRABAJADO PARA COLUMNAS de **400** a **350** y vuelva a la hoja del presupuesto presionando el botón . Deberá notar que el cambio se refleja también en sentido inverso.

Conversión de una partida en Propia en forma manual

5. Haga clic derecho sobre la partida ACERO ESTRUCTURAL TRABAJADO PARA COLUMNAS y seleccione la opción **Procesos especiales?Hacer propio.**

6. Luego del cual si vuelve al catálogo de partidas observará que aprece el icono indicado en la siguiente figura:

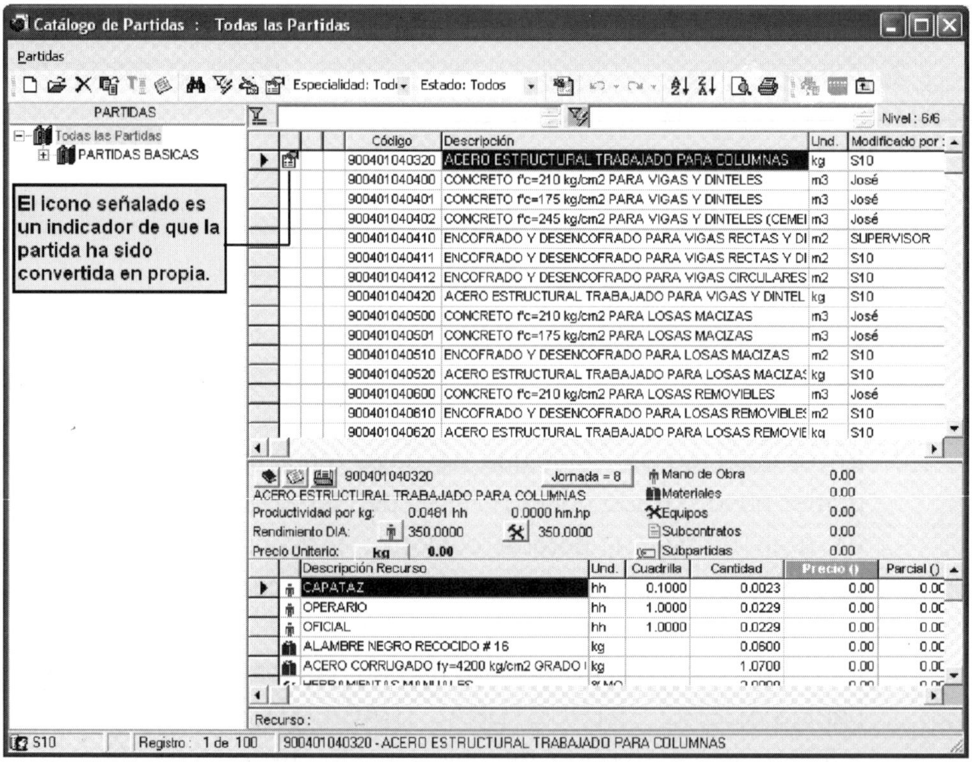

Nota: *Después de que la partida haya sido convertida en propia, ocurre en muchos casos la necesidad de modificar la partida en el catálogo para que usted pueda volver a insertarla al presupuesto, pero si la partida ya ha sido convertida en propia, entonces los cambios no surtirán efecto en la hoja del presupuesto.*

Antes de continuar asegúrese de restablecer las opciones indicadas en la siguiente figura correspondiente al cuadro de diálogo **Configuración** y la **ficha Hoja presupuesto:**

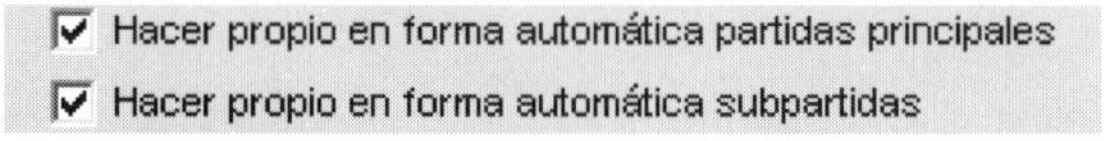

5.2 Descripción propia y reasignación de recurso

Una descripción propia, permite establecer un nombre distinto a lo que se asigna en el catálogo de partidas. Esta descripción no alterará el nombre original de la partida sino que servirá como que servirá como un alias.
Siga los siguientes pasos:

1. Estando en la hoja del presupuesto haga clic deredho sobre la partida ACERO ESTRUCTURAL TRABAJADO PARA COLUMNAS y en el menú contextual seleccione la opción **Procesos especiales▸Descripción propia…**

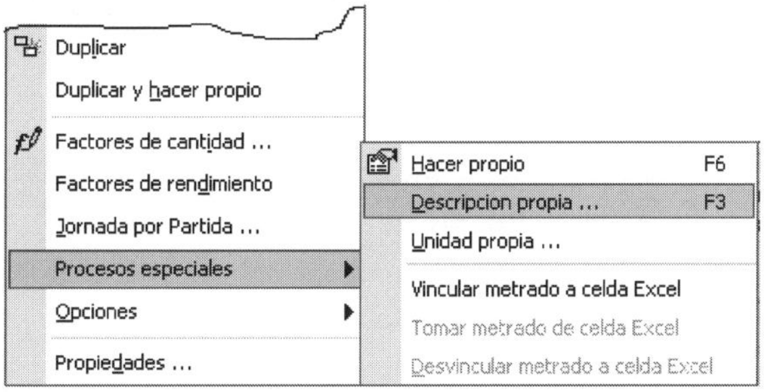

2. En el cuadro de diálogo mostrado asegúrese de realizar los siguientes cambios:

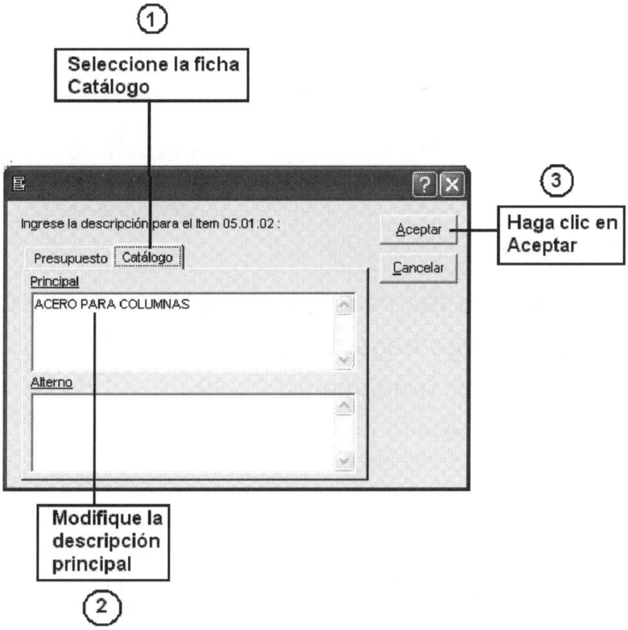

Ahora notará que tanto la descripción de partida como su detalle de partida aparecen con la descripción ACERO PARA COLUMNAS, por lo que no será necesario crear una nueva partida sólo para ponerle un nombre diferente.

Algo que hay que tener en cuenta es mantener la integridad de la información de la base de datos de tal forma que tengamos que evitar en todo momento almacenar información redundante en la base de datos y evitar también de esta forma la duplicidad de esfuerzos.

3. En el detalle de la partida ACERO PARA COLUMNAS seleccione el recurso CIZALLA PARA CORTE DE FIERRO.
4. Haga clic derecho sobre él y seleccione **Procesos especiales▸Reasignar Recurso…** tal como se muestra en la figura para visualizar el catálogo de recursos.

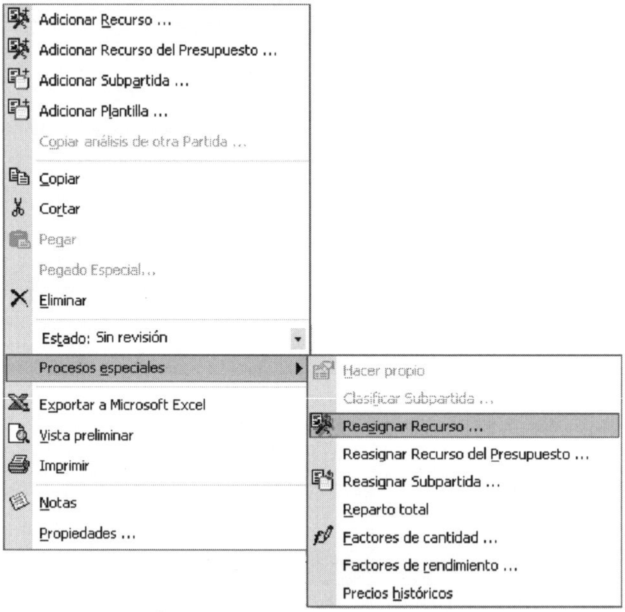

5. En el catálogo de recursos escriba **CIZALLA ELECTRICA PARA C**ORTE DE FIERRO y luego haga doble clic sobre ella.
6. Luego modifique el rendimiento a **280**
7. Finalmente ingrese a la partida un metrado de **1071.5**

Ejercicio

Insertar la partida ACERO ESTRUCTURAL TRABAJADO PARA VIGAS Y DINTELES con metrado de **913.5**, luego modificar su nombre a ACERO PARA VIGAS y finalmente modifique su rendimiento a **320**.

Solución:

Desarrolle los siguientes pasos:

1. Seleccione la partida CONCRETO PARA VIGAS en la hoja del presupuesto.
2. Luego haga clic derecho sobre dicha partida para luego seleccionar la opción Adicionar Partida... para visualizar el catálogo de partidas.
3. En el catálogo de partidas escriba ACERO ESTRUCTURAL TRABAJADO PARA VIGAS Y DINTELES para seleccionarlo y luego haga clic sobre el botón para llevar la partida a la hoja del presupuesto.
4. Presione el botón para generar su número de ítem.
5. Ingrese como metrado **913.5**
6. Ahora haga clic derecho sobre la partida y selecciones la opción **Procesos especiales▸Descripción propia...**
7. En el cuadro de diálogo mostrado seleccione la ficha Catálogo y en la casilla Principal escriba ACERO PARA VIGAS y luego haga clic en Aceptar.
8. Finalmente modifique el rendimiento a **320**

5.3 Adicionar Favoritos

Es posible que trabaje con varios proyectos del mismo tipo ya sean: puentes peatonales, puentes vehiculares, núcleos básicos, etc. en las cuales usted utilice con mucha frecuencia un determinado grupo de partidas así como por ejemplo, haciendo una analogía cuando ingresa a Internet y desea acceder de forma rápida a sus páginas más visitadas, es así que usted puede de la misma forma recurrir a un catálogo de partidas más utilizadas por usted (Favoritos), de tal forma que aumente su productividad en el desarrollo del presupuesto.

A continuación implementaremos en el presupuesto un conjunto de partidas correspondiente a LOSAS ALIGERADAS.

Siga los siguientes pasos:

1. Antes que todo ingresaremos el título correspondiente a este bloque llamado LOSAS ALIGERADAS, para esto haga clic derecho sobre la partida ACERO PARA VIGAS en la hoja del presupuesto y en el menú contextual seleccione **Adicionar Título...**
2. En el catálogo de títulos escriba LOSAS ALIGERADAS para seleccionarlo y luego haga doble clic sobre él para llevarlo a la hoja del presupuesto.

3. Estando en la hoja del presupuesto presione el botón  para alinear el título (note que el color cambia a azul) y luego presione  para generar su ítem.
4. Ahora haga clic derecho sobre LOSAS ALIGERADAS y seleccione **Adicionar Favorito...** para visualizar la siguiente ventana:

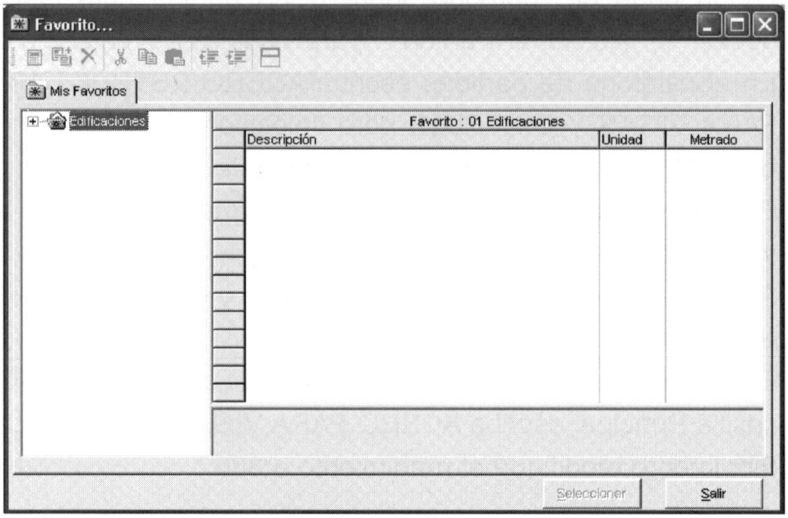

5. Haga clic en el símbolo + al lado izquierdo de Edificaciones para visualizar la carpeta **Concreto armado.**
6. Luego seleccione **Concreto armado** para visualizar el grupo de partidas que almacena. Vea la siguiente figura:

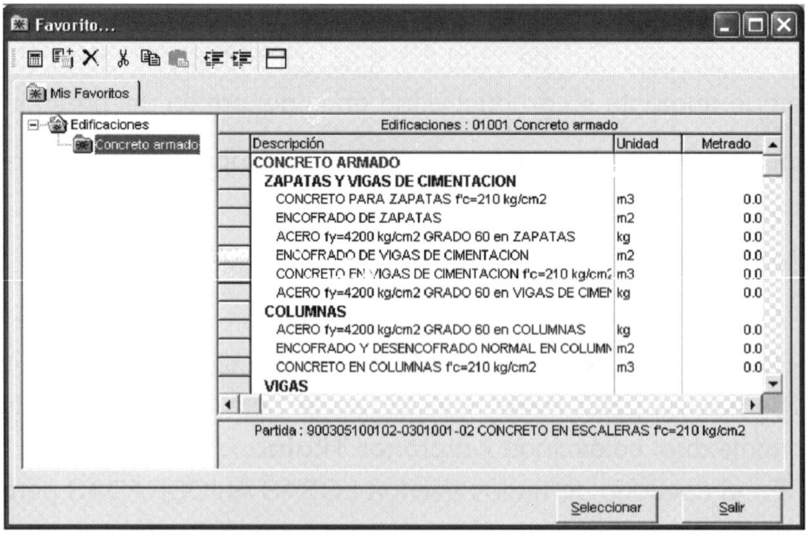

7. Ahora haga clic derecho sobre Edificaciones y seleccione la opción **Adicionar Favorito (Nivel 2)**

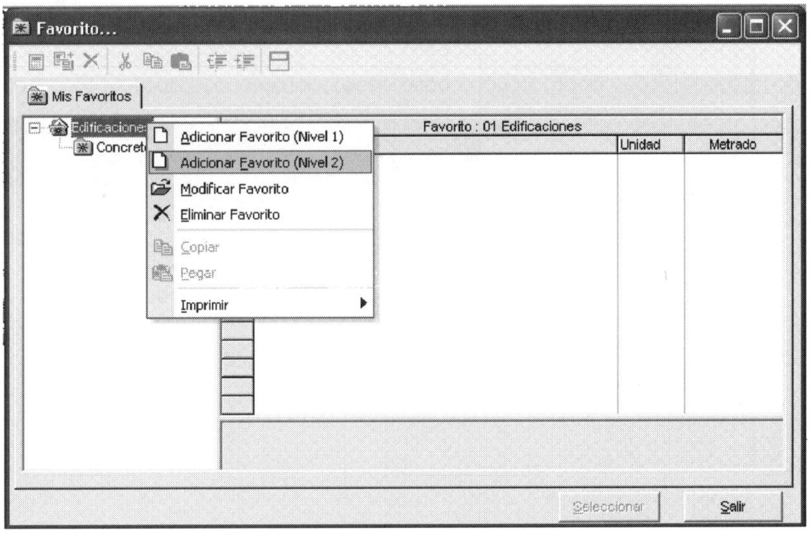

8. En el cuadro de diálogo mostrado escriba lo siguiente:

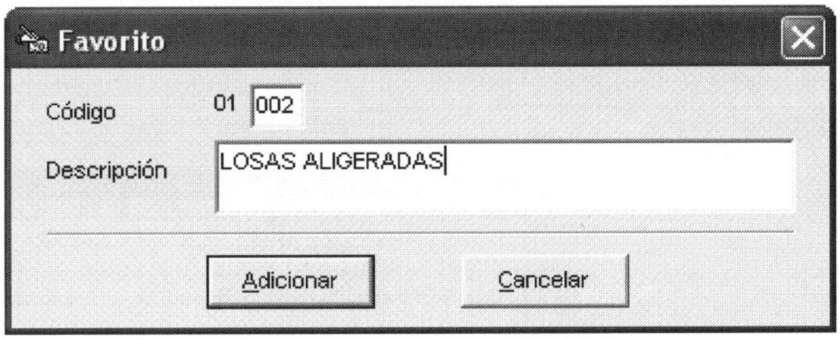

9. Hag clic en **Adicionar** y luego vuelva a seleccionar la carpeta **Concreto Armado** y seleccione el bloque de partidas tal como se muestra en la siguiente figura y luego haga clic derecho sobre ellos y seleccione la opción **Copiar**.

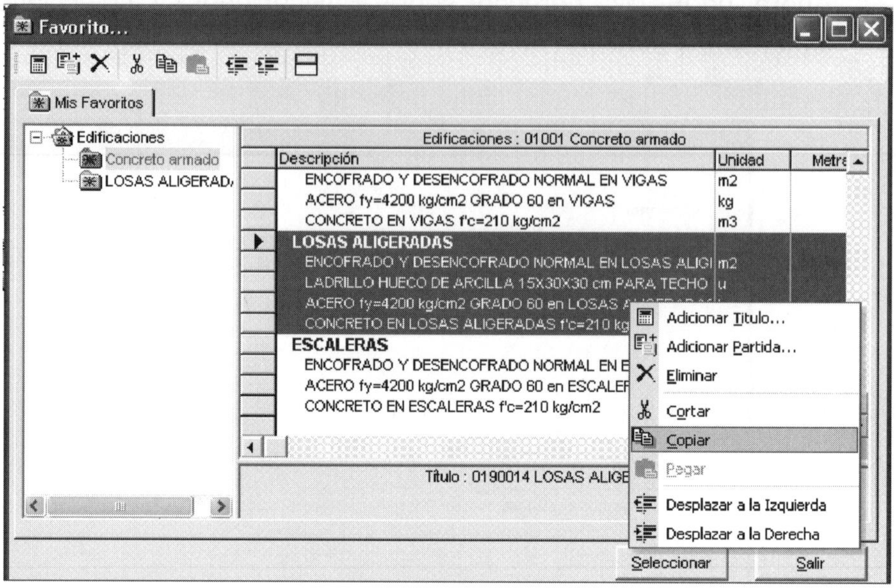

10. Luego seleccione la carpeta LOSAS ALIGERADAS y luego haga clic derecho para seleccionar la opción **Pegar**.

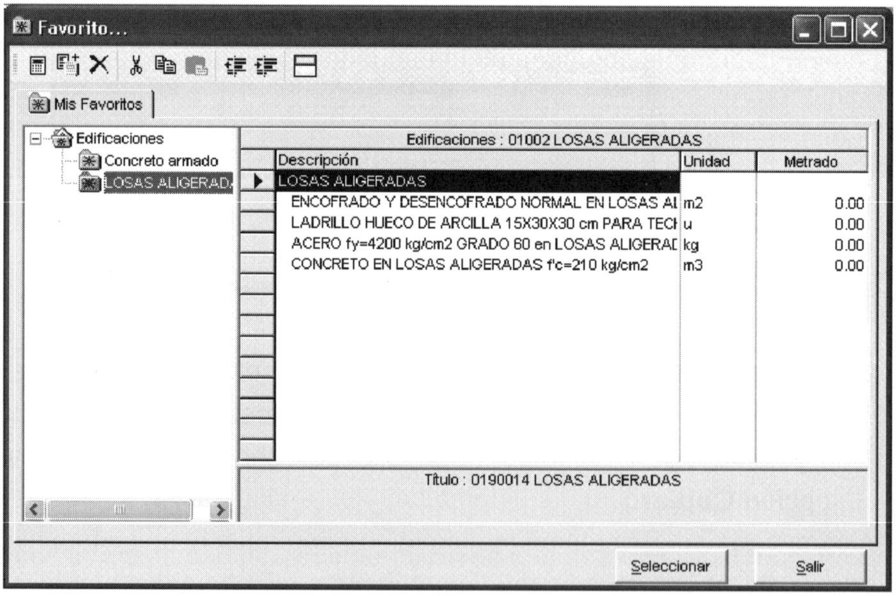

11. Luego haga clic en **Seleccionar**
12. Luego con el cursor sobre LOSAS ALIGERADAS presione el botón para alinear el subtítulo LOSAS ALIGERADAS dentro del bloque OBRAS DE CONCRETO ARMADO.
13. Después haga clic en el botón para generar los ítems

14. Finalmente ingrese **477, 5560, 3200, 45.5** como metrados a cada una de las partidas implementadas al presupuesto.

    El favorito creado (LOSAS ALIGERADAS) podrá ser usado en otros presupuestos a fin de ahorrarle el proceso de volver a seleccionar una a una las partidas del catálogo

***Nota**: Usted puede inclusive crear favoritos que involucren bloques completos de presupuestos incluyendo títulos y subtítulos a fin de poder optimizar el proceso de creación de otros presupuestos.*

Usted también puede acceder al cuadro de diálogo Favoritos desde el menú Catálogos para esto seleccione el menú **Catálogos** y luego seleccione la opción **Favoritos** para poder acceder al cuadro de diálogo y realizar un último ejemplo

Siga los siguientes pasos:

1. Haga clic derecho sobre **Edificaciones** así como se muestra en la figura y seleccione **Adicionar Favorito (Nivel 1)** para crear un nuevo género de partidas Favorito.

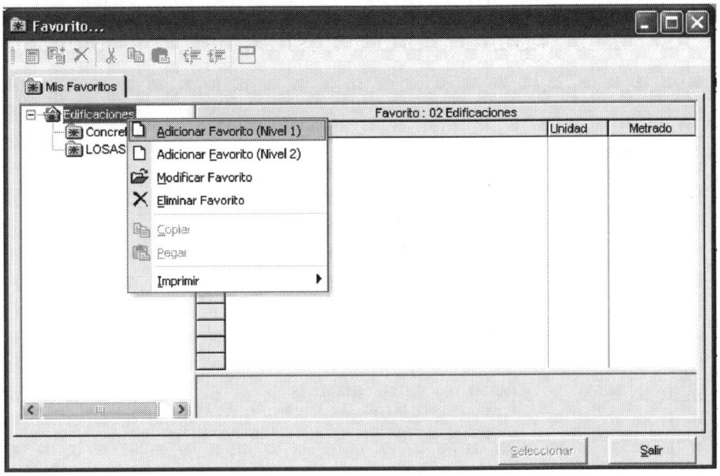

2. En el siguiente cuadro de diálogo escriba **Carreteras** y luego haga clic en **Adicionar**

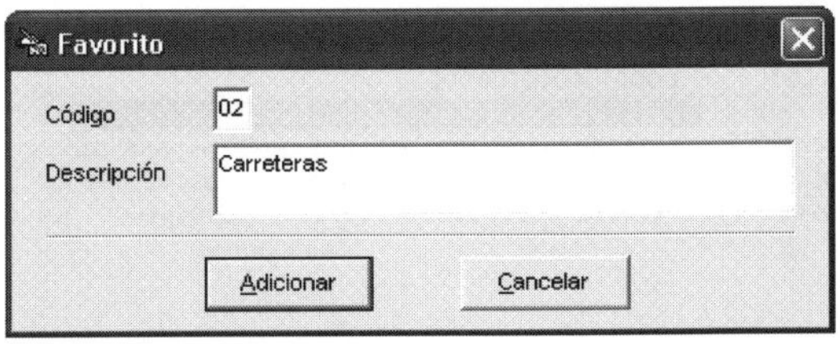

Luego la ventana **Favoritos** deberá lucir como se muestra a continuación don una carpeta disponible para crear grupos favoritos dentro del género de **Carreteras**

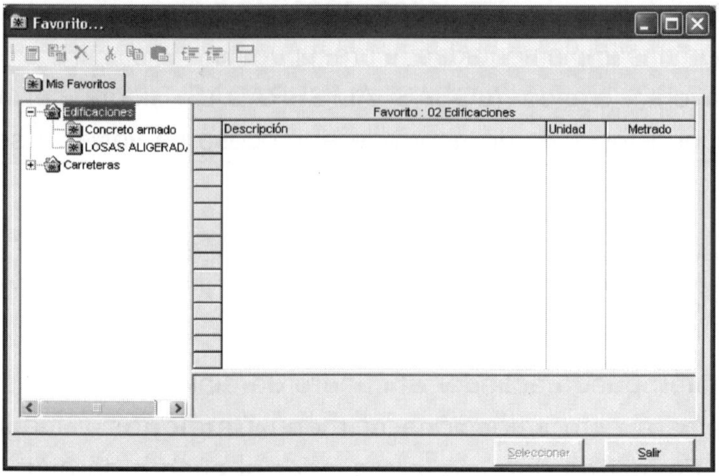

Como pudo ver en el ejemplo anterior usted puede organizar sus grupos favoritos de acuerdo al tipo de presupuesto que desee elaborar y puede tener los grupos preparados para ser reutilizados en cualquiera de los presupuestos de los cuales ya conozca de antemano las partidas que serán utilizadas.

Finalmente presione el botón **Salir**

Antes de continuar es importante que verifique que su presupuesto esté terminado, así que compárelo con el mostrado en la siguiente figura:

Hoja del Presupuesto

001 ESTRUCTURAS C.D.: S/.5,500.0

Fecha : 21/02/2006 Lugar : INDEPENDENCIA Jornada : 8 horas « Items 25 »

Item	Descripción	Und.	Metrado	Precio (S/.)
01	**OBRAS PROVISIONALES**			
01.01	ALMACEN, GUARDIANIA Y COMEDOR	est	1.00	2,500.00
02	**OBRAS PRELIMINARES**			
02.01	LIMPIEZA DEL TERRENO	est	1.00	1,800.00
02.02	AGUA Y FLUIDO ELECTRICO PARA LA OBRA	est	1.00	1,200.00
03	**MOVIMIENTO DE TIERRAS**			
03.01	EXCAVACION DE ZANJAS PARA CIMIENTOS	m3	75.60	0.00
04	**OBRAS DE CONCRETO SIMPLE**			
04.01	**CIMIENTOS Y SOBRECIMIENTOS**			
04.01.01	ELIMINACION DE MATERIAL EXCEDENTE CON TRANSPOI	m3	30.00	0.00
04.01.02	CIMIENTOS CORRIDOS MEZCLA 1:10 CEMENTO-HORMIG	m3	45.50	0.00
04.01.03	ENCOFRADO Y DESENCOFRADO NORMAL PARA SOBR	m2	140.20	0.00
04.01.04	CONCRETO 1:8+25% PM PARA SOBRECIMIENTOS	m3	22.10	0.00
05	**OBRAS DE CONCRETO ARMADO**			
05.01	**COLUMNAS**			
05.01.01	CONCRETO PARA COLUMNAS	m3	12.10	0.00
05.01.02	ACERO PARA COLUMNAS	kg	1,071.50	0.00
05.02	**VIGAS**			
05.02.01	CONCRETO PARA VIGAS	m3	23.70	0.00
05.02.02	ACERO PARA VIGAS	kg	913.50	0.00
05.03	**LOSAS ALIGERADAS**			
05.03.01	ENCOFRADO Y DESENCOFRADO NORMAL EN LOSAS A	m2	477.00	
05.03.02	LADRILLO HUECO DE ARCILLA 15X30X30 cm PARA TEC	u	5,560.00	
05.03.03	ACERO fy=4200 kg/cm2 GRADO 60 en LOSAS ALIGERA	kg	3,200.00	
05.03.04	CONCRETO EN LOSAS ALIGERADAS f'c=210 kg/cm2	m3	45.50	

El siguiente capítulo se encargá de explicarle los pasos necesarios para procesar el presupuesto y así obtener los resultados deseados (costo directo e indirecto)

Capítulo

6 Procesamiento e ingreso de los precios utilitarios de un presupuesto

6.1 Procesamiento del presupuesto

Es la parte de la elaboración del presupuesto que implica el cálculo del costo directo y que requiere previamente ser configurado para así establecer los criterios de cálculo y verificaciones previas al procesamiento.

Antes de procesar el presupuesto se le recomienda que siga los siguientes pasos:

1. Presione el botón [icono] para visualizar el cuadro de diálogo **Configuración de Presupuestos** y luego seleccione la ficha **Procesamiento de Presupuesto.**

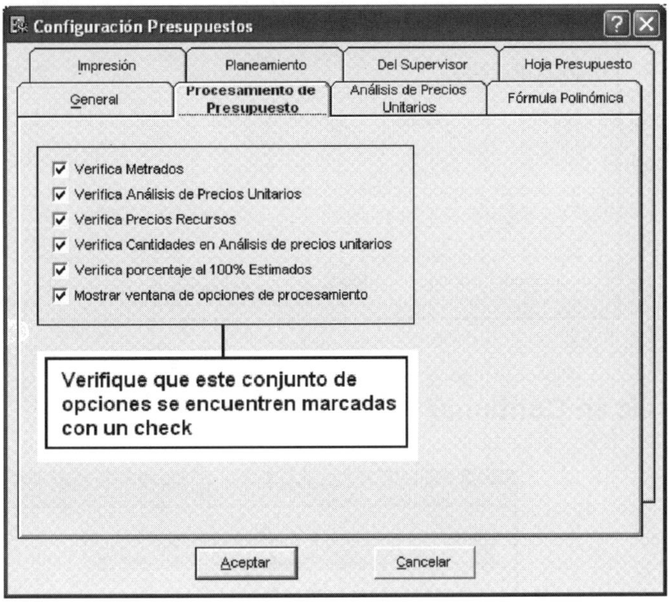

2. Ahora haga clic en la ficha Del Supervisor y esté seguro que se encuentre seleccionada la opción Tipo 3 la cual le permitirá hacer coincidir el costo directo con el monto mostrado en el listado de recursos.

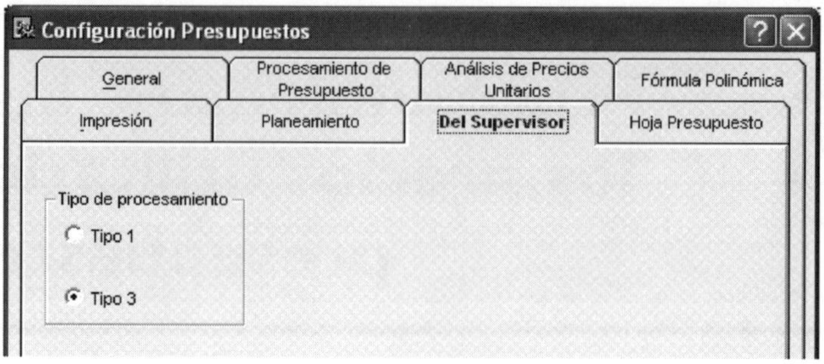

3. Una vez verificados las fichas anteriores, haga clic en **Aceptar** y luego proceda a "procesar el presupuesto" presionando el botón y asegúrese de seleccionar las opciones indicadas en la siguiente figura.

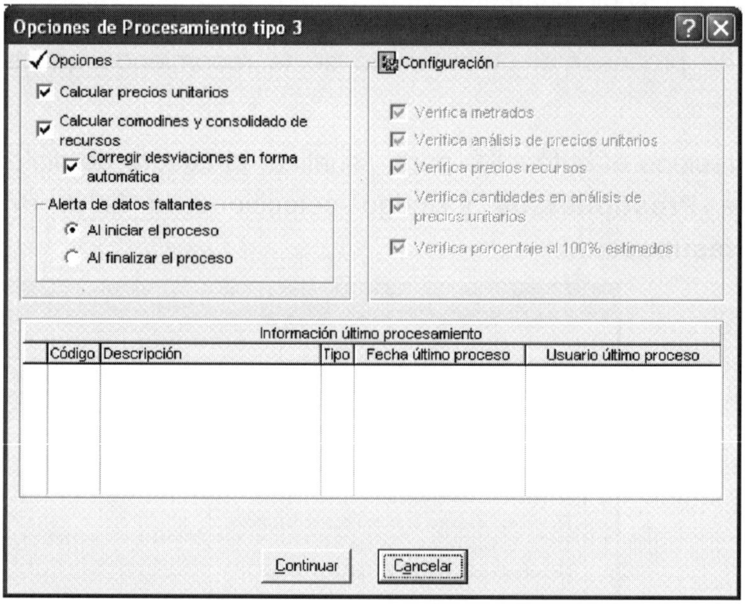

4. Haga cic en **Continuar**

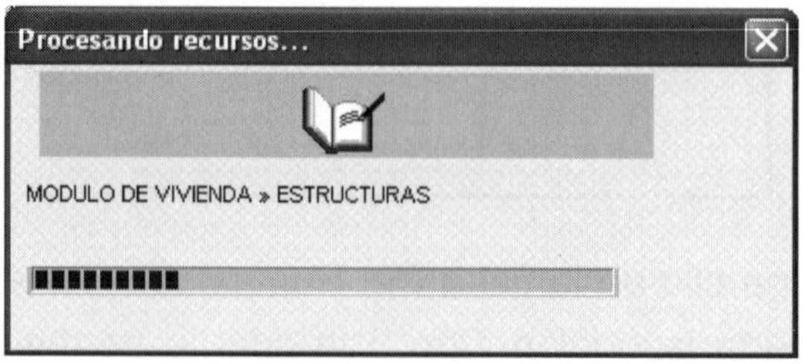

5. A continuación se le preguntará si desea ingresar lo precios faltantes, para lo cual deberá hacer clic en **Sí** para visualizar el catálogo de precios de recursos.

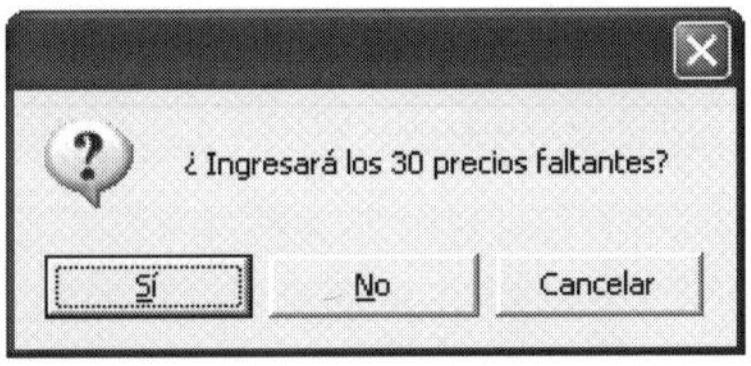

6. La siguiente figura muestra el catálogo de precios para recursos:

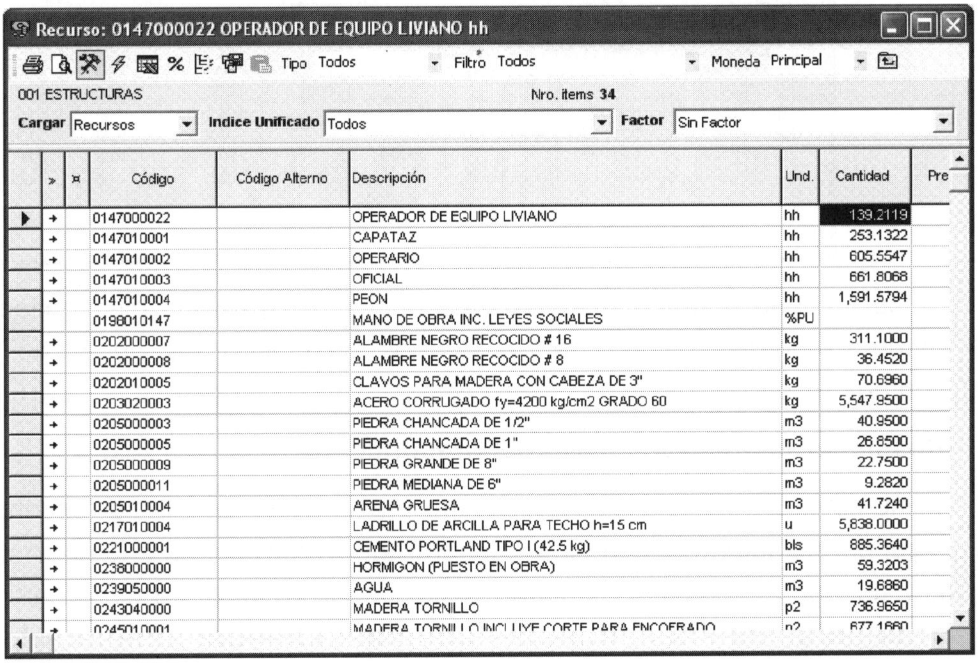

»	¤	Código	Código Alterno	Descripción	Und.	Cantidad	Pre
+		0147000022		OPERADOR DE EQUIPO LIVIANO	hh	139.2119	
+		0147010001		CAPATAZ	hh	253.1322	
+		0147010002		OPERARIO	hh	605.5547	
+		0147010003		OFICIAL	hh	661.8068	
+		0147010004		PEON	hh	1,591.5794	
		0198010147		MANO DE OBRA INC. LEYES SOCIALES	%PU		
+		0202000007		ALAMBRE NEGRO RECOCIDO # 16	kg	311.1000	
+		0202000008		ALAMBRE NEGRO RECOCIDO # 8	kg	36.4520	
+		0202010005		CLAVOS PARA MADERA CON CABEZA DE 3"	kg	70.6960	
+		0203020003		ACERO CORRUGADO fy=4200 kg/cm2 GRADO 60	kg	5,547.9500	
+		0205000003		PIEDRA CHANCADA DE 1/2"	m3	40.9500	
+		0205000005		PIEDRA CHANCADA DE 1"	m3	26.8500	
+		0205000009		PIEDRA GRANDE DE 8"	m3	22.7500	
+		0205000011		PIEDRA MEDIANA DE 6"	m3	9.2820	
+		0205010004		ARENA GRUESA	m3	41.7240	
+		0217010004		LADRILLO DE ARCILLA PARA TECHO h=15 cm	u	5,838.0000	
+		0221000001		CEMENTO PORTLAND TIPO I (42.5 kg)	bls	885.3640	
+		0238000000		HORMIGON (PUESTO EN OBRA)	m3	59.3203	
+		0239050000		AGUA	m3	19.6860	
+		0243040000		MADERA TORNILLO	p2	736.9650	
+		0245010001		MADERA TORNILLO INCLUYE CORTE PARA ENCOFRADO	p2	677.1660	

Partidas que utilizan el recurso

7. En el catálogo anterior usted puede conocer en que partidas participa cada recurso. Por ejemplo seleccione el recurso ALAMBRE NEGRO RECOCIDO # 16 y luego haga clic derecho sobre él, para luego seleccionar la opción.

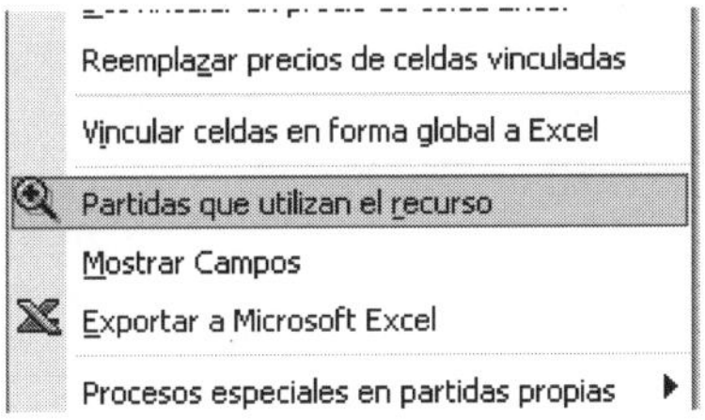

Luego del cual se le mostrará la siguiente ventana:

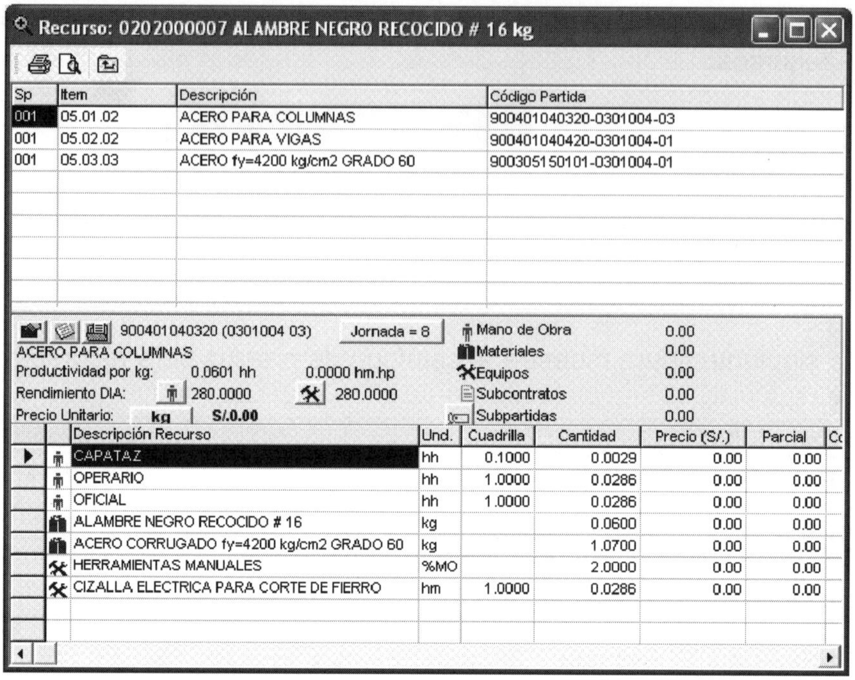

En la ventana anterior usted puede conocer las partidas qie contienen dicho recurso y podría tambien realizar algunos cambios de ser necesario. Cierre la ventana anterior.

Reasignar un recurso en todo el presupuesto

Generalmente cuando se realiza un presupuesto usted se encontrará con algunos recursos no deseados y tendrá que rremplazarlos a lo largo de todo el presupeusto, por lo que resultaría engorroso tener que ir a cada partida que lo contiene y eliminarlo localmente. Para comprender mejor este asunto, realizaremos un ejemplo en el cual usted reemplazará el recurso CIZALLA PARA CORTE DE FIERRO por CIZALLA ELECTRICA PARA CORTE DE FIERRO

8. Para lograr esto haga clic derecho sobre el recurso CIZALLA PARA CORTE DE FIERRO y seleccione la opción:

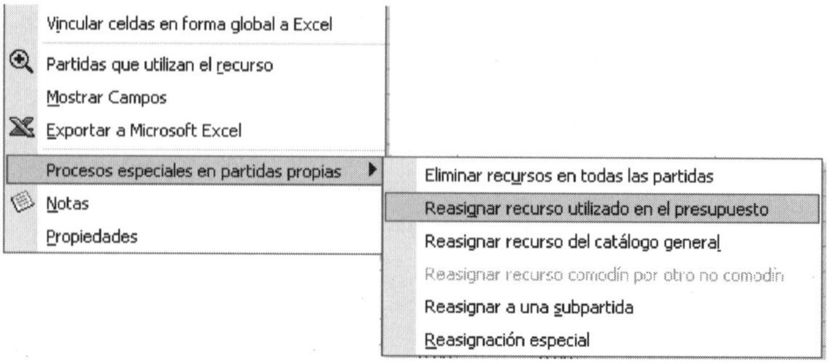

Luego del cual se le mostrará el catálogo de recursos, en el que deberá seleccionar el recurso CIZALLA ELECTRICA PARA CORTE DE FIERRO que será reemplazado en todo el presupuesto, después del cual sólo quedarán 29 precios de recursos para ingresar.

9. A continuación deberá ingresar los precios de recursos de la siguiente tabla:

Descripción	Und.	Precio S/.
OPERADOR DE EQUIPO LIVIANO	hh	8.65
CAPATAZ	hh	10.30
OPERARIO	hh	8.65
OFICIAL	hh	7.80
PEON	hh	6.95
ALAMBRE NEGRO RECOCIDO # 16	kg	2.65
ALAMBRE NEGRO RECOCIDO # 8	kg	2.65
CLAVOS PARA MADERA CON CABEZA DE 3"	kg	2.50
ACERO CORRUGADO fy=4200 kg/cm2 GRADO 60	kg	1.85
PIEDRA CHANCADA DE 1/2"	m3	35.00
PIEDRA CHANCADA DE 1"	m3	34.00
PIEDRA GRANDE DE 8"	m3	26.35
PIEDRA MEDIANA DE 6"	m3	20.50
ARENA GRUESA	m3	14.55
LADRILLO DE ARCILLA PARA TECHO h=15 cm	u	0.35
CEMENTO PORTLAND TIPO I (42.5 kg)	bls	14.50
HORMIGON (PUESTO EN OBRA)	m3	14.45
AGUA	m3	7.00
MADERA TORNILLO	p2	3.50
MADERA TORNILLO INCLUYE CORTE PARA ENCOFRADO	p2	3.60
WINCHE ELECTRICO 3.6 HP DE DOS BALDES	hm	14.50
CAMION VOLQUETE 4 X 2 140-210 HP 6 m3	hm	111.50
CIZALLA ELECTRICA PARA CORTE DE FIERRO	hm	10.00
SOPORTES Y PUNTALES METALICOS	uso	4.50
VIGUETAS METALICAS	uso	3.50
VIBRADOR DE CONCRETO 4 HP 1.50"	hm	4.85
VIBRADOR DE CONCRETO 4 HP 2.40"	hm	4.85
MEZCLADORA DE CONCRETO TAMBOR 18 HP 11 p3	hm	15.50
MEZCLADORA DE CONCRETO TROMPO 8 HP 9 p3	hm	3.50

10. Después de ingresar los precios vuelva a procesar el presupuesto y luego se mostrará el siguiente cuadro de diálogo con los resultados del procesamiento:

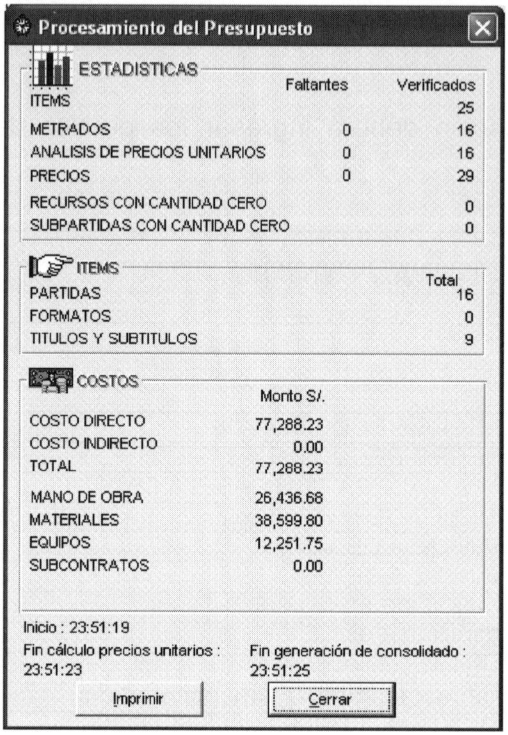

Como puede notar en la información mostrada, el COSTO INDIRECTO es 0 debido a que todavía no hemos realizado el diseño de pie de presupuesto.

6.2 Catálogo de Precios por Presupuesto

Usted ha visto la forma como se pueden ingresar los precios de los recursos al momento de procesar el presupuesto, pero ¿Que sucedería si después de procesar el presupuesto usted necesitara modificar los precios? Para poder hacerlo deberá hacer clic sobre el siguiente acceso directo:

Luego del cual visulizará el escenario de Precios del presupuesto MODULO DE VIVIENDA (vea la siguiente figura)

Precios por Presupuesto

001 ESTRUCTURAS Nro. items **29**

Cargar: Recursos | **Mes Año Lugar**: 02 2006 110504 INDEPENDENCI | **Indice Unificado**: Todos | **Factor**: Sin Factor

Código	Descripción	Und.	Cantidad	Precio S/.	Parcial S/.71,062.12
0147000022	OPERADOR DE EQUIPO LIVIANO	hh	139.2220	8.65	1,204.27
0147010001	CAPATAZ	hh	250.4093	10.30	2,579.22
0147010002	OPERARIO	hh	604.6954	8.65	5,230.62
0147010003	OFICIAL	hh	660.2283	7.80	5,149.78
0147010004	PEON	hh	1,593.2088	6.95	11,072.80
0202000007	ALAMBRE NEGRO RECOCIDO # 16	kg	313.0565	2.65	829.60
0202000008	ALAMBRE NEGRO RECOCIDO # 8	kg	36.5049	2.65	96.74
0202010005	CLAVOS PARA MADERA CON CABEZA DE 3"	kg	71.9304	2.50	179.83
0203020003	ACERO CORRUGADO fy=4200 kg/cm2 GRADO	kg	5,549.3406	1.85	10,266.28
0205000003	PIEDRA CHANCADA DE 1/2"	m3	40.9500	35.00	1,433.25
0205000005	PIEDRA CHANCADA DE 1"	m3	26.8500	34.00	912.90
0205000009	PIEDRA GRANDE DE 8"	m3	22.7586	26.35	599.69
0205000011	PIEDRA MEDIANA DE 6"	m3	9.2820	20.50	190.28
0205010004	ARENA GRUESA	m3	41.7360	14.55	607.26
0217010004	LADRILLO DE ARCILLA PARA TECHO h=15 cm	u	5,877.7143	0.35	2,057.20
0221000001	CEMENTO PORTLAND TIPO I (42.5 kg)	bls	885.3993	14.50	12,838.29
0238000000	HORMIGON (PUESTO EN OBRA)	m3	59.3097	14.45	857.03
0239050000	AGUA	m3	19.6860	7.00	137.80
0243040000	MADERA TORNILLO	p2	737.3057	3.50	2,580.57
0245010001	MADERA TORNILLO INCLUYE CORTE PARA EN	p2	677.2417	3.60	2,438.07
0348010081	WINCHE ELECTRICO 3.6 HP DE DOS BALDES	hm	14.5600	14.50	211.12
0348040023	CAMION VOLQUETE 4 X 2 140-210 HP 6 m3	hm	8.0018	111.50	892.20
0348960008	CIZALLA ELECTRICA PARA CORTE DE FIERRO	hm	53.9120	10.00	539.12
0348990053	SOPORTES Y PUNTALES METALICOS	uso	1,431.0000	4.50	6,439.50
0348990054	VIGUETAS METALICAS	uso	238.5000	3.50	834.75
0349070003	VIBRADOR DE CONCRETO 4 HP 1.50"	hm	19.1179	4.85	92.72
0349070004	VIBRADOR DE CONCRETO 4 HP 2.40"	hm	14.5412	4.85	70.52
0349100007	MEZCLADORA DE CONCRETO TAMBOR 18 HP	hm	43.2640	15.50	670.59
0349100011	MEZCLADORA DE CONCRETO TROMPO 8 HP 9	hm	14.3200	3.50	50.12

En la figura anterior usted podría actualizar los precios y luego podría volver nuevamente a la hoja del presupuesto para volver a procesarlo.

Reportes de Subpartidas

En la lista desplegable **Cargar** seleccione la opción **Subpartidas** para visualizar todas las subpartidas usadas en el presupuesto.

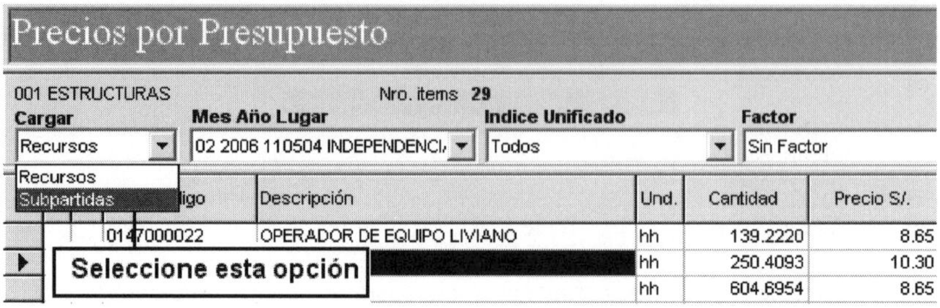

Ahora haga clic sobre el botón para seleccionar del menú flotante la opción **Detallado** que le permitirá visualizar los reportes de análisis de precios unitarios de las subpartidas usadas en el presupuesto.

Capítulo 7 Diseño del Pie de Presupuesto y Análisis de Gastos Generales

7.1 Pie de Presupuesto

El pie de presupuesto está conformado por el COSTO DIRECTO e INDIRECTO los cuales sumados nos darán el TOTAL DE PRESUPUESTO. En esta versión del S10 es posible controlar el % de incidencia que representa el índice unificado 39 INDICE GENERAL DE PRECIOS AL CONSUMIDOR (más conocido como GASTOS GENERALES Y UTILIDADES) estableciendo la(s) línea(s) del pie de presupuesto que no formarán parte para el cálculo analítico de la fórmula polinómica como por ejemplo el Impuesto General a las Ventas (IGV) que generalmente será el 19% del SUBTOTAL.

También es posible realizar previamente el cálculo analítico de GASTOS GENERALES en vez de ingresarlos directamente como un valor numérico en el pie de presupuesto, para esto deberá utilizar la variable auxiliar ggp.

Ahora estando en la Hoja del Presupuesto de ESTRUCTURAS haga clic

sobre el acceso directo **Diseño de Pie de Presupuesto**  que se encuentra disponible en la barra de vistas.

Luego asegúrese de tener seleccionado el presupuesto MODULO DE VIVIENDA así como se muestra en la figura:

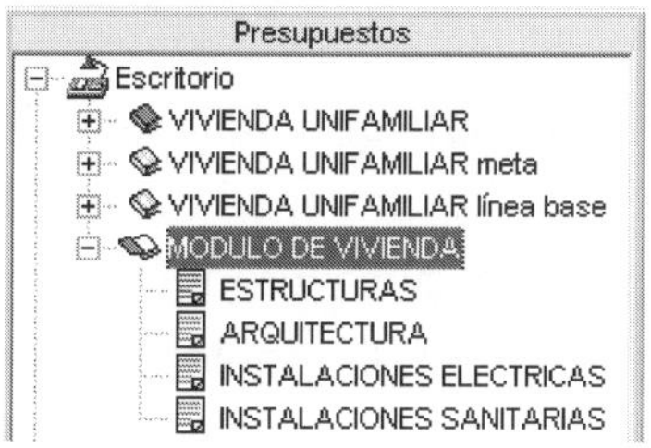

Para luego en la ventana de **Diseño de Pie de Presupuesto** marcar la casilla Diseño para todos los Subpresupuestos (vea la siguiente figura)

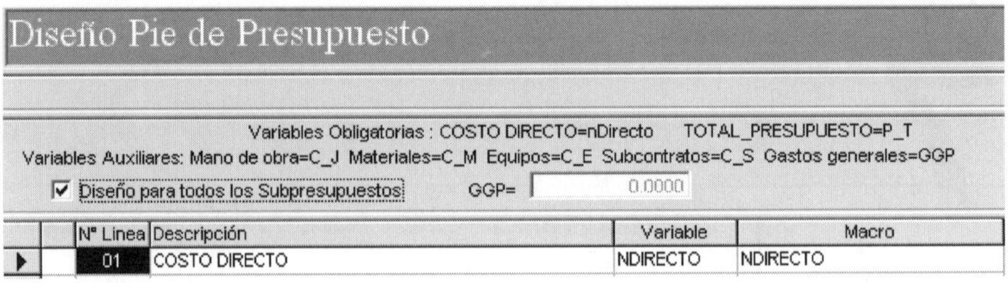

Variables Obligatorias:

Son aquellas que son utlizadas por el sistema para poder determinar el costo total del proyecto y determinar los factores de incidencia de los índices unificados.

COSTO DIRECTO (nDirecto)

Es una variable predeterminada cuyo valor almacenado es la suma de todos los productos de los metrados por sus correspondientes precios unitarios de cada partida.

TOTAL_PRESUPUESTO (P_T)

Es una variable que debe ser usada obligatoriamente para almacenar el costo total del proyecto.

Variables auxiliares:

Son variables que el usuario puede usar opcionalemente para personalizar la forma como se cotizará el costo total del proyecto.

Ahora siga los siguientes pasos para la creación del pie de presupuesto:

1. Haga clic sobre la siguiente fila y escriba GASTOS GENERALES en la columna **Descripción.**
2. Luego en la columna **Variable** escriba GG y en la columna Macro escriba GGP*nDirecto.

   Esto le permitirá obtener el valor calculado en la ventana de Gastos Generales.
3. Ahora repita el proceso para crear las siguientes filas de tal forma que quede como se muestra en la siguiente figura:

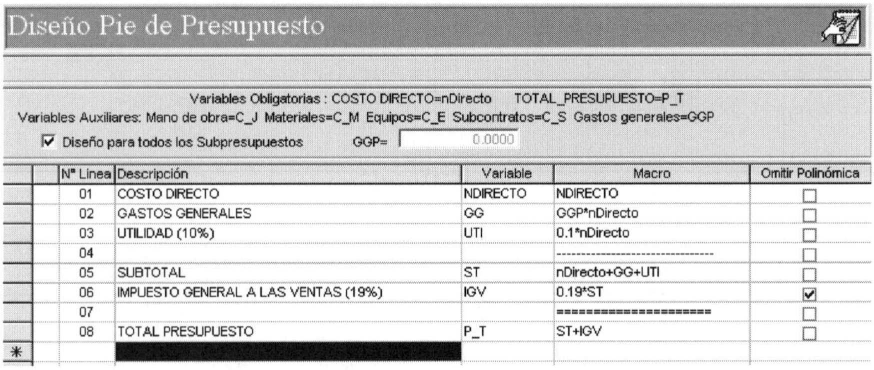

N° Linea	Descripción	Variable	Macro	Omitir Polinómica
01	COSTO DIRECTO	NDIRECTO	NDIRECTO	☐
02	GASTOS GENERALES	GG	GGP*nDirecto	☐
03	UTILIDAD (10%)	UTI	0.1*nDirecto	☐
04			-------------------------------	☐
05	SUBTOTAL	ST	nDirecto+GG+UTI	☐
06	IMPUESTO GENERAL A LAS VENTAS (19%)	IGV	0.19*ST	☑
07			======================	☐
08	TOTAL PRESUPUESTO	P_T	ST+IGV	☐

4. Finalmente asegúrese de marcar la fila que contiene el cálculo del IGV a fin de que no sea considerado en el cálculo de la fórmula polinómica.

   Tener en cuenta que:

$$nDirecto = C\_J + C\_M + C\_E + C\_S$$

   Donde:

   C_J: Jornales
   C_M: Materiales
   C_E: Equipos
   C_S: Subcontratos

7.2 Modelos de Pie de Presupuesto

Si el análisis de costos unitarios es para un presupuesto de una obra por contrata el precio del material es sin IGV.

N° Línea	Descripción	Variable	Macro	Omitir Polinómica
01	Costo Directo	nDirecto	nDirecto	☐
02	Gastos Generales	GG	GGP*nDirecto	☐
03	Utilidad (10%)	UTI	0.1*nDirecto	☐
04			--------------------------	☐
05	SubTotal	ST	nDirecto+GG+UTI	☐
06	Impuesto General a las Ventas (19%)	IGV	ST*0.19	☑
07			==============	☐
08	Total Presupuesto	P_T	ST+IGV	☐

Si el análisis de costos unitarios es para un presupuesto de una obra por Administración Directa el precio del material es con IGV.

N° Línea	Descripción	Variable	Macro	Omitir Polinómica
01	Costo Directo	nDirecto	nDirecto	☐
02	Gastos Generales	GG	GGP*nDirecto	☐
03	Utilidad (10%)	UTI	0.1*nDirecto	☐
04			---------------------------	☐
05	SubTotal	ST	nDirecto+GG+UTI	☐
06	Impuesto General a las Ventas (19%)	IGV	(C_J+C_E)*0.19	☑
07			==============	☐
08	Total Presupuesto	P_T	ST+IGV	☐

N° Línea	Descripción	Variable	Macro	Omitir Polinómica
01	Costo Directo	nDirecto	nDirecto	☐
02	Gastos Generales	GG	GGP*nDirecto	☐
03	Utilidad (10%)	UTI	0.1*nDirecto	☐
04	Flete terrestre	Flete	1430.00	☐
05			---------------------------	☐
06	SubTotal	ST	nDirecto+GG+UTI+Flete	☐
07	Impuesto General a las Ventas (19%)	IGV	ST*0.19	☑
08			==============	☐
09	Total Presupuesto	P_T	ST+IGV	☐

Ahora ya está listo para volver a procesar su presupuesto a fin de incluir el pie de presupuesto en los resultados.

Para esto tendrá que realizar lo siguiente:

1. Haga clic en el acceso directo Hoja del Presupuesto que se en encuentra en la barra de vistas.
2. Luego haga clic en el botón para volver a procesar el presupuesto.
3. Luego presione el botón para visualizar el resultado del pie de presupuesto.

Resultado Pie

	S/.
COSTO DIRECTO	77,288.23
GASTOS GENERALES 0.0000%	0.00
UTILIDAD (10%)	7,728.82

SUBTOTAL	85,017.05
IMPUESTO GENERAL A LAS VENTAS (19%)	16,153.24
	==================
TOTAL PRESUPUESTO	101,170.29

Notará que en la fila de gastos generales todavía figura como cero porque todavía no hemos realizado el análisis de gastos generales.

7.3 Cálculo Analítico de Gastos Generales

El artículo 2° del D.S. 011-79-VC del 1.3.79 define los gastos generales como aquellos que debe realizar el contratista durante la construcción, derivados de la propia actividad empresarial del mismo, por lo cual no pueden ser incluidos dentro de las partidas de la obra. Entre ellos tenemos:

- **Gastos Fijos**

Son los gastos no relacionados con el tiempo de ejecución de la obra y que incurren sólo una vez sin importar cuanto se amplíe el plazo para la ejecución de la obra.

$$\%G.G.F. = \frac{\sum G.G.F.}{Costo\ Directo}$$

- **Gastos Variables**

Son los gastos relacionados con el tiempo de ejecución de la obra, los cuales debido a su naturaleza permanecen durante todo el desarrollo del proyecto incluyendo ampliaciones eventuales.

$$\%G.G.V. = \frac{\sum G.G.V.}{Costo\ Directo}$$

A continuación haga clic sobre el acceso directo Gastos Generales para visualizar el escenario donde podremos implementar el cálculo analítico.

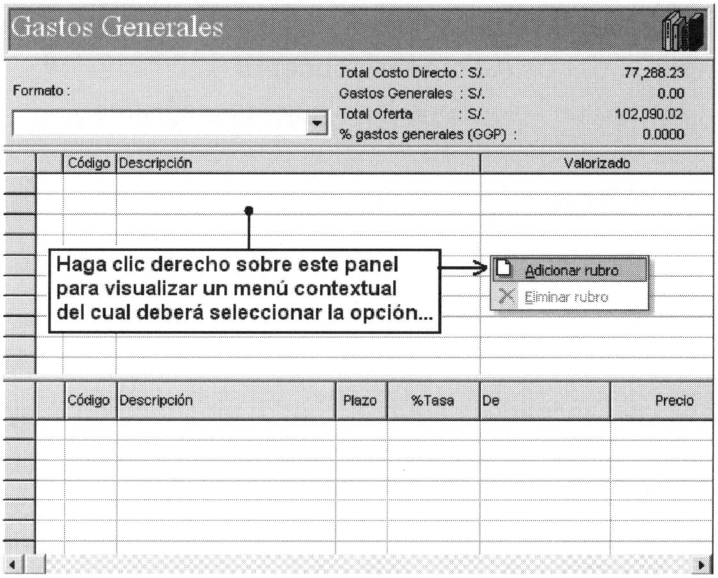

Ahora para realizar un análisis de gastos generales siga los siguientes pasos:

1. Luego de seleccionar del menú contextual la opción **Adicionar rubro** verá el siguiente catálogo:

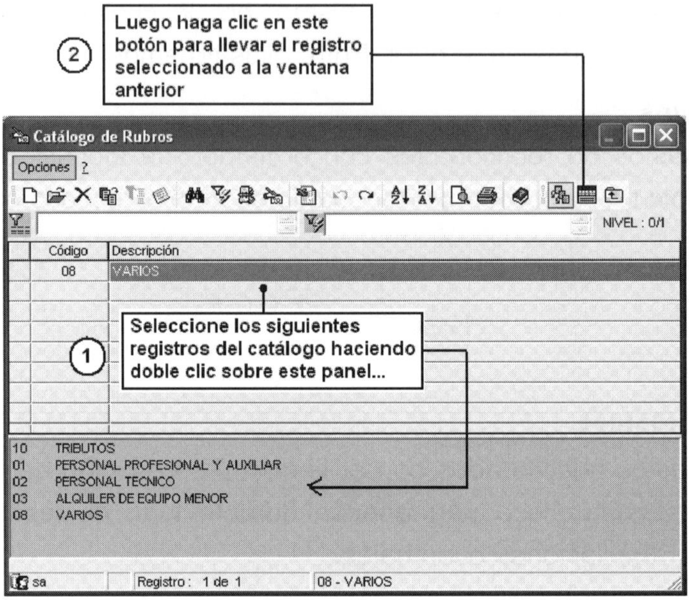

2. Haga clic en el botón  para llevar los registros seleccionados a la ventana de gastos generales.
3. Luego desplácese a través de todos los registros para visualizar cada uno de sus formatos.
4. Haga clic sobre PERSONAL TECNICO AUXILIAR para seleccionarlo y luego haga clic derecho sobre su detalle de rubro y seleccionar del menú contextual la opción **Adicionar concepto.**
5. En el catálogo de seleccione los siguientes registros:

- Residente Principal
- Administrador de Obra
- Secretaria

Luego ingrese las cantidades según el cuadro mostrado en la siguiente figura:

PERSONAL PROFESIONAL Y AUXILIAR

Código	Descripción	Unidad	Persona	%Partp.	Tiempo	Sueldo/ Jornal	Parcial
01003	Residente Principal	mes	1.00	100.00	1.50	2000.00	300.00
01006	Administrador de Obra	mes	1.00	100.00	1.50	1800.00	2700.00
01007	Secretaria	mes	1.00	100.00	1.50	980.00	1470.00

6. Repetimos el proceso para PERSONAL TECNICO, ALQUILER DE EQUIPO MENOR y VARIOS.

   Para lo cual deberá ingresar las cantidades mostradas en los siguientes cuadros:

PERSONAL TECNICO

Código	Descripción	Unidad	Persona	%Partp.	Tiempo	Sueldo/ Jornal	Parcial
02001	Maestro General	mes	1.00	100.00	1.50	1200.00	1800.00

ALQUILER DE EQUIPO MENOR

Código	Descripción	Unidad	Persona	%Partp.	Tiempo	Sueldo/ Jornal	Parcial
03001	Camioneta Cabina simple 2 tn.	mes	1.00	100.00	1.50	1200.00	1800.00

VARIOS

Código	Descripción	Unidad	Parcial
08010	Cartel de Obra	est	350.00

TRIBUTOS

Código	Descripción	%Tasa	De	Precio	Parcial
10001	SENCICO	0.05	SUBTOTAL	97975.66	48.99

***Nota**: En cada uno de los análisis anteriores deberá hacer clic sobre el botón en el catálogo de recursos de ser necesario.*

7. Para el caso del rubro TRIBUTOS seleccione SENCICO del catálogo de recursos y luego seleccione SUBTOTAL de la lista desplegable, según se indica en la siguiente figura:

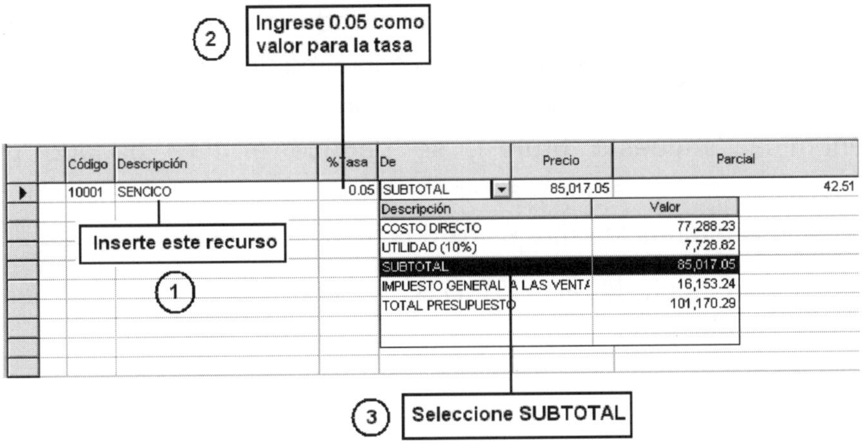

8. Finalmente haga clic sobre el botón para procesar el análisis de gastos generales.
9. Vuelva a la hoja del presupuesto y vuelva a procesar el presupuesto MODULO DE VIVIENDA.
10. Haga clic sobre botón para ver el pie de presupuesto

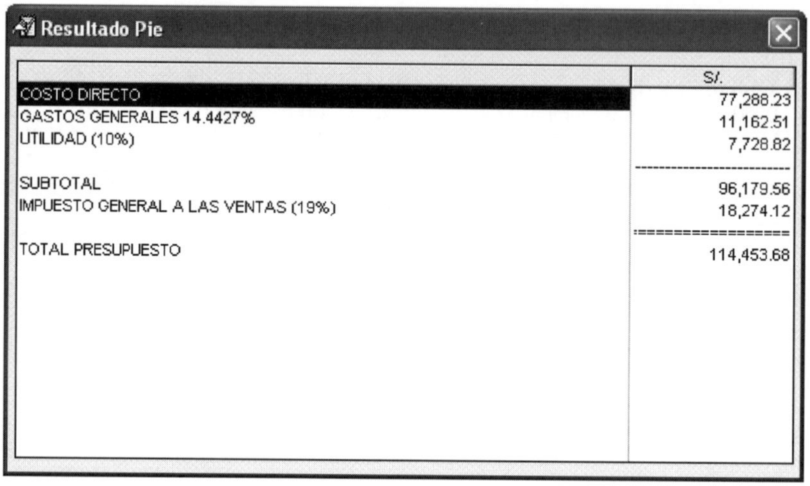

	S/.
COSTO DIRECTO	77,288.23
GASTOS GENERALES 14.4427%	11,162.51
UTILIDAD (10%)	7,728.82

SUBTOTAL	96,179.56
IMPUESTO GENERAL A LAS VENTAS (19%)	18,274.12
	=================
TOTAL PRESUPUESTO	114,453.68

Como puede observar en la figura anterior el valor del porcentaje de gastos generales se actualizó a 14.4427%.

Utilidad Bruta

Este valor dependerá del tipo de obra, riesgo, valor de los servicios que proporciona la empresa y la tasa de productividad del capital que requiere la obra.

Impuesto General a las Ventas

El Impuesto General a las Ventas (IGV) es un impuesto que grava el valor agregado en cada transacción realizada en la distintas etapas del ciclo económico, empleando para ello un esquema de débitos y créditos que opera de la siguiente forma: del impuesto calculado por cada contribuyente (al cual se denomina "impuesto bruto"), se deduce el IGV pagado por todas las adquisiciones de bienes y servicios efectuadas ("crédito fiscal"), de tal manera que sólo la diferencia entre estos dos montos es lo que se paga al Fisco.

Este tributo equivale al 17% D.S. Nº 055-99-EF más 2% por concepto de Promoción Municipal.

Capítulo 8 Fórmula Polinómica y Reportes

8.1 Publicación del diario "El Peruano" respecto a los índices unificados del INEI

Aprueban Índices Unificados de Precios para las seis Áreas Geográficas correspondientes al mes de enero del 2006

RESOLUCIÓN JEFATURAL

Nº 071-2006-INEI

Lima, 15 de febrero del 2006

CONSIDERANDO:

Que, la Undécima Disposición Complementaria y Transitoria del Decreto Ley Nº 5862, transfiere al Instituto Nacional de Estadística e Informática (INEI) las funciones de elaboración de los Índices Unificados de Precios para la aplicación de las Fórmulas Polinómicas de Reajuste Automático de los elementos que determinen el costo delas Obras; Que, la Dirección Técnica de Indicadores Económicos ha elaborado el Informe Nº 02-01-2006-DTIE, referido a los Índices Unificados de Precios para las seis (6) Áreas Geográficas 1, 2, 3, 4, 5 y 6, correspondientes al mes de enero del 2006 y que cuenta con la aprobación de la Comisión Técnica del INEI, por lo que resulta necesario expedir la Resolución Jefatural correspondiente, así como disponer su publicación en el Boletín Mensual de Indicadores de Precios de la Economía, que contiene la información oficial de los Índices Unificados de Precios de la Construcción; y, En uso de las atribuciones conferidas por el Artículo 6º del Decreto Legislativo Nº 604, Ley de Organización y Funciones del Instituto Nacional de Estadística e Informática; SE RESUELVE:

Artículo 1º.- Aprobar los Índices Unificados de Precios para las seis (6) Áreas Geográficas correspondientes al mes de enero del 2006, que en Anexo debidamente autenticado forma parte integrante de la presente Resolución.

Artículo 2º.- Los departamentos que comprenden las Áreas Geográficas a que se refiere el Art. 1º, son los siguientes:

Área 1 : Tumbes, Piura, Lambayeque, La Libertad, Cajamarca, Amazonas y San Martín.

Área 2 : Ancash, Lima, Provincia Constitucional del Callao e Ica

Área 3 : Huánuco, Pasco, Junín, Huancavelica, Ayacucho y Ucayali

Área 4 : Arequipa, Moquegua y Tacna

Área 5: Loreto

Área 6: Cusco, Puno, Apurímac y Madre de Dios.

Artículo 3º.- Los Índices Unificados de Precios, corresponden a los materiales, equipos, herramientas, mano de obra y otros elementos e insumos de la construcción, agrupados por elementos similares y/o afines. En el caso de productos industriales, el precio utilizado es el de venta ex fábrica incluyendo los impuestos de Ley y sin considerar fletes.

Regístrese y comuníquese.

EMILIO FARID MATUK CASTRO

Jefe Instituto Nacional de Estadística e Informática

ÍNDICES UNIFICADOS DE PRECIOS DEL MES DE ENERO DEL 2006

ÁREAS GEOGRÁFICAS

(Base: Julio 1992=100,0)

Cod.	1	2	3	4	5	6	Cod.	1	2	3	4	5	6
01	535.28	535.28	535.28	535.28	535.28	538.28	02	414.75	414.75	414.75	414.75	414.75	414.75
03	421.36	412.36	412.36	412.36	412.36	412.36	04	327.43	409.09	563.13	329.91	223.14	533.12
05	369.13	165.65	241.31	307.51	(*)	407.45	06	629.11	629.11	629.11	629.11	629.11	629.11
07	409.23	409.23	409.23	409.23	409.23	409.23	08	548.76	548.76	548.76	548.76	548.76	548.76
09	206.28	206.28	206.28	206.28	206.28	206.28	10	280.22	280.22	208.22	208.22	208.22	208.22
11	229.45	229.45	229.45	229.45	229.45	229.45	12	216.77	216.77	216.77	216.77	216.77	216.77
13	1091.37	1091.37	1091.37	1091.37	1091.37	1091.37	14	249.65	249.65	249.65	249.65	249.65	249.65
17	368.83	314.95	442.96	412.47	278.57	393.81	16	310.72	310.72	310.72	310.72	310.72	310.72
19	481.83	481.83	481.83	481.83	481.83	481.83	18	344.51	344.51	344.51	344.51	344.51	344.51
21	362.47	329.52	350.43	365.50	350.43	382.67	20	1147.10	1147.10	1147.10	1147.10	1147.10	1147.10
23	360.57	360.57	360.57	360.57	360.57	360.57	22	359.56	359.56	359.56	359.56	359.56	359.56
27	349.02	349.02	349.02	349.02	349.02	349.02	24	236.53	236.53	236.53	236.53	236.53	236.53
31	272.67	272.67	272.67	272.67	272.67	272.67	26	340.68	340.68	340.68	340.68	340.68	340.68
33	538.15	538.15	538.15	538.15	538.15	538.15	28	322.18	322.18	322.18	354.10	322.18	322.18
37	251.56	251.56	251.56	251.56	251.56	251.56	30	389.12	389.12	389.12	389.12	389.12	389.12
39	310.74	310.74	310.74	310.74	310.74	310.74	32	371.50	371.50	371.50	371.50	371.50	371.50
41	269.09	269.09	269.09	269.09	269.09	269.09	34	495.33	495.33	495.33	495.33	495.33	495.33
43	364.61	388.10	479.05	403.22	507.30	476.23	38	316.18	393.39	497.13	318.66	(*)	472.77
45	265.93	265.93	265.93	265.93	265.93	265.93	40	304.34	269.67	316.61	224.51	224.01	283.80
47	347.52	347.52	347.52	347.52	347.52	347.52	42	277.03	277.03	277.03	277.03	277.03	277.03
49	274.67	274.67	274.67	274.67	274.67	274.67	44	270.58	270.58	270.58	270.58	270.58	270.58
51	275.46	275.46	275.46	275.46	275.46	275.46	46	431.20	431.20	431.20	431.20	431.20	431.20
53	698.06	698.06	698.06	698.06	698.06	698.06	48	327.51	327.51	327.51	327.51	327.51	327.51
55	372.35	372.35	372.35	372.35	372.35	372.35	50	333.90	333.90	333.90	333.90	333.90	333.90
57	387.58	387.58	387.58	387.58	387358	387358	52	297.30	297.30	297.30	297.30	297.30	297.30
59	166.57	166.57	166.57	166.57	166.57	166.57	54	335.38	335.38	335.38	335.38	335.38	335.38
61	310.12	310.12	310.12	310.12	310.12	310.12	56	491.11	491.11	491.11	491.11	491.11	491.11
65	274.03	274.03	274.03	274.03	274.03	274.03	60	215.21	215.21	215.21	215.21	215.21	215.21
69	289.02	241.48	395.42	317.14	269.39	406.14	62	291.12	291.12	291.12	291.12	291.12	291.12
71	371.28	371.28	371.28	371.28	371.28	371.28	64	174.91	174.91	174.91	174.91	174.91	174.91
73	452.26	452.26	452.26	452.26	452.26	452.26	66	524.04	524.04	524.04	524.04	524.04	524.04
77	255.17	255.17	255.17	255.17	255.17	255.17	68	212.10	212.10	212.10	212.10	212.10	212.10
							70	177.07	177.07	177.07	177.07	177.07	177.07
							72	395.01	395.01	395.01	395.01	395.01	395.01
							78	380.83	380.83	380.83	380.83	380.83	380.83
							80	101.42	101.42	101.42	101.42	101.42	101.42

Sin Producción

Por ejemplo, la tabla anterior corresponde a la variación de precios de los índices unificados del mes de Enero, pero que son publicados el 18 de febrero del 2006 lo que como puede notar corresponde al mes anterior al de su publicación.

Tabla de índices unificados del INEI

Estos índices son publicados todos los meses en el diario oficial El Peruano, entre el 15 y 20 de cada mes, correspondiendo a la variación de precios de los diversos recursos de la construcción del mes anterior al de su publicación.

Código	Descripción
01	Aceite
02	Acero de construcción liso
03	Acero de construcción corrugado
04	Agregado Fino
05	Agregado grueso
06	Alambre y cable de cobre desnudo
07	Alambre y cable tipo TW y THW
08	Alambre y cable tipo WP
09	Alcantarilla metálica
10	Aparato sanitario con grifería
11	Artefacto de alumbrado exterior
12	Artefacto de alumbrado interior
13	Asfalto
14	Baldosa acústica
15	Baldosa asfáltica
16	Baldosa vinílica
17	Bloque y ladrillo
18	Cable telefónico
19	Cable NYY y NKY
20	Cemento asfáltico
21	Cemento Pórtland tipo I
22	Cemento Pórtland tipo II
23	Cemento Pórtland tipo III
24	Cerámica esmaltada y sin esmaltar
25	Cerrajería Importada (Reagrupado en el 30)
26	Cerrajería nacional
27	Detonante
28	Dinamita
29	Dólar
30	Dólar mas inflación del mercado USA
31	Ducto de concreto
32	Flete terrestre
33	Flete aéreo
34	Gasolina
37	Herramienta manual
38	Hormigón

39	Indice general de precios al consumidor
40	Loseta
41	Madera en tiras para piso
42	Madera importada para encofrado y carpintería
43	Madera nacional para encofrado y carpintería
44	Madera terciada para carpintería
45	Madera terciada para encofrado
46	Malla de alambre
47	Mano de obra
48	Maquinaria y equipo nacional
49	Maquinaria y equipo importado
50	Marco y tapa de fierro fundido
51	Perfil de acero
52	Perfil de aluminio
53	Petróleo Diesel
54	Pintura Látex
55	Pintura Temple
56	Plancha de acero LAC
57	Plancha de acero LAF
59	Plancha de asbesto-cemento
60	Plancha de poliuretano
61	Plancha galvanizada
62	Poste de concreto
63	Poste de fierro (Reagrupado en el 65)
64	Terrazo
65	Tubería de acero negro
66	Tubería de asbesto-cemento
68	Tubería de cobre
69	Tubería de concreto simple
70	Tubería de concreto reforzado
71	Tubería de fierro fundido
72	Tubería de PVC
73	Ductos y accesorios telefónicos de PVC
74	Tubería de PVC para electricidad (SAP)
75	Tubería de PVC para electricidad (SEL) (Reagrupado con el 74)
76	Válvula de bronce importada (Reagrupado con el 30)
77	Válvula de bronce nacional
78	Válvula de fierro fundido nacional
79	Vidrio incoloro nacional
80	Concreto premezclado

8.2 Elaboración de la fórmula polinómica

Para empezar con la realización de la fórmula polinómica presione el botón **Fórmula Polinómica**  de la barra de vistas.

Una vez presionado el botón visualizará un cuadro de diálogo solicitándole la conformación para poder proceder a la elaboración de la fórmula polinómica:

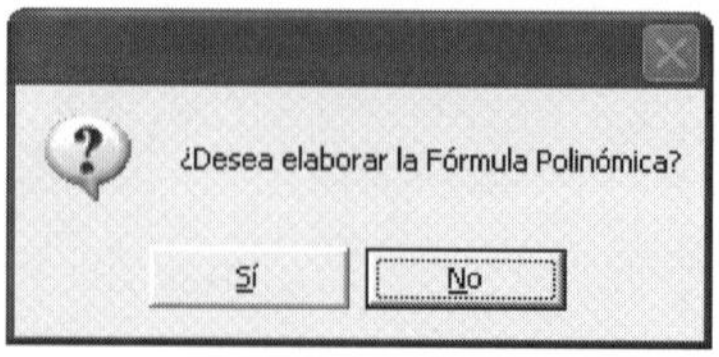

Usted debe responder que **Sí,** si esta seguro que desea recalcular los factores de incidencia y al mismo tiempo usted desea realizar un agrupamiento desde cero.

Usted debe responder que **No**, si desea conservar los factores de incidencia y sólo desea reagrupar los índices unificados o simplemente revisarlos.

En este caso deberá seleccionar la opción **Sí.**

Luego se mostrará la siguiente ventana en el cual usted tendrá que realizar un agrupamiento preliminar antes de realizar el agrupamiento definitivo de monomios

Fórmula Polinómica *fx*

001 ESTRUCTURAS

IU	Descripción	% Inicial	% Saldo	Agrupamiento
02	ACERO DE CONSTRUCCION LISO	1.150	1.150	
03	ACERO DE CONSTRUCCION CORRUGADO	10.674	10.674	
05	AGREGADO GRUESO	3.892	3.892	
17	BLOQUE Y LADRILLO	2.139	2.139	
21	CEMENTO PORTLAND TIPO I	13.348	13.348	
37	HERRAMIENTA MANUAL	0.755	0.755	
38	HORMIGON	0.891	0.891	
39	INDICE GENERAL DE PRECIOS AL CONSUMIDOR	21.033	21.033	
43	MADERA NACIONAL PARA ENCOFRADO Y CARPINTEF	3.983	3.983	
45	MADERA TERCIADA PARA ENCOFRADO	2.535	2.535	
47	MANO DE OBRA	27.487	27.487	
48	MAQUINARIA Y EQUIPO NACIONAL	11.064	11.064	
49	MAQUINARIA Y EQUIPO IMPORTADO	0.919	0.919	
56	PLANCHA DE ACERO LAC	0.130	0.130	

Para realizar el agrupamiento preliminar deberá tener en cuenta que sólo agrupará los índices unificados que tengan un porcentaje de incidencia < 1%, pudiendo agruparlos con índices unificados de mayor incidencia.

También puede realizar agrupamientos con fines simplificativos, como cuando es preciso juntar MADERA NACIONAL PARA ENCOFRADO Y CARPINTERÍA y MADERA TERCIADA PARA ENCOFRADO sin que necesariamente alguno de ellos tenga un porcentaje de incidencia relativamente bajo.

Todo este agrupamiento preliminar le evitará el problema de realizar el agrupamiento de monomios en los casos en que ya no le quede opciones de agrupamiento, precisamente porque por el hecho de no simplificarlos en el agrupamiento preliminar.

A continuación se indicarán los pasos a realizar para el siguiente agrupamiento preliminar:

1. Agruparemos ACERO DE CONTRUCCION LISO con ACERO DE CONSTRUCCION CORRUGADO para esto ubique el cursor seleccionador sobre ACERO DE CONSTRUCCION LISO y luego haga clic derecho sobre él y seleccione Toma Valor.

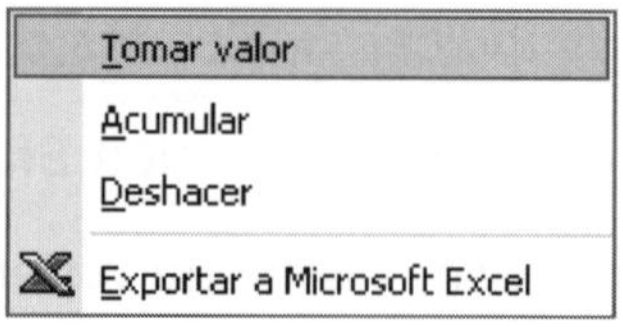

Deberá notar que toda esa fila se pinta de amarillo.

2. Luego ubique el cursor seleccionador sobre ACERO DE CONSTRUCCION CORRUGADO haga clic derecho sobre él y seleccione Acumular.

Deberá notar que en la columna agrupamiento aparece +02 lo cual indicará que el agrupamiento ha sido realizado con su índice unificado asociado que es ACERO DE CONSTRUCCION LISO.

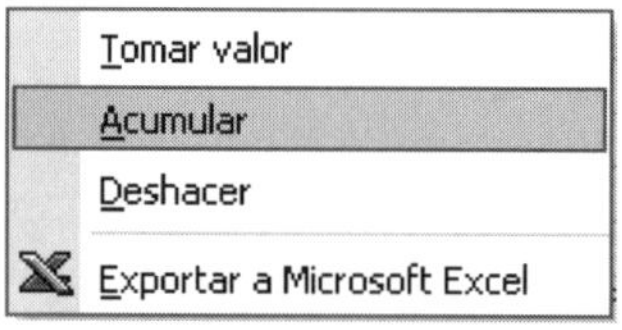

3. Ahora ubique el cursor seleccionador sobre HORMIGON y luego acumule su porcentaje de incidencia así como lo hizo anteriormente.
4. Luego ubique el cursor seleccionador sobre AGREGADO GRUESO y acumule el valor como lo hizo anteriormente.

Finalmente la ventana de agrupamiento deberá lucir como:

Fórmula Polinómica

001 ESTRUCTURAS

IU	Descripción	% Inicial	% Saldo	Agrupamiento
02	ACERO DE CONSTRUCCION LISO	1.150	0.000	
03	ACERO DE CONSTRUCCION CORRUGADO	10.674	11.954	+02+56
05	AGREGADO GRUESO	3.892	4.783	+38
17	BLOQUE Y LADRILLO	2.139	2.139	
21	CEMENTO PORTLAND TIPO I	13.348	13.348	
37	HERRAMIENTA MANUAL	0.755	0.000	
38	HORMIGON	0.891	0.000	
39	INDICE GENERAL DE PRECIOS AL CONSUMIDOR	21.033	21.033	
43	MADERA NACIONAL PARA ENCOFRADO Y CARPINTEF	3.983	6.518	+45
45	MADERA TERCIADA PARA ENCOFRADO	2.535	0.000	
47	MANO DE OBRA	27.487	27.487	
48	MAQUINARIA Y EQUIPO NACIONAL	11.064	12.738	+37+49
49	MAQUINARIA Y EQUIPO IMPORTADO	0.919	0.000	
56	PLANCHA DE ACERO LAC	0.130	0.000	

Vea que la columna **% Inicial** permanece inalterable para fines de que el usuario pueda verificar la razón del agrupamiento, pero en el proceso del agrupamiento el usuario deberá enfocarse principalmente en la columna **% Saldo** para determinar los índices unificados que faltan agrupar.

> ***Nota**: Note que el índice 43 MADERA IMPORTADA PARA ENCOFRADO Y CARPINTERIA ha sido agrupado con el índice 45 MADERA TERCIADA PARA ENCOFRADO con fines simplificativos.*

Luego del agrupamiento preliminar sigue el agrupamiento de Monomios, para lo cual deberá hacer clic sobre la ficha que se encuentra en la parte inferior de la ventana de Fórmula Polinómica.

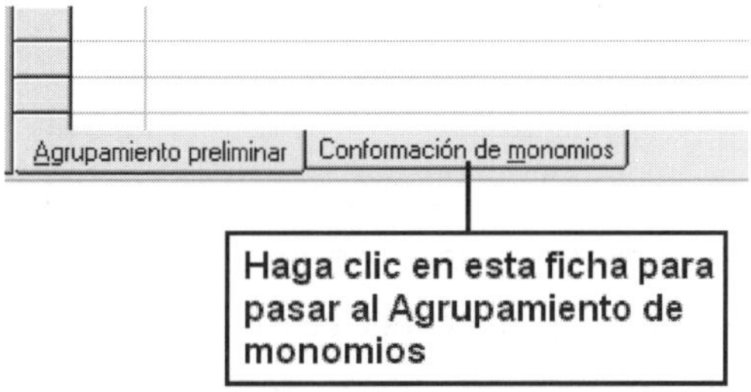

Luego para efectuar la actualización de datos presione  y luego visualizará otro cuadro de confirmación.

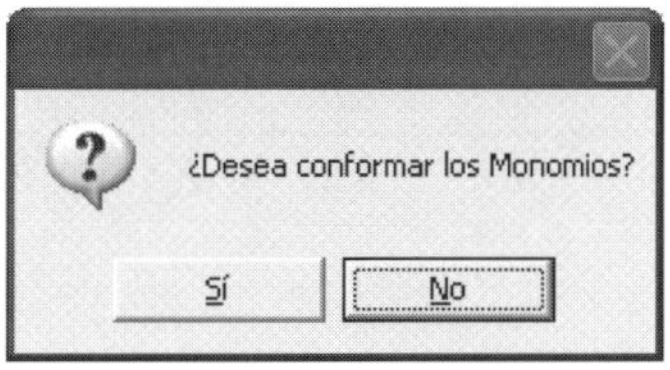

Para lo cual deberá seleccionar Sí lo que le permitirá visualizar los índices unificados que participarán en la elaboración de la fórmula polinómica.

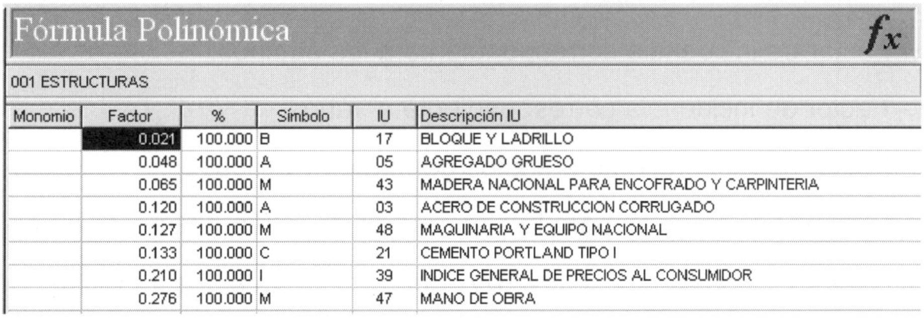
Fórmula Polinómica

001 ESTRUCTURAS

Monomio	Factor	%	Símbolo	IU	Descripción IU
	0.021	100.000	B	17	BLOQUE Y LADRILLO
	0.048	100.000	A	05	AGREGADO GRUESO
	0.065	100.000	M	43	MADERA NACIONAL PARA ENCOFRADO Y CARPINTERIA
	0.120	100.000	A	03	ACERO DE CONSTRUCCION CORRUGADO
	0.127	100.000	M	48	MAQUINARIA Y EQUIPO NACIONAL
	0.133	100.000	C	21	CEMENTO PORTLAND TIPO I
	0.210	100.000	I	39	INDICE GENERAL DE PRECIOS AL CONSUMIDOR
	0.276	100.000	M	47	MANO DE OBRA

Antes de realizar el agrupamiento de monomios haré referencia primero al Reglamento Nacional de Construcción.

La base legal está en el artículo 44º del Decreto supremo Nº 013-2001-PCM, Reglamento del TUO de la ley Nº 26850 el cual ratifica la vigencia del Sistema de Reajuste mediante Fórmulas Polinómicas al señalar textualmente:

"Tanto la elaboración como la aplicación de las fórmulas polinómicas se sujetan a los dispuesto en el Decreto Supremo Nº 011-79-VC, sus modificatorias, ampliatorias y complementarias,......

No son de aplicación las fórmulas de reajuste cuando las Bases establezcan que las propuestas se expresen en moneda extranjera....."

8.3 Fórmula Polinómica

La fórmula polinómica es la representación matemática de la estructura de costos de un presupuesto y esta constituida por la sumatoria de términos, denominados monomios, que consideran la participación o incidencia de los principales recursos (mano de obra, materiales, equipo, gastos generales) dentro del costo o presupuesto total de la obra.

8.3.1 Estructura básica de la fórmula polinómica:

$$K = a\frac{Jr}{Jo} + b\frac{Mr}{Mo} + c\frac{Er}{Eo} + d\frac{Vr}{Vo} + e\frac{GUr}{GUo}$$

Donde:

a.- actor de incidencia correspondiente a la mano de obra.

b.- Factor de incidencia de todos los monomios relacionados con los materiales de construcción.

c.- Factor de incidencia correspondiente a los equipos.

d.- Factor de incidencia correspondiente a varios.

e.- Factor correspondiente a gastos generales y utilidades.

Condiciones normativas para la elaboración de la fórmula polinómica:

El Decreto Supremo Nº 011-79-VC determina que las fórmulas polinómicas deben de cumplir con lo siguiente:

1. Número máximo de monomios es 8

Por lo general se amplían los monomios para materiales. Así de esta manera se pueden tener una estructura de 8 elementos como máximo tal como se muestra:

$$K = a\frac{J_r}{J_o} + b_1\frac{Mr_1}{Mo_1} + b_2\frac{Mr_2}{Mo_2} + b_3\frac{Mr_3}{Mo_3} + b_4\frac{Mr_4}{Mo_4} + c\frac{Er}{Eo} + d\frac{Vr}{Vo} + e\frac{GUr}{GUo}$$

2. Cada monomio (a excepción de los monomios de Mano de Obra y Gastos Generales y Utilidades), pueden ser agrupados en un máximo de 3 índices unificados.
   La norma señala que los índices unificados se consideran como promedio ponderado.
   para lo cual:

   $a + b + c + d + e = 1$ (100%)

   $b = b_1 + b_2 + b_3 + b_4$

3. Los factores de incidencia de cada monomio deben ser cada uno mayor o igual a 5% (0.050)

   $a, b, c, d, e \geq 0.050$

   Por lo tanto los recursos del presupuesto cuya incidencia sea menor al 5% (0.050) deberán ser agrupados con otros índices unificados en lo posible del mismo género todo esto con fines de alcanzar o superar el 5%.

4. En una obra como máximo pueden haber 4 fórmulas polinómicas, Así por ejemplo:
   - Obra de Edificación: Arquitectura, Estructuras, Sanitarias, Eléctricas.
   - Obra de Carreteras: Movimiento de Tierra, Pavimentos, Obras de Arte y Drenaje y Señalización.

   Si es que hubieran más componentes o fases en el presupuesto, estas deberán considerarse dentro de la obra. Por ejemplo: Si fuera Arquitectura, Estructuras, Sanitarias y Eléctricas y Electromecánicas, son cinco fases del presupuesto por lo tanto para efectos de la elaboración de las fórmulas polinómicas se podría unir las Instalaciones eléctricas con las Electromecánicas.

5. En un contrato que agrupe varias obras, como máximo deben haber 8 fórmulas polinómicas. Por ejemplo: En un contrato que tenga 3 obras diferentes, y cada obra tiene 4 fases, no se podrían tener 12 fórmulas (3x4), sino solo 8 fórmulas polinómicas.

Ahora volvamos a lo nuestro y empecemos con la elaboración de la fórmula polinómica:

1. Seleccione la columna Monomio de MANO DE OBRA y escriba 1. Esto indicará que MANO DE OBRA es el primer monomio.
2. Luego seleccione BLOQUE Y LARILLO y AGREGADO GRUESO y escriba 2 para cada uno.
3. Luego escriba 2 para CEMENTO PORTLAND TIPO I lo cual permitirá que en conjunto superen el 5% de incidencia.
4. Escriba 3 para ACERO DE CONSTRUCCIÓN CORRUGADO.
5. Escriba 4 para MADERA NACIONAL PARA ENCOFRADO Y CARPINTERÍA.
6. Escriba 5 para MAQUINARIA Y EQUIPO NACIONAL.
7. Finalmente 6 para ÍNDICE GENERAL DE PRECIOS AL CONSUMIDOR.

Fórmula Polinómica *fx*

001 ESTRUCTURAS

Monomio	Factor	%	Símbolo	IU	Descripción IU
1	0.276	100.000	J	47	MANO DE OBRA
2	0.202	10.396		17	BLOQUE Y LADRILLO
2	0.202	23.762		05	AGREGADO GRUESO
2	0.202	65.842	M1	21	CEMENTO PORTLAND TIPO I
3	0.120	100.000	M2	03	ACERO DE CONSTRUCCION CORRUGADO
4	0.065	100.000	M3	43	MADERA NACIONAL PARA ENCOFRADO Y CARPINTERIA
5	0.127	100.000	E	48	MAQUINARIA Y EQUIPO NACIONAL
6	0.210	100.000	GU	39	INDICE GENERAL DE PRECIOS AL CONSUMIDOR

8. El siguiente paso será la verificación de la fórmula polinómica según reglamento, para esto deberá presionar el botón para realizar la verificación, lo cual le mostrará el siguiente mensaje:

Ahora si desea verificar los parámetros utilizados parta esta verificación presione el botón que le permitrá visualizar el cuadro de diálogo **Configuración de Presupuestos** y luego seleccione la ficha **Fórmula Polinómica** tal como se muestra a continuación:

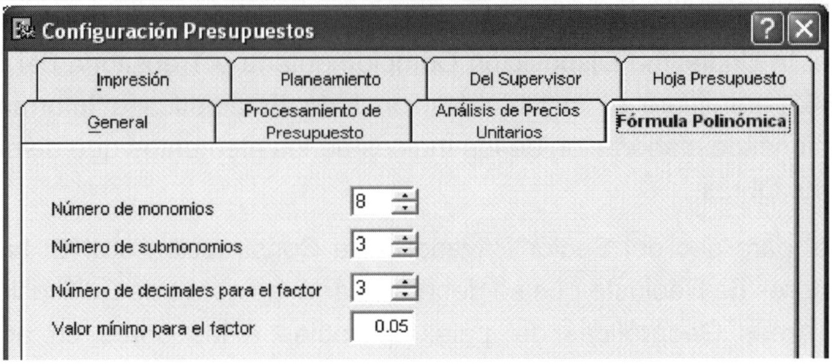

Ahora si quisiera ver el reporte de la fórmula polinómica deberá hacer clic en el botón para obtener una vista preliminar (ver figura)

Fórmula Polinómica

Presupuesto	**0301004 MODULO DE VIVIENDA**
Subpresupuesto	**001 ESTRUCTURAS**
Fecha Presupuesto	**21/02/2006**
Moneda	**NUEVOS SOLES**
Ubicación Geográfica	**110504 ICA - PISCO - INDEPENDENCIA**

K = 0.276*(Jr / Jo) + 0.202*(M1r / M1o) + 0.120*(M2r / M2o) + 0.065*(M3r / M3o) + 0.127*(Er / Eo) + 0.210*(GUr / GUo)

Monomio	Factor	(%)	Símbolo	Indice	Descripción
1	0.276	100.000	J	47	MANO DE OBRA
2	0.202	23.762		05	AGREGADO GRUESO
		10.396		17	BLOQUE Y LADRILLO
	0.202	65.842	M1	21	CEMENTO PORTLAND TIPO I
3	0.120	100.000	M2	03	ACERO DE CONSTRUCCION CORRUGAD
4	0.065	100.000	M3	43	MADERA NACIONAL PARA ENCOFRADO Y
5	0.127	100.000	E	48	MAQUINARIA Y EQUIPO NACIONAL
6	0.210	100.000	GU	39	INDICE GENERAL DE PRECIOS AL CONSU

Donde K es el factor de reajuste

8.3.2 Publicación del diario el "Peruano" en relacion al factor de reajuste

Aprueban Factores de Reajuste aplicables a obras de edificación, correspondientes a las Seis áreas Geográficas para las obras del Sector Privado producidas en el mes de enero del 2006

RESOLUCIÓN JEFATURAL

Nº 072-2006-INEI

Lima, 15 de febrero del 2006

CONSIDERANDO:

Que, la Undécima Disposición Complementaria y Transitoria del Decreto Ley Nº 25862, transfiere al Instituto Nacional de Estadística e Informática (INEI) las funcionesde elaboración de los Índices de los elementos que determinen el costo de las Obras;

Que, para uso del Sector Privado de la Construcción el INEI ha elaborado los Factores de Reajuste que se debe aplicar a las obras de Edificación para las seis (6) Áreas Geográficas del país, aplicables a las obras en actual ejecución, siempre que sus contratos no estipulen modalidad distinta de reajuste; Que, en consecuencia, es necesario aprobar dichos factores correspondientes al período del 1 al 31 de enero del 2006, aplicables a las Obras de Edificación hasta cuatro (4) pisos, para las Áreas Geográficas 1,2,3,4,5 y 6, los mismos que cuentan con la conformidad de la Comisión Técnica del INEI, así como disponer su publicación en el Boletín Mensual de Indicadores de Precios de la Economía, que contiene la información oficial de los Índices Unificados de Precios de la Construcción; En uso de las atribuciones conferidas por el Art.6º del Decreto Legislativo Nº 604, Ley de Organización y Funciones del Instituto Nacional de Estadística e Informática

SE RESUELVE:

Artículo 1º.- Apruébese los Factores de Reajuste que se debe aplicar a las obras de edificación, correspondientes a las seis (6) Áreas Geográficas para las Obras del Sector Privado por variación de precios todos los elementos que intervienen en el costo de dichas obras, producidas en el período del 1 al 31 de enero 2006 según aparece en el cuadro adjunto que debidamente autenticada, forma parte de la presente Resolución.

Artículo 2º.- Los Factores de Reajuste serán aplicados a las Obras del Sector Privado, sobre el monto de la obra ejecutada en el período correspondiente. En el caso de obras atrasadas, estos factores serán aplicados sobre los montos que aparecen en el Calendario de Avance de Obra, prescindiéndose del Calendario de Avance Acelerado, si lo hubiere.

Artículo 3º.- Los factores indicados no serán aplicados:

a) Sobre obras cuyos presupuestos contratados hayan sido reajustados como consecuencia de la variación mencionada en el período correspondiente.
b) Sobre el monto del adelanto que el propietario hubiera entregado oportunamente con el objeto de comprar materiales específicos.

Artículo 4º.- En los montos de obra a que se refiere el Art.2º se comprende el total de las partidas por materiales, mano de obra, leyes sociales, maquinaria y equipo, gastos generales y utilidad del contratista que corresponde a esos montos.

Artículo 5º.- Los adelantos en dinero que el propietario hubiera entregado al contratista, no se eximen de la aplicación de los Factores de Reajuste, cuando éstos derivan de los aumentos de mano de obra.

Artículo 6º.- Los factores totales que se aprueba por la presente Resolución, serán acumulativos por multiplicación en cada obra, con todo lo anteriormente aprobado por el INEI, desde la fecha del presupuesto contratado y, a falta de éste, desde la fecha del contrato respectivo.

Artículo 7º.- Los departamentos que comprenden las Áreas Geográficas son los siguientes:

a) Área Geográfica 1: Tumbes, Piura, Lambayeque, La Libertad, Cajamarca, Amazonas y San Martín.
b) Área Geográfica 2: Ancash, Lima, Provincia Constitucional del Callao e Ica.
c) Área Geográfica 3: Huánuco, Pasco, Junín, Huancavelica, Ayacucho y Ucayali.
d) Área Geográfica 4: Arequipa, Moquegua y Tacna.
e) Área Geográfica 5: Loreto.
f) Área Geográfica 6: Cusco, Puno, Apurímac, y Madre de Dios.

Regístrese y comuníquese.

EMILIO FARID MATUK CASTRO

Jefe

Instituto Nacional de Estadística e Informática

ÁREAS GEOGRÁFICAS Nº	OBRAS DE EDIFICACIÓN											
	Edificación de 1 y 2 pisos (Terminada)			Edificación de 1 y 2 pisos (Casco Vestido)			Edificación de 3 y 4 pisos (Terminada)			Edificación de 3 y 4 pisos (Casco Vestido)		
	M.O.	Resto Elem.	Total	M.O.	Resto Elem.	Total	M.O.	Resto Elem.	Total	M.O.	Resto Elem.	Total
1	1.0000	1.0004	1.0004	1.0000	1.0000	1.0000	1.0000	1.0000	1.0000	1.0000	0.9996	0.9996
2	1.0000	1.0012	1.0012	1.0000	1.0010	1.0010	1.0000	1.0007	1.0007	1.0000	1.0005	1.0005
3	1.0000	1.0025	1.0025	1.0000	1.0026	1.0026	1.0000	1.0019	1.0019	1.0000	1.0018	1.0018
4	1.0000	1.0004	1.0004	1.0000	0.9998	0.9998	1.0000	1.0000	1.0000	1.0000	0.9996	0.9996
5	1.0000	0.9983	0.9983	1.0000	0.9980	0.9980	1.0000	0.9985	0.9985	1.0000	0.9979	0.9979
6	1.0000	1.0025	1.0025	1.0000	1.0026	1.0026	1.0000	1.0014	1.0014	1.0000	1.0017	1.0017

Artículo 55º.- Fórmulas de Reajuste de los contratos expresados en moneda nacional (Normas Legales)

1. En los casos de contratos de tracto sucesivo o de ejecución periódica o continuada de bienes o servicios, pactados en moneda nacional, las Bases o el contrato podrán considerar fórmulas de reajuste de los pagos que corresponden al contratista, conforme a la variación de índices Precios al Consumidor que establece el Instituto Nacional de Estadística e Informática - INEI, correspondiente al mes de pago.
   Cuando se trate de bienes sujetos a cotización internacional o cuyo precio este influido por ésta, no se aplicará la limitación del Índice de Precios al Consumidor a que se refiere el párrafo precedente.

2. En el caso de contratos de obras pactados en moneda nacional, las Bases establecerán las fórmulas de reajuste. Las valorizaciones que se efectúen a precios originales del contrato y sus ampliaciones serán ajustadas multiplicándolas por el respectivo coeficiente de reajuste "K" que se obtenga de aplicar en la fórmula o fórmulas polinómicas, los Índices Unificados de Precios de la Construcción que publica el Instituto Nacional de Estadística e Informática - INEI, corresponde al mes en que debe ser pagada la valorización.
   Tanto la elaboración como la aplicación de las fórmulas polinómicas se sujetan a lo dispuesto en el decreto Supremo Nº 011-79-VC y sus modificatorias, ampliatorias y complementarias.

3. En el caso de contratos de consultoría pactados en moneda nacional, los pagos estarán sujetos a reajuste por aplicación de fórmulas monómicas o polinómicas, según corresponda, las cuales deberán estar previstas en las Bases. Para tal efecto, el consultor calculará y consignará ne sus facturas,

el monto resultante de la aplicación de dichas fórmulas, cuyas variaciones serán mensuales, hasta la fecha de pago prevista en el contrato respectivo, utiliando los índices publicados por el Instituto Nacional de Estadística e Informática - INEI a la fecha de facturación. Una vez publicados los índices definitivos, se efectuarán las regularizaciones correspondientes.

4. No son de aplicación las fórmulas de reajuste cuandos las Bases establezcan que las propuestas se expresan en moneda extranjera, salvo el caso de los bienes sujetos a cotización internacional o cuyo precio esté influido por ésta.

$$K = 0.276 \cdot \left(\frac{Jr}{Jo}\right) + 0.202 \cdot \left(\frac{M1r}{M1o}\right) + 0.120 \cdot \left(\frac{M2r}{M2o}\right) + 0.065 \cdot \left(\frac{M3r}{M3o}\right) + 0.127 \cdot \left(\frac{Er}{Eo}\right) + 0.210 \cdot \left(\frac{GUr}{GUo}\right)$$

Para este proyecto llamado MODULO DE VIVIENDA tenemos la fórmula polinómica:

Donde:

$Jo, M1o, M2o, M3o, Eo, GUo$: Son los índices unificados de precios correspondientes al mes de elaboración del presupuesto. En el caso de MODULO DE VIVIENDA el monto de nuestro presupuesto está calculado en base a los precios del mes de Febrero (21/02/2006)

$Jr, M1r, M2r, M3r, Er, GUr$: Son los índices unificados de precios del mes del reajuste.

8.4 Diseño de Cabeceras para Reportes

Es este punto del capítulo el usuario estará en la posibilidad de realizar el diseño de un encabezado para un máximo de 10 líneas utilizando estilo de texto, color y tamaño de letra.

Usted podrá realizar el diseño para 5 tipos de reportes:

- Resumen del presupuesto
- Presupuesto
- Análisis de precios unitarios
- Recursos y precios
- Fórmula polinómicas
- Subpartidas

Para acceder al escenario de Cabeceras para Reportes presione  y deberá visualizar la siguiente ventana:

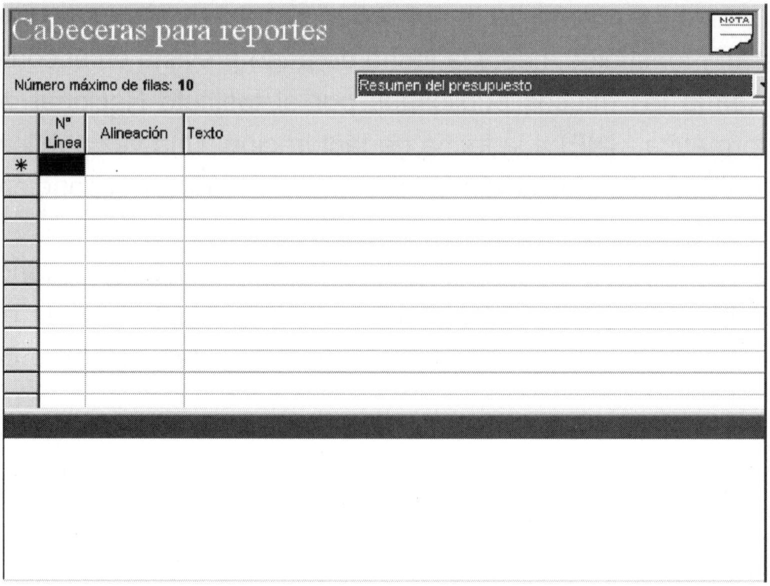

En la lista desplegable seleccione **Presupuesto**:

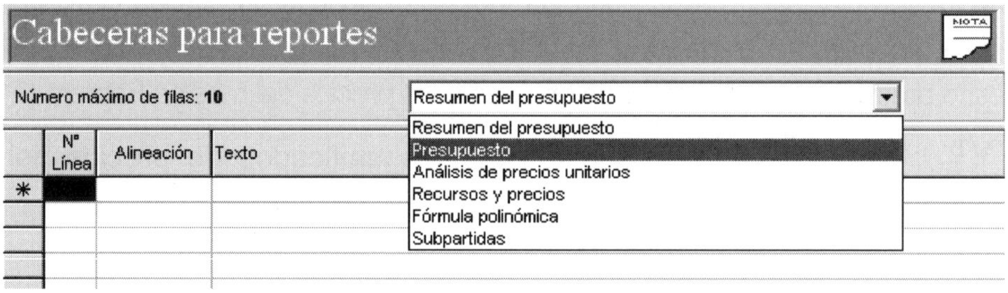

Ahora en la columna **Texto** escriba EDITORIAL MACRO, luego en la siguiente fila escriba POR: OLGER UGARTE CONTRERAS. Luego haga clic derecho sobre la fila anteriormente creada para seleccionar del menú contextual la opción **Fuentes** (Ver figura)

Luego visualizará el cuadro de diálogo Fuente en el cual deberá seleccionar **Negrita** de la lista **Estilo de Fuente**, con lo que deberá cambiar la apariencia del texto en la parte inferior del escenario de Cabera para Reportes.

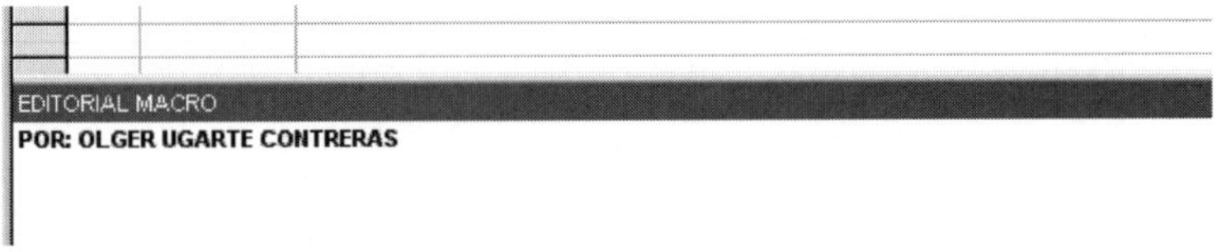

Luego ingrese los siguientes datos:

Alineación	Estilo Fuente	Texto
Izquierdo	Normal	EDITORIAL MACRO
Izquierdo	Negrita	POR: OLGER UGARTE CONTRERAS
Centrado	Negrita	PRESUPUESTO
Izquierdo	Normal	Presupuesto: MODULO DE VIVIENDA
Izquierdo	Normal	Subpresupuesto: ESTRUCTURAS
Izquierdo	Normal	Cliente: Olger Ugarte Contreras
Izquierdo	Normal	Departamento: Ica Provincia: Pisco Distrito: Independencia
Derecho	Normal	Costo al: 21-02-2006
Izquierdo	Normal	Nota: Presupuesto Elaborado en la versión 2005
Izquierdo	Normal	Con un máximo de 10 líneas por encabezado

Finalmente la pariencia obtenida debe ser lo mostrado a continuación:

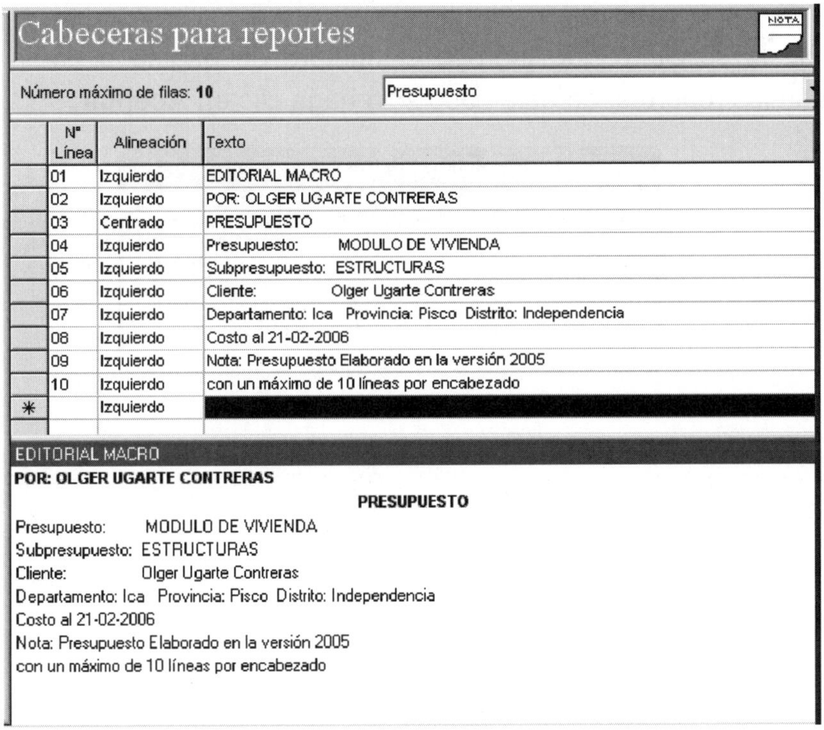

Para poder hacer visible estos encabezados en los reportes es preciso establecer la configuración haciendo clic sobre el botón para visualizar el cuadro de diálogo configuración en el cual deberá seleccionar la ficha Impresión tal como se muestra en la figura:

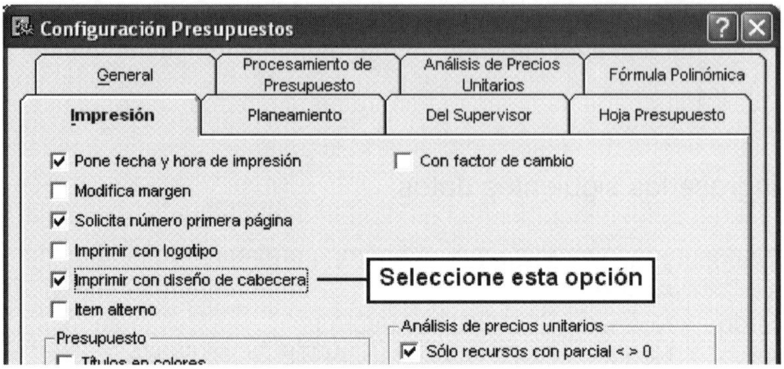

Finalmente seleccione Imprimir con diseño de cabecera.

Ahora haga clic sobre el botón para acceder a la hoja del presupuesto y luego haga clic sobre el botón para seleccionar Presupuesto y luego Estándar cliente tal como se muestra en la siguiente figura:

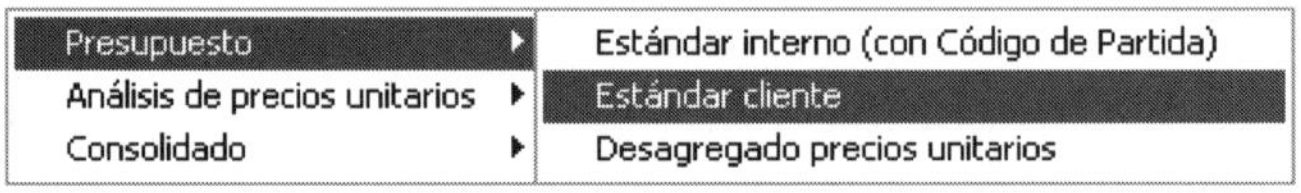

Luego se le solicitará que ingrese el número de página a partir del cual se mostrarán los reportes, en este caso sólo haga clic en **Aceptar:**

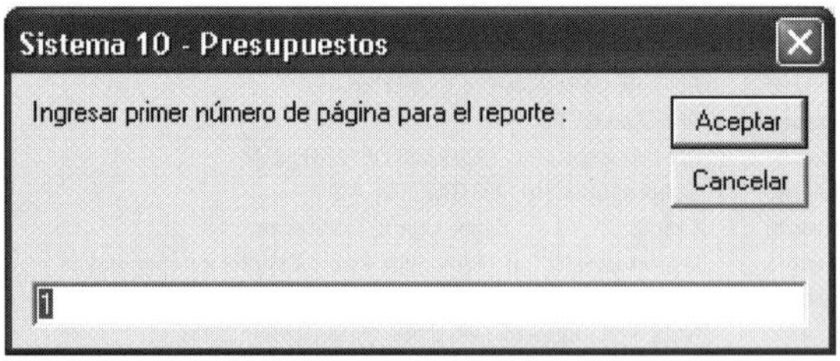

***Nota**: Los reportes para el presupuesto MODULO DE VIVIENDA se encuentran en el anexo A de éste libro.*

A continuación se muestra parte del reporte:

S10 Página

EDITORIAL MACRO
POR: OLGER UGARTE CONTRERAS

PRESUPUESTO

Presupuesto: MODULO DE VIVIENDA
Subpresupuesto: ESTRUCTURAS
Cliente: Olger Ugarte Contreras
Departamento: Ica Provincia: Pisco Distrito: Independencia
Costo al: 21-02-2006
Nota: Presupuesto elaborado en la versión 2005
con un máximo de 10 líneas por encabezado
Subpresupuesto **001 ESTRUCTURAS**

Item	Descripción	Und.	Metrado	Precio S/.
01	**OBRAS PROVISIONALES**			
01.01	ALMACEN, GUARDIANIA Y COMEDOR	est	1.00	2,500.00

Para imprimir los análisis de precios unitarios, deberá hacer clic sobre el botón para seleccionar **Análisis de precios unitarios▸Fomatos S10▸Varios por hoja** y luego haga clic en Aceptar al mensaje visualizado que le solicita el número de la primera página para el reporte:

S10

Análisis de Precios Unitarios Afectado por el Metrado

Presupuesto **0301004 MODULO DE VIVIENDA**
Subpresupuesto **001 ESTRUCTURAS** Fecha pre
Partida **01.01 ALMACEN, GUARDIANIA Y COMEDOR**

Costo afectado por el metrado (1.

Código	Descripción Recurso	Unidad	Cantidad	Preci
	Mano de Obra			
0198010147	MANO DE OBRA INC. LEYES SOCIALES	%PU	30.0000	2,5
	Materiales			
0298010143	MADERA NACIONAL PARA ENCOF. Y CARPINT.	%PU	50.0000	2,5
0298010156	PLANCHA DE ACERO LAC	%PU	5.0000	2,5
	Equipos			
0398010148	MAQUINARIA Y EQUIPO NACIONAL	%PU	15.0000	2,5

Partida **02.01 LIMPIEZA DEL TERRENO**

Nota: *Para los reportes de análisis de precios unitarios no hemos realizado diseño de cabecera, por lo que deberá desmarcar la casilla* ***Imprimir con diseño de cabecera*** *del cuadro de diálogo* ***Configuración*** *para que pueda visualizar el reporte tal como lo muestra la figura anterior.*

Cada vez que visuliza los reportes, usted verá una ventana con una barra de herramientas como lo que se muestra en la siguiente figura:

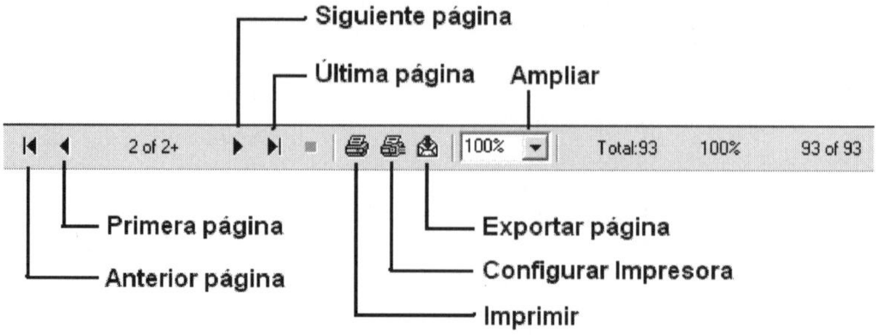

Los botones señalados en la figura anterior resultan muy obvios, por lo que pasaré a explicar el uso del botón

Exportar página.- utilice esta opción si desea exportar el reporte a un procesador de textos (Microsoft Word), para esto haga clic sobre el botón y visualizarla el siguiente cuadro de diálogo:

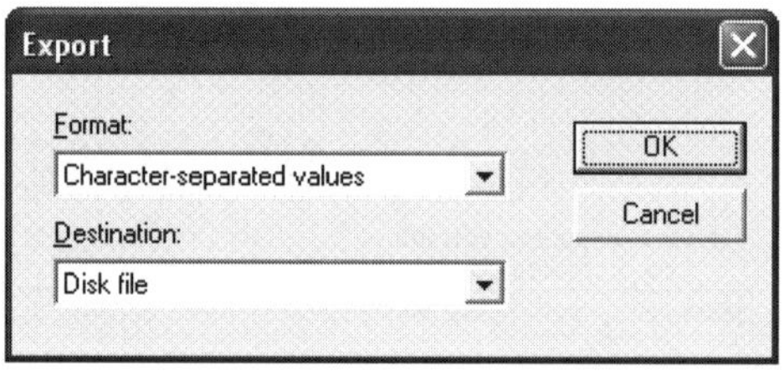

Ahora seleccione de la lista **Format** el formato "Word For Windows Document" y deje seleccionada en la lista **Destination** la opción **Disk File** que le permitirá establecer un nombre y una ruta para el archivo que desea guardar. Haga clic en **OK.**

Luego visualizará un cuadro de diálogo donde deberá indicar el nombre y la ruta donde se guardará el documento generado con todos los análisis de precios unitarios.

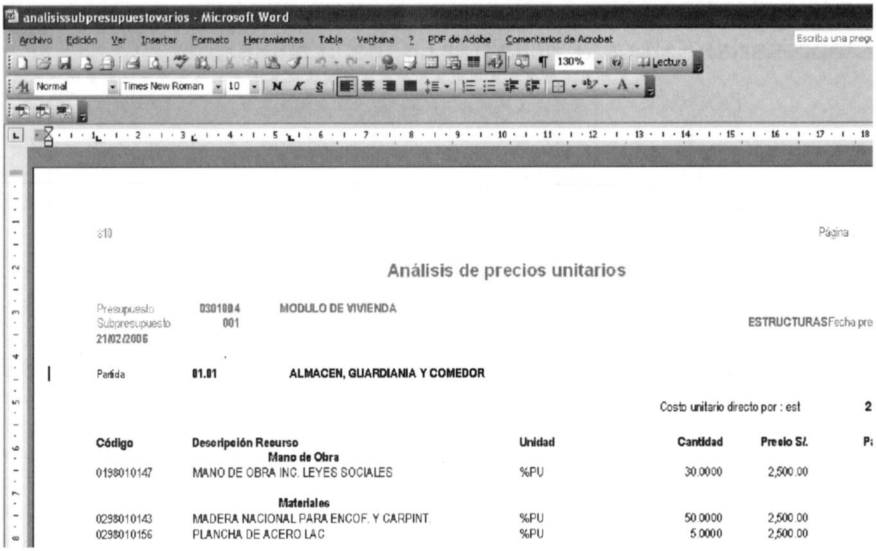

Luego de hacer clic en el botón **Guardar** deberá abrir el archivo generado (vea la siguiente figura)

8.5 Inserción de una imagen en el encabezado

Si usted necesita colocar el logotipo de su empresa en el encabezado de los reportes, puede hacerlo a través de las opciones encontradas en el carbol de presupuestos. Para esto siga los siguientes pasos:

1. Haga clic sobre el icono de  Datos Generales en el panel de vistas.

2. Luego haga clic derecho sobre el MODULO DE VIVIENDA en el árbol de presupuestos para luego seleccionar la opción **Opciones▸Logotipo...** tal como se muestra en la siguiente figura:

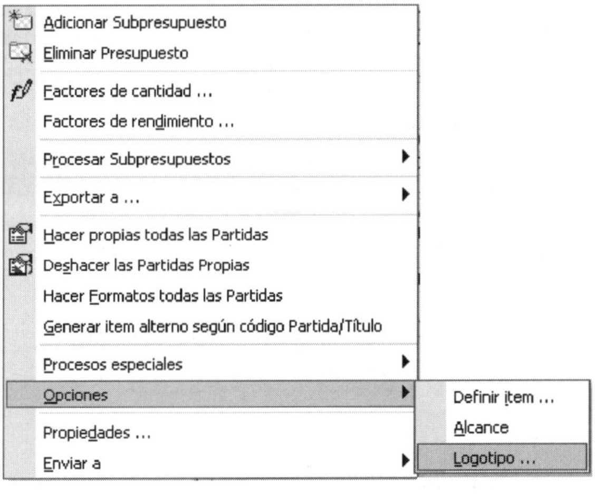

3. En la siguiente ventana seleccione y luego haga clic derecho sobre **Grupo Empresarial S10** para visualizar un menú contextual

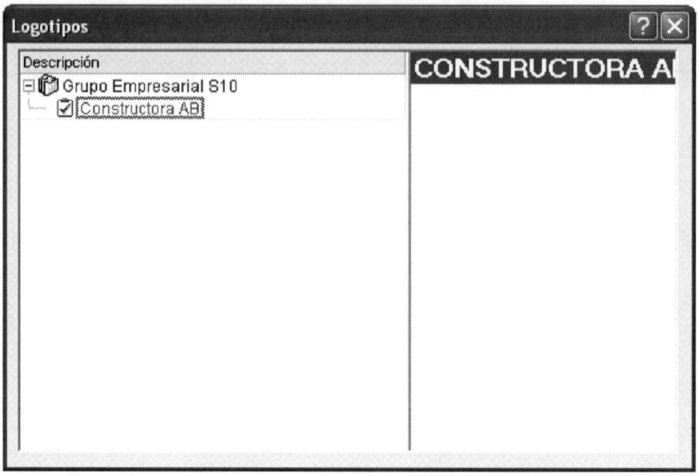

4. En el menú seleccione **Nuevo: Nivel 2** para visualizar el cuadro de diálogo **Logotipo** (ver figura)

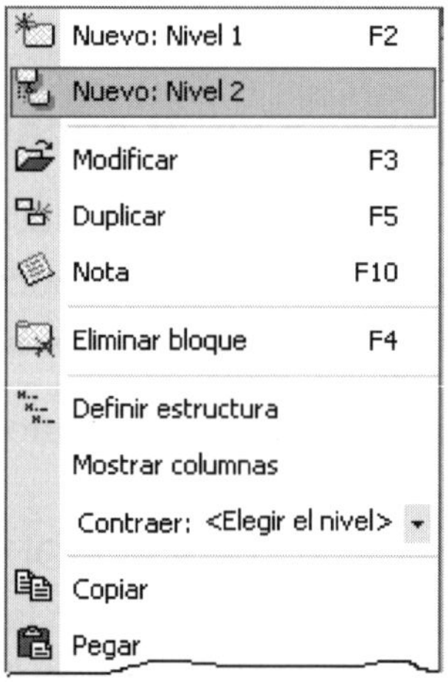

5. En la casilla descripción escriba LogoS10 y luego haga clic en el botón Examinar… para seleccionar el archivo S10win.jpg que se encuentra en el CD que acompaña al libro (vea la figura mostrada a continuación)

6. Haga clic en **Adicionar**
7. Ahora haga doble clic sobre **LogoS10** y la ventana se cerrará automáticamente lo cual sera un indicativo de que el logotipo seleccionado ha sido aceptado.

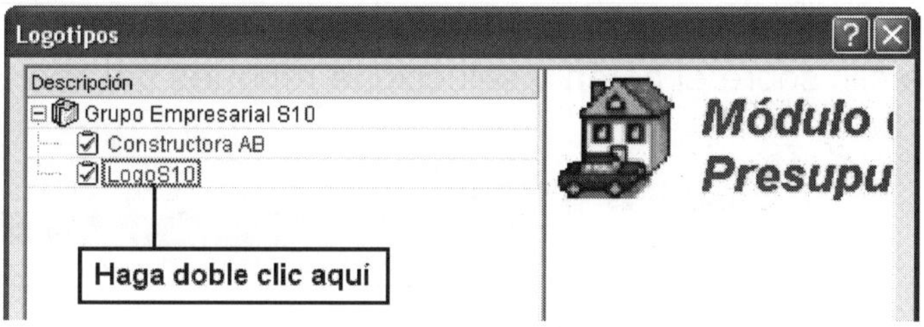

8. Note que si se dirige al escenario de **Datos Generales** aparecerá marcada la opción **Tiene Logotipo** tal como se muestra en la figura:

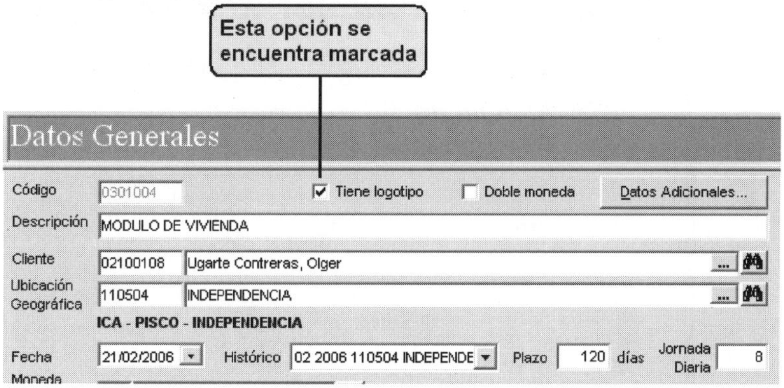

9. Ahora para que el logotipo seleccionado aparezca en los reportes haga clic sobre el botón para realizar la configuración correspondiente.

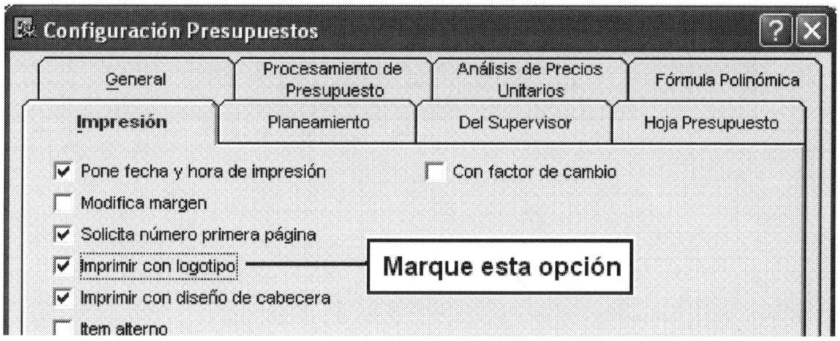

10. Una vez marcada la opción **Imprimir con logotipo**, aproveche desmarcar la casilla Solicita número primera página.

11. Ahora haga clic sobre el icono Hoja del presupuesto para luego poder visualizar los reportes que usted desee. En este caso vamos a visualizar el reporte para la hoja del presupuesto.

12. Haga clic sobre el botón y seleccione reportes del tipo **Estándar cliente**

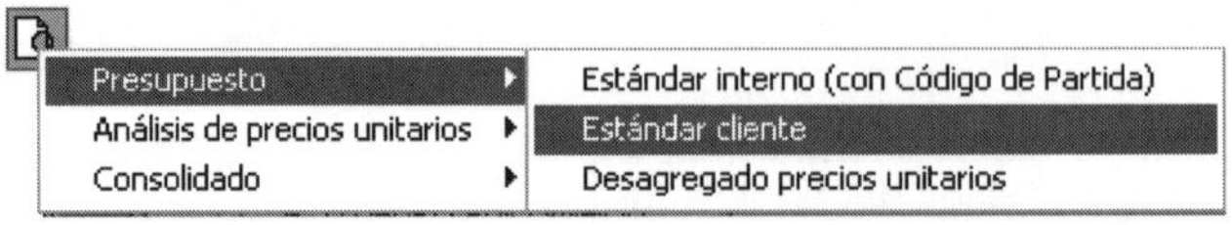

13. Lo siguiente será visualizar el logotipo en la parte superior de la hoja del presupuesto:

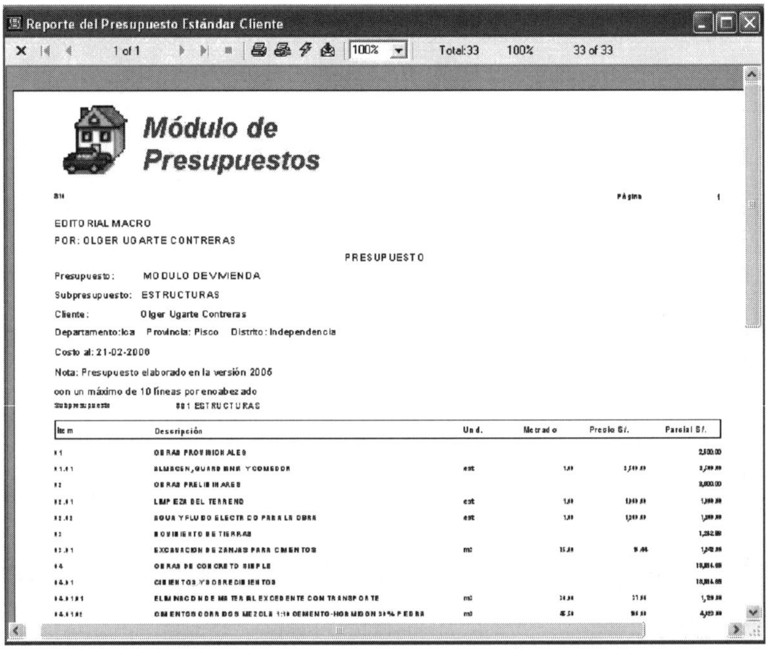

8.6 Presupuesto Descompuesto

El presupuesto MODULO DE VIVIENDA se encuentra conformado por partidas y subpartidas. El presupuesto descompuesto permite visualizar en forma jerárquica las partidas con sus respectivas subpartidas mostrándose en la parte inferior sus correspondientes recursos. Para ingresar a este escenario es necesario que haga clic sobre el botón

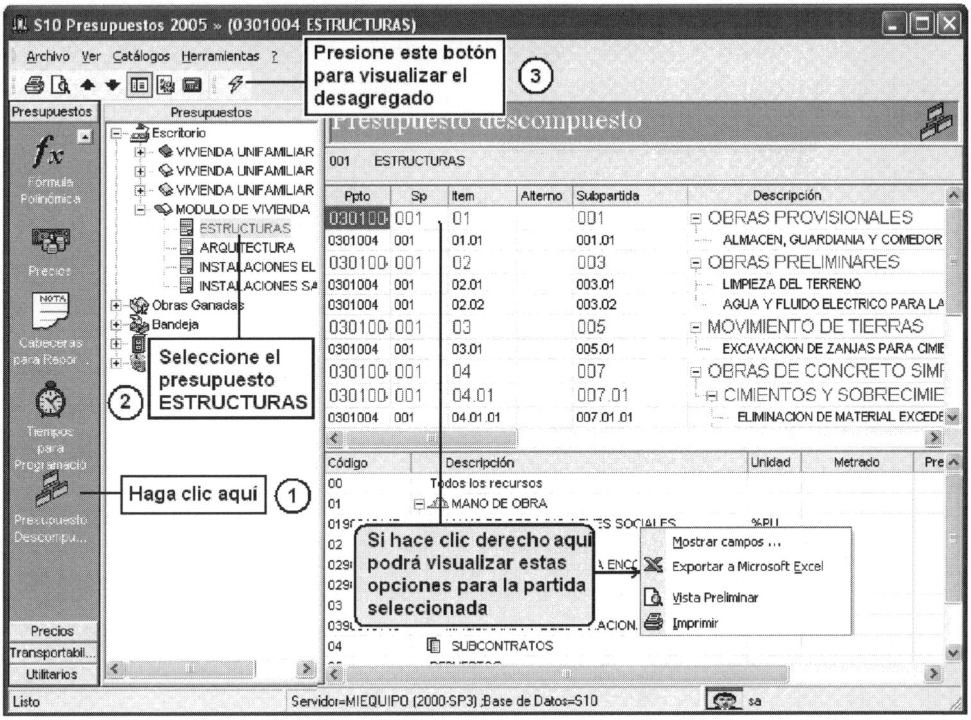

Mostrar campos....- Permite establecer las columnas que serán visibles (Código, Descripción, Unidad, Metrado, Precio, Parcial, Precio Secundario, Parcial Secundario)

Exportar a Microsoft Excel.- Permite exportar el análisis seleccionado a Excel

Vista Preliminar.- Permite presentar un reporte preliminar, para luego ser impreso con la opción Imprimir.

Imprimir.- Permite imprimir un reporte que contenga el análisis de costos unitarios seleccionado.

8.7 Tiempos para Programación

Haga clic en el botón **Tiempos para programación** que se encuentra en la barra de vistas para poder visualizar la cantidad de días que deberá durar un proceso para un determinado metrado, rendimiento y factor de multiplicidad.

En ésta ventana podrá obtener dos tiempos: una para la Mano de Obra y otra para Equipo.

Tiempos para Programación

001 ESTRUCTURAS

Item	Descripción Partida	Und.	Metrado	Rendimiento unitario (Ru)	Tiempo unitario	Factor multiplicidad (f)	Factor multiplicidad	Duración (D=Tu/f) días
01	**OBRAS PROVISIONALES**							
01.01	ALMACEN, GUARDIANIA Y COMEDOR	est	1.00	0.0000				
02	**OBRAS PRELIMINARES**							
02.01	LIMPIEZA DEL TERRENO	est	1.00	0.0000				
02.02	AGUA Y FLUIDO ELECTRICO PARA LA OBRA	est	1.00	0.0000				
03	**MOVIMIENTO DE TIERRAS**							
03.01	EXCAVACION DE ZANJAS PARA CIMIENTOS	m3	75.60	4.0000	18.90	1.00	1.00	19
04	**OBRAS DE CONCRETO SIMPLE**							
04.01	**CIMIENTOS Y SOBRECIMIENTOS**							
04.01.01	ELIMINACION DE MATERIAL EXCEDENTE CON TRANS	m3	30.00	30.0000	1.00	1.00	1.00	1
04.01.02	CIMIENTOS CORRIDOS MEZCLA 1:10 CEMENTO-HOR	m3	45.50	25.0000	1.82	1.00	1.00	2
04.01.03	ENCOFRADO Y DESENCOFRADO NORMAL PARA S(	m2	140.20	17.0000	8.25	1.00	1.00	9
04.01.04	CONCRETO 1:8+25% PM PARA SOBRECIMIENTOS	m3	22.10	12.5000	1.77	1.00	1.00	2
05	**OBRAS DE CONCRETO ARMADO**							
05.01	**COLUMNAS**							
05.01.01	CONCRETO PARA COLUMNAS	m3	12.10	1.0000	12.10	1.00	1.00	13
05.01.02	ACERO PARA COLUMNAS	kg	1,071.50	280.0000	3.83	1.00	1.00	4
05.02	**VIGAS**							
05.02.01	CONCRETO PARA VIGAS	m3	23.70	1.0000	23.70	1.00	1.00	24
05.02.02	ACERO PARA VIGAS	kg	913.50	320.0000	2.85	1.00	1.00	3
05.03	**LOSAS ALIGERADAS**							
05.03.01	ENCOFRADO Y DESENCOFRADO NORMAL EN LOS/	m2	477.00	13.5000	35.33	1.00	1.00	36
05.03.02	LADRILLO HUECO DE ARCILLA 15X30X30 cm PARA	u	5,560.00	400.0000	13.90	1.00	1.00	14
05.03.03	ACERO fy=4200 kg/cm2 GRADO 60 en LOSAS ALIGI	kg	3,200.00	220.0000	14.55	1.00	1.00	15
05.03.04	CONCRETO EN LOSAS ALIGERADAS f'c=210 kg/cm:	m3	45.50	25.0000	1.82	1.00	1.00	2

$$Tu = \frac{Metrado}{Ru} \qquad D = \frac{Tu}{f}$$

Donde:

Factor de multiplicidad (f): Es la cantidad de cuadrillas que se utilizará para una determinada partida.

Duración (D = Tu/f) días: Es la cantidad de días que durará una partida de acuerdo al número de cuadrillas o factor de multiplicidad (f)

Capítulo 9 Utilitarios y Transportabilidad

Este escenario le permite realizar el manejo de la base de datos para fines de exportar e importarlos entre los diferentes equipos que tengan instalado una licencia del S10 Presupuestos 2005, para esto dedico esta sección del libro para mostrarle detalladamente como usted puede volver su información dinámica para fines de convertir su base de datos en un archivo portable para lo que usted requiera.

9.1 Exportar presupuestos

Este procedimiento le permite independizar uno o un grupo de presupuesto de la base de datos actual para fines de trasladarla a otra computadora donde tendrá que realizar el proceso de importación de la base de datos en mención.

Haga clic en el botón **Transportabilidad** de la barra de vistas, para poder desplegar el conjunto de utilitarios que encierra.

Ahora haga clic sobre el botón **Exportar presupuesto**  para visualizar el siguiente cuadro de diálogo:

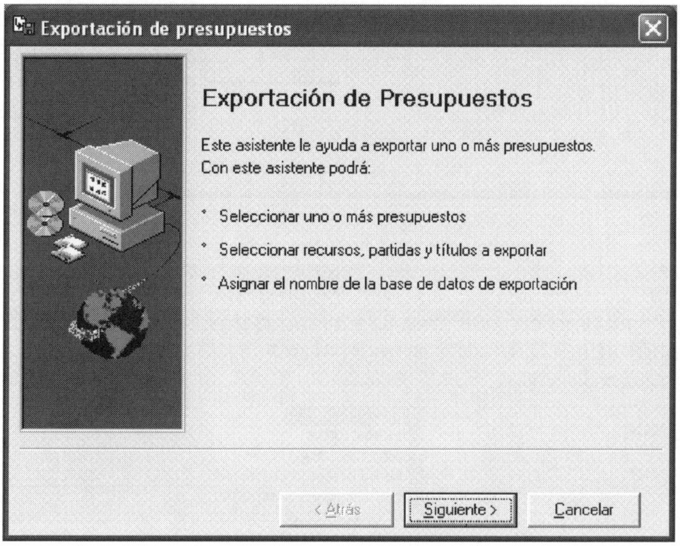

Haga clic en el botón **Siguiente >:**

Luego siga los pasos indicados en la siguiente figura:

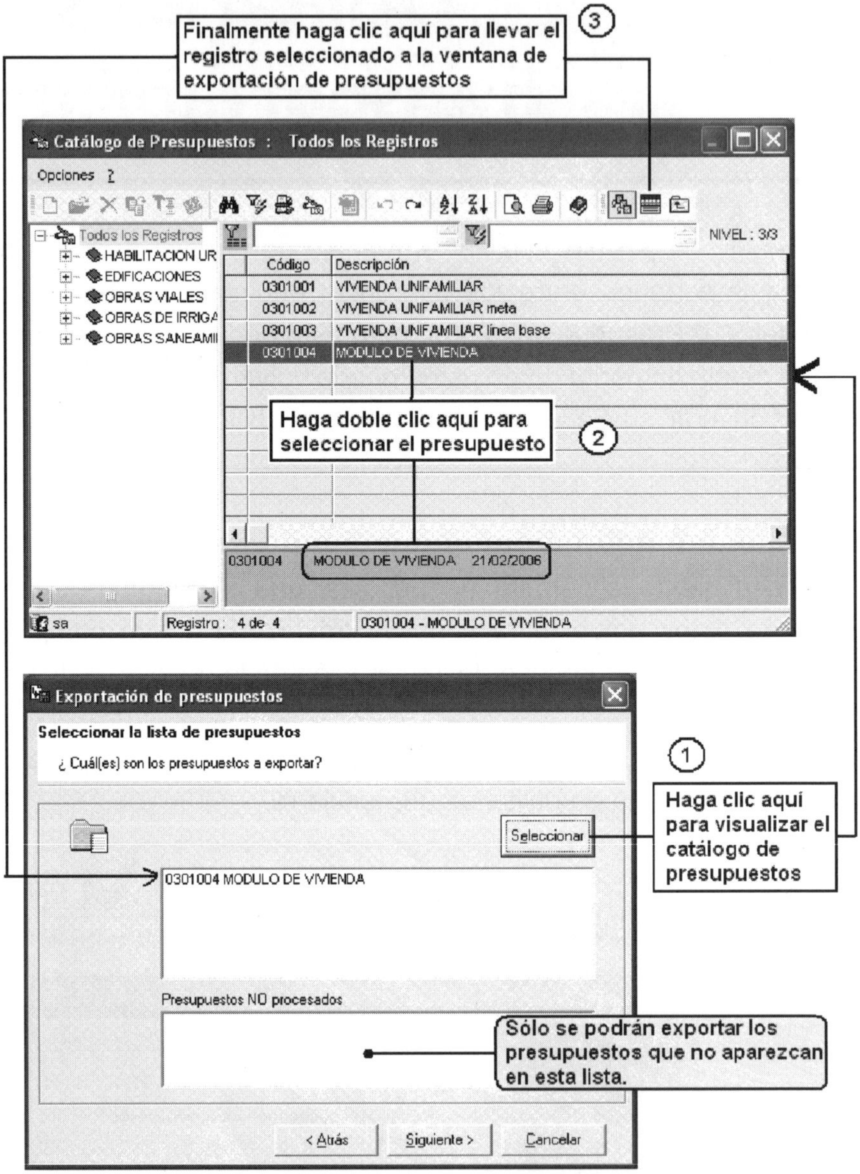

***Nota**: Tenga en cuenta que para poder exportar presupuestos, éste necesita encontrarse procesado, lo cual implica que los subpresupuestos: ESTRUCTURAS, ARQUITECTURA, INSTALACIONES ELECTRICAS e INSTALACIONES SANITARIAS deban encontrarse completamente procesados.*

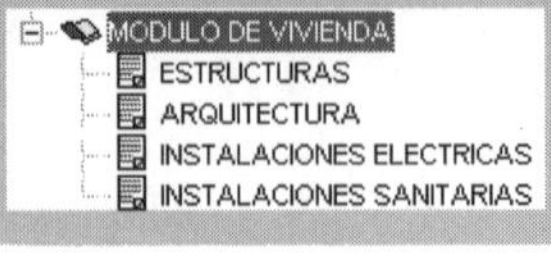

Luego de hacer clic en el botón **Siguiente** deberá visualiza el siguiente cuadro de diálogo:

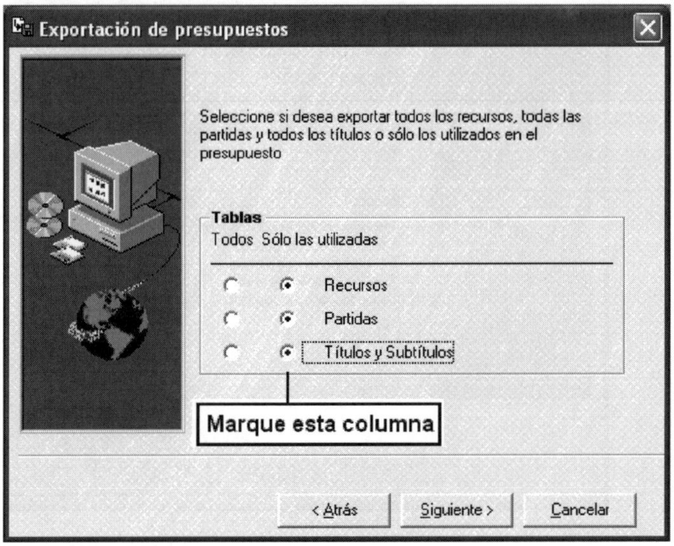

Usted debe marcar la columna **Todos** si...	Usted debe marcar la columna **Sólo las utilizadas** si...
necesita exportar las partidas, títulos, recursos, etc usadas en el presupuesto además de las partidas y recursos disponibles en el catálogo, lo que puede producir un archivo muy robusto.	sólo necesita exportar las partidas, títulos, recursos, etc usadas en el presupuesto.

Ahora marque la columna **Sólo las utilizadas** y haga clic en **Siguiente >:**

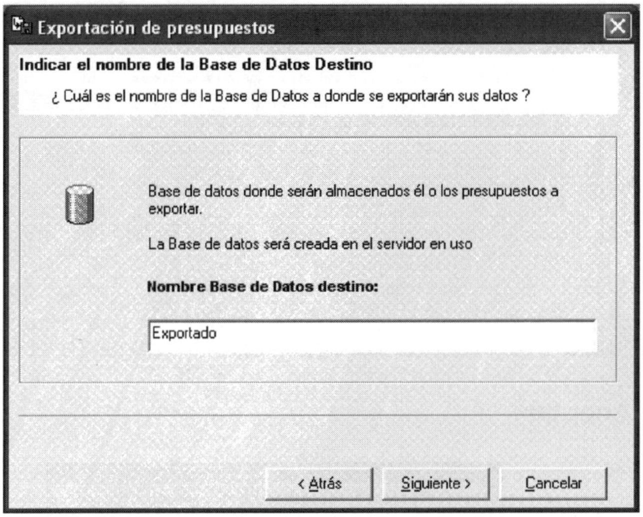

Luego escriba como nombre "Exportado" y haga clic en **Siguiente >**

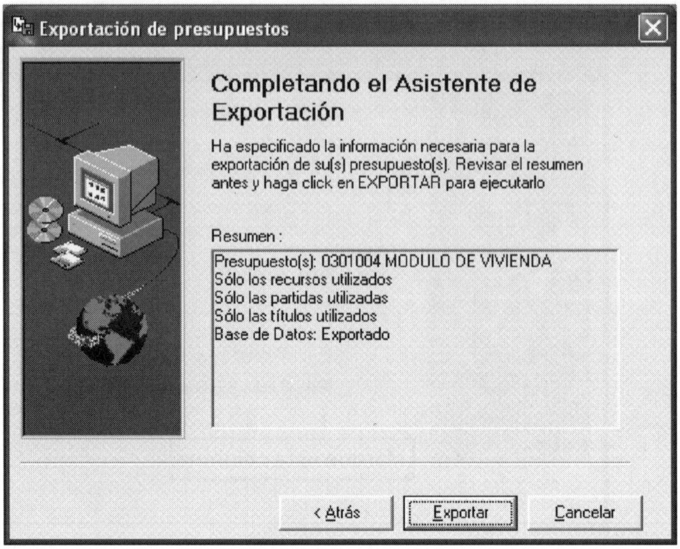

Finalmente haga clic en el botón **Exportar** para inciar el proceso.

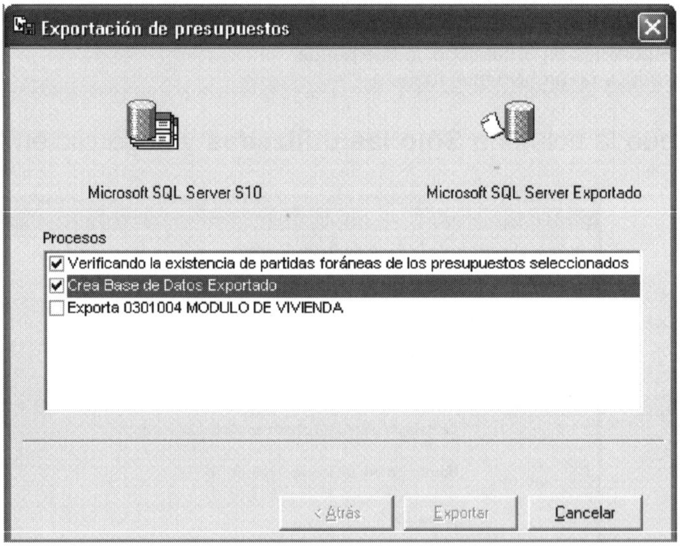

Haga clic en **Aceptar**

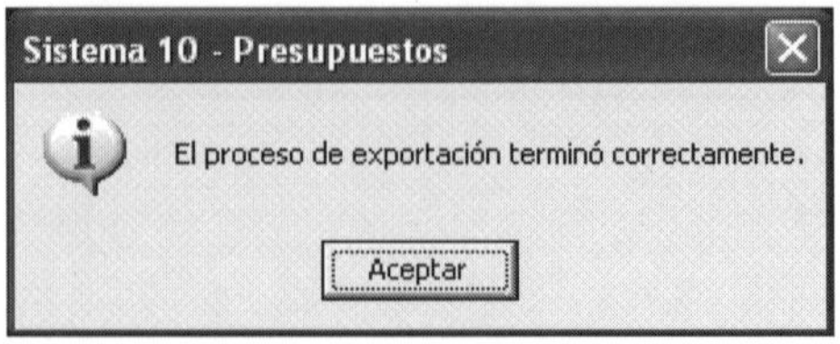

Luego de la exportación usted podrá encontrar los archivos creados por la exportación en la carpeta C:\S102000\Data

El siguiente paso será establecer la nueva base de datos creada (Exportado) como predeterminada y será en ese momento que se creará una copia de seguridad (C:\S102000\BACKUP\Exportado.s2k) que podrá ser transportada a otra PC, copiando dicho archivo al mismo directorio de la PC destino.

Primero siga los siguientes pasos:

1. Ahora para cambiar de base de datos haga doble clic sobre el icono  que se encuentra en la barra de estado para poder visualizar el cuadro de diálogo:

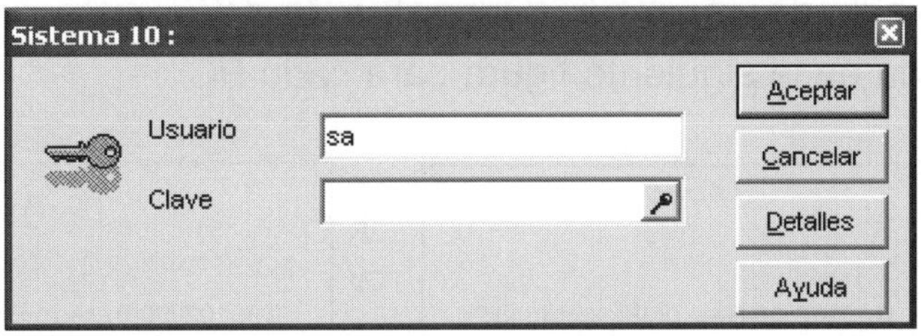

2. Haga clic en el botón **Detalles** para para visualizar el conjunto de base de datos disponibles y deberá notar la nueva base de datos obtenida por el proceso de exportación. En la lista desplegable **Base de datos** seleccione "Exportado" que es la base de datos generada anteriormente por la exportación.

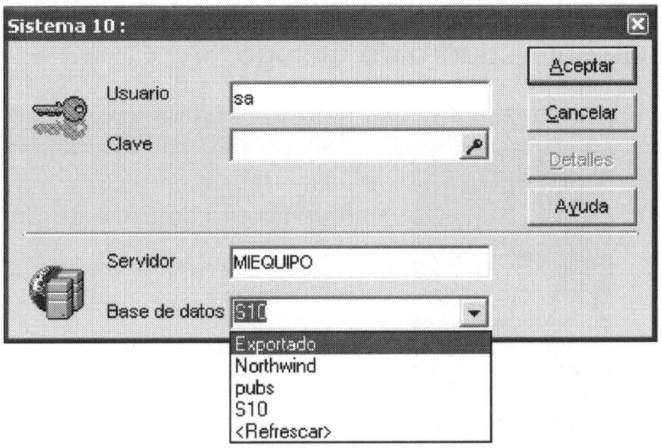

Luego podrá visualizar un cuadro de diálogo que le indica que se está creando una copia de seguridad llamada "Exportado.s2k".

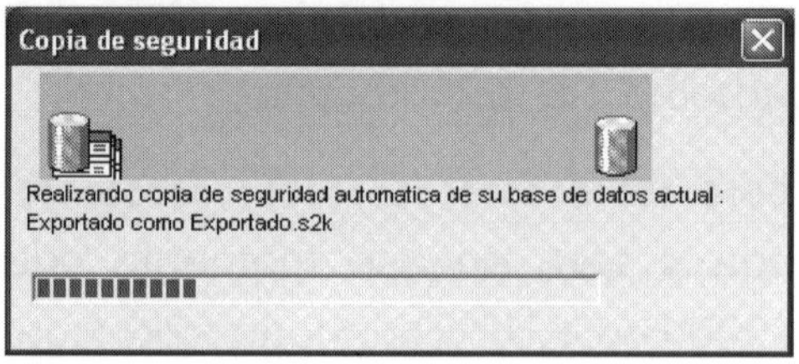

Ahora diríjase a la hoja del presupuesto para verificar que su presupuesto exportado aparezca efectivamente en la relación de presupuestos del árbol.

9.2 Transporte de la base de datos de una PC a otra

Si usted ya realizó los pasos anteriores, ahora puede copiar el archivo Exportado.s2k de la PC-A (Origen) a la PC-B (Destino) según la carpeta especificada en la siguiente figura para cada PC.

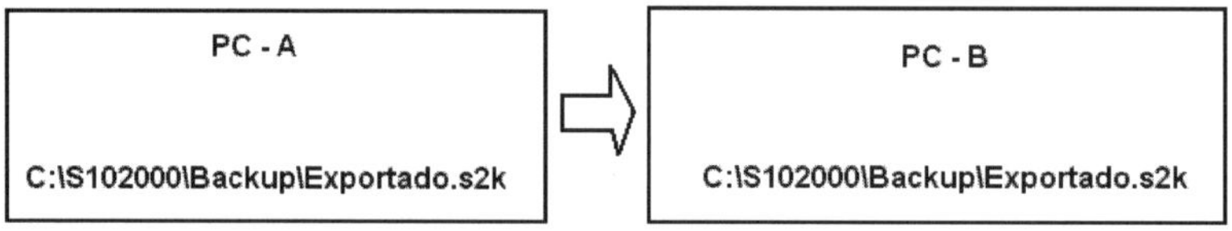

Si usted desea levantar la base de datos desde la PC-B, entonces deberá realizar el proceso de restauración del archivo "Exportado.s2k".

9.3 Restauración de una base de datos

Para poder restaurar su base de datos seleccione **Mantenimiento Base de Datos** que se encuentra dentro de la etiqueta **Utilitarios** el cual deberá mostrarle el siguiente cuadro de diálogo:

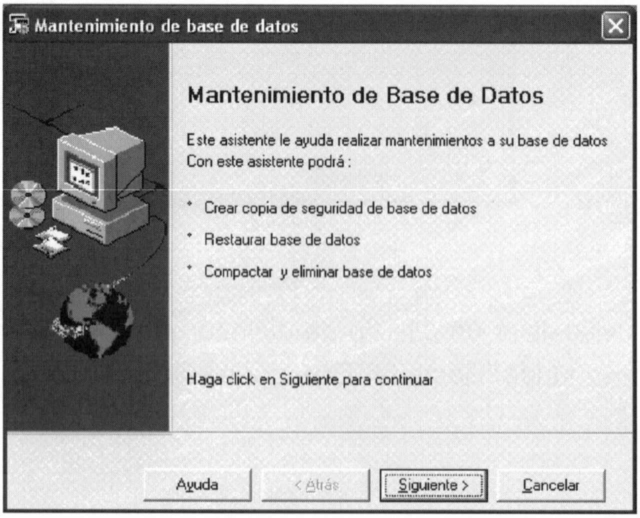

Haga clic en **Siguiente** y luego seleccione la opción **Restaurar base de datos** de la lista mostrada:

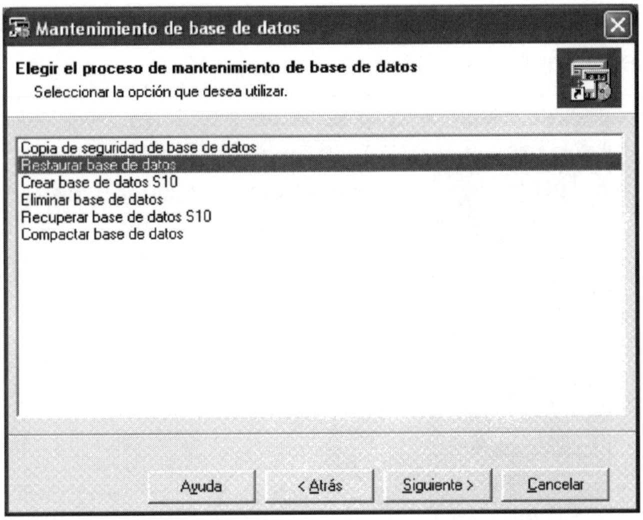

Haga clic en el botón **Siguiente** y escriba **"S10-Ejemplo"** como base de datos destino (puede escribir otro nombre si lo desea)

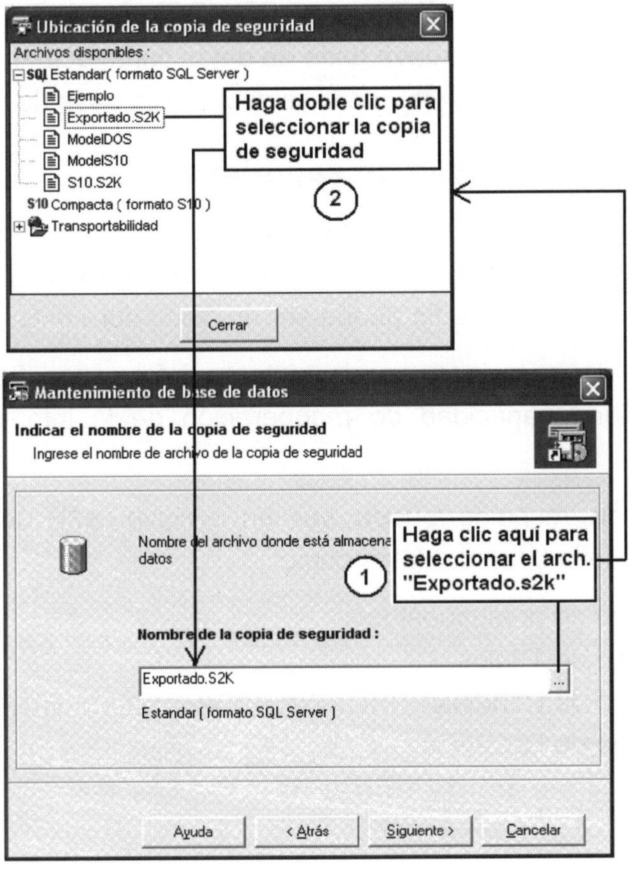

Luego de seleccionar la base de datos a restaurar, haga clic en el botón **Siguiente >** para continuar con la restauración.

En el siguiente cuadro de diálogo haga clic en el botón **Restaurar** para finalizar el proceso de restauración.

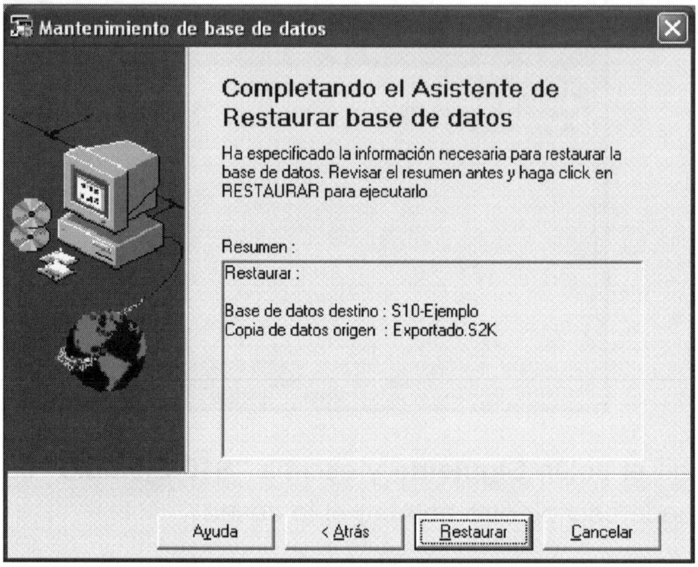

Ahora para establecer la nueva base de datos como actual ("S10-Ejemplo") haga doble clic sobre el icono  para seleccionar la base de datos desde una lista.

9.4 Creación de una copia de seguridad

Generalmente será necesario realizar una copia de seguridad o copia de respaldo (backup) para guardarlo en un medio extraíble y así poder tenerlo en un lugar seguro. Este medio puede ser un disco duro externo, CD-ROM, etc.

Las copias de seguridad en un sistema informático tienen por objetivo el mantener cierta capacidad de recuperación de la información ante posibles perdidas.

El archivo de respaldo puede ser un archivo .s2k que contenga toda la información de la base de datos como:

- Catálogo de presupuestos
- Catálogo de Títulos
- Catálogo de Partidas
- Catálogo de Recursos
- Precios
- Etc.

Para realizar una copia de seguridad deberá primero entrar al escenario de **Mantenimiento de Base de Datos** haciendo clic en el icono 

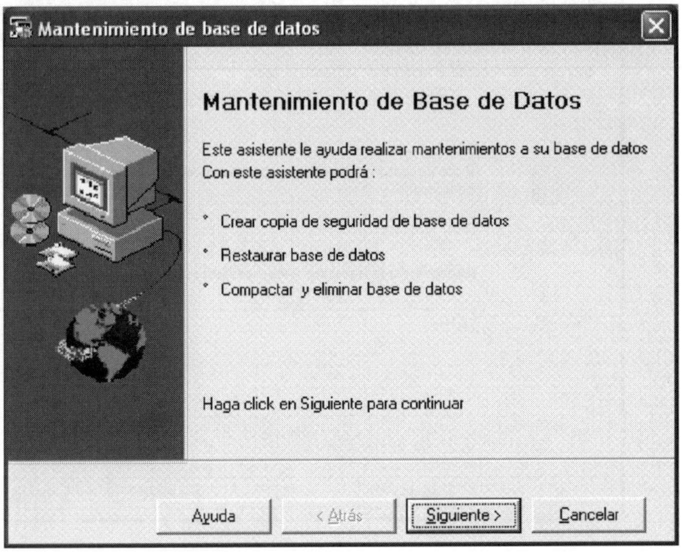

Haga clic en **Siguiente >**

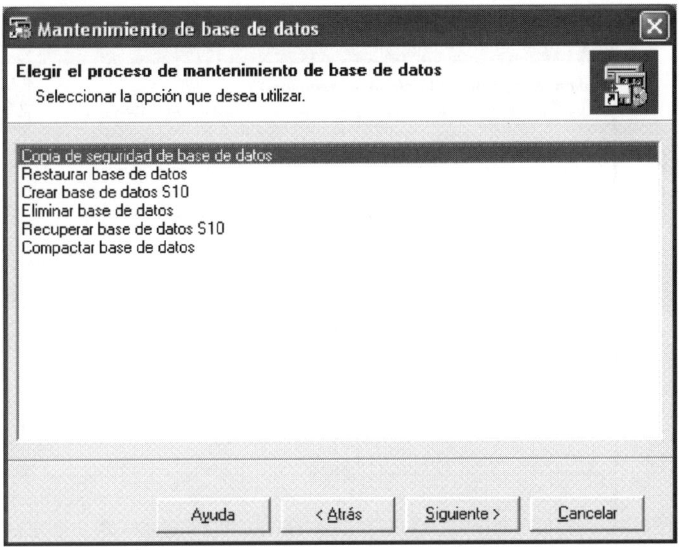

Deje seleccionada la opción Copia de seguridad de base de datos y haga clic en **Siguiente >**

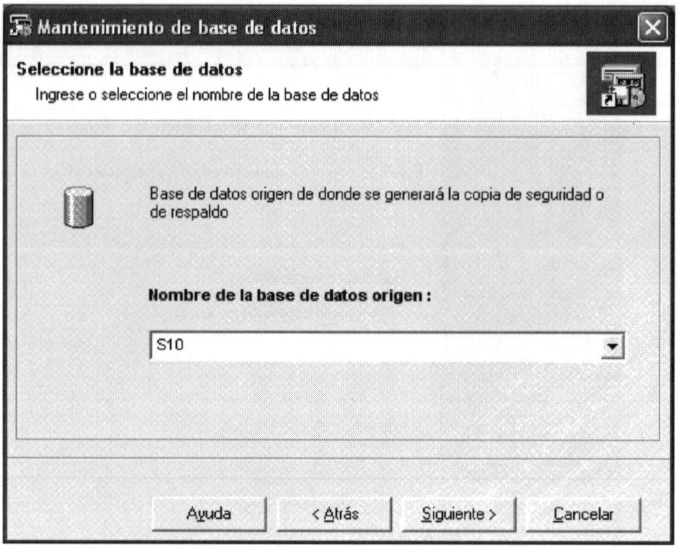

En la figura anterior usted debe seleccionar la base de datos de la cual desea realizar una copia de seguridad (En nuestro caso será S10) Ahora haga clic en **Siguiente >** para ver el siguiente cuadro de diálogo:

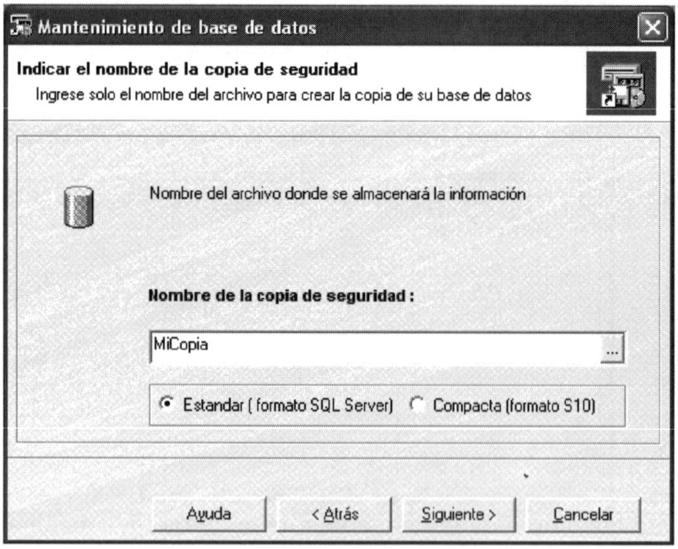

En la ventana anterior escriba **MiCopia** como nombre de la copia de seguridad y deje marcada la opción Estandar (formato SQL Server). Continue haciendo clic en **Siguiente >**

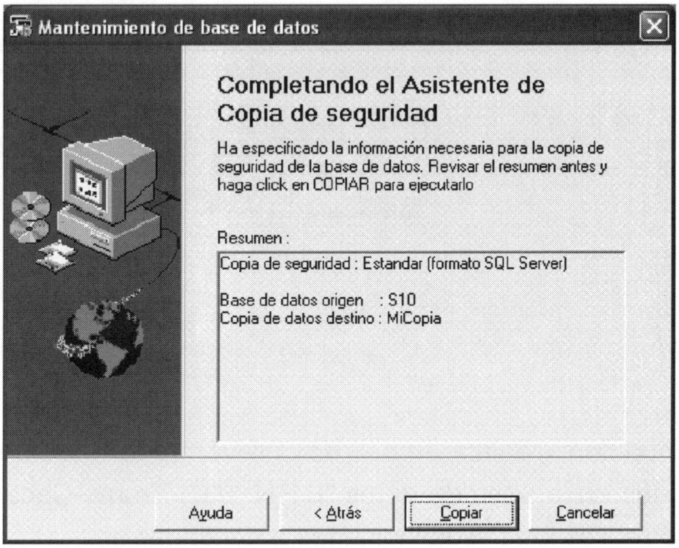

Finalmente haga clic en el botón **Copiar** para iniciar la creación de la copia de seguridad.

El archivo creado lo podrá encontrar en la carpeta C:\S102000\Backup

***Nota**: Si requiere llevar la copia de seguridad a otra PC que tenga una licencia del S10 Presupuestos 2005, entonces sólo tendrá que copiar el archivo MiCopia al mismo directorio llamado C:\S102000\Backup y proceder luego con el proceso de restauración.*

9.5 Importación de bases de datos Access de las versiones 1.x y 2.x del S10 para Windows

Una de las primeras versiones del S10 para Windows fue la versión 1.01 la cual en principio trabajaba con su base de datos en formato Access 97.

Si dispone de esta versión se dará cuenta que la siguiente figura corresponde al ingreso al sistema del usuario cuyo nombre era SUPERVISOR y el password podría ser por ejemplo: *** (s10).

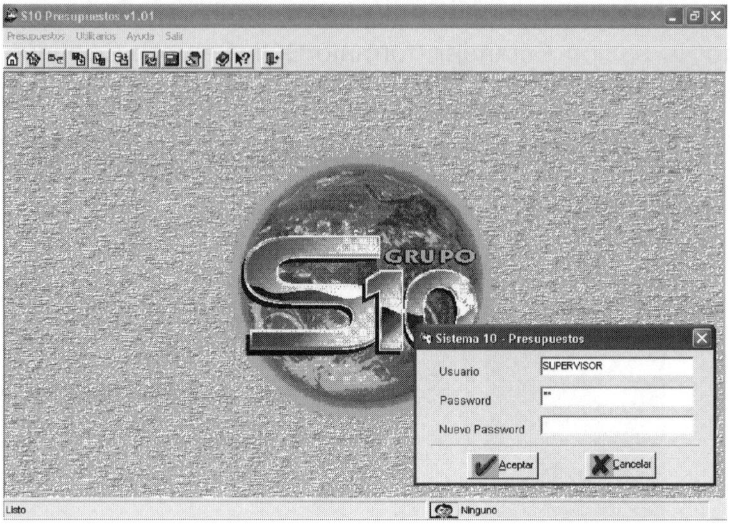

A continuación realizaremos un breve recorrido de los presupuestos encontrados en la base de datos "L.P.N. 03.1 Tramo-Cacapata-Yanayaco.mdb", para esto realice los pasos indicados a continuación:

Haga clic en **Aceptar** y luego seleccione del menú **Presupuestos** la opción **Cambiar Base de Datos** y luego en el cuadro de diálogo mostrado seleccione la base de datos que se encuentra en el CD que acompaña al libro llamada "L.P.N. 03.1 Tramo-Cacapata-Yanayaco.mdb" que es la base de datos con la que realizaremos más adelante la transformación al formato SQL de la versión 2005 del S10.

A continuación haga clic en el botón **Sí** del cuadro de diálogo mostrado para efectuar el cambio de la base de datos.

Luego haga clic en **Sí** si desea que a partir de ahora cada vez que abra el S10

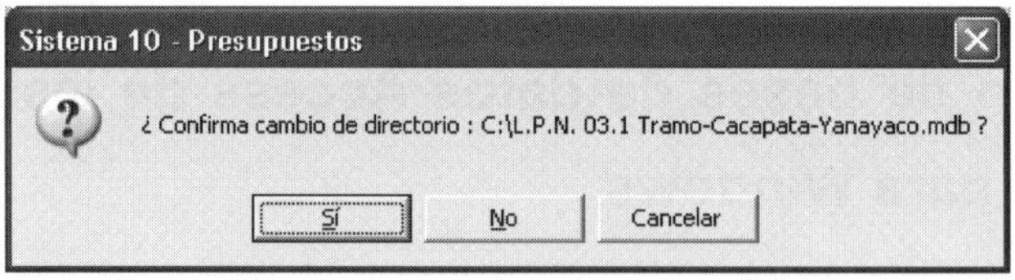

esta base de datos sea la mostrada por defecto.

Presione el botón [icono] si desea realizar un **Procesamiento y/o consulta del presupuesto**, en otras palabras si desea visualizar el escenario de todos los presupuestos que se encuentran en esta base de datos.

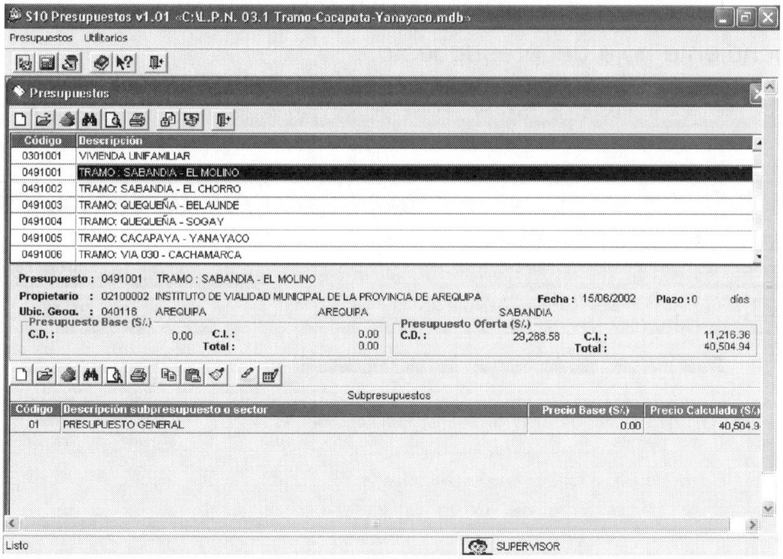

Como puede notar este escenario de presupuestos no dispone del árbol de presupuestos y la barra de vistas que normalmente estábamos acostumbrados a ver en la versión 2005 del S10.

En este caso si deseamos ingresar a la Hoja de presupuesto de cualquier presupuesto que se encuentre listado en este momento, será sólo necesario hacer clic sobre su descripción y luego doble clic sobre su correspondiente fórmula que se encuentra en la ventana inferior.

Por ejemplo ahora seleccionaré el presupuesto TRAMO: SABANDIA - EL MOLINO y en la parte inferior de la ventana se deberá visualizar la fórmula PRESUPUESTO GENERAL tal como se visualiza a continuación.

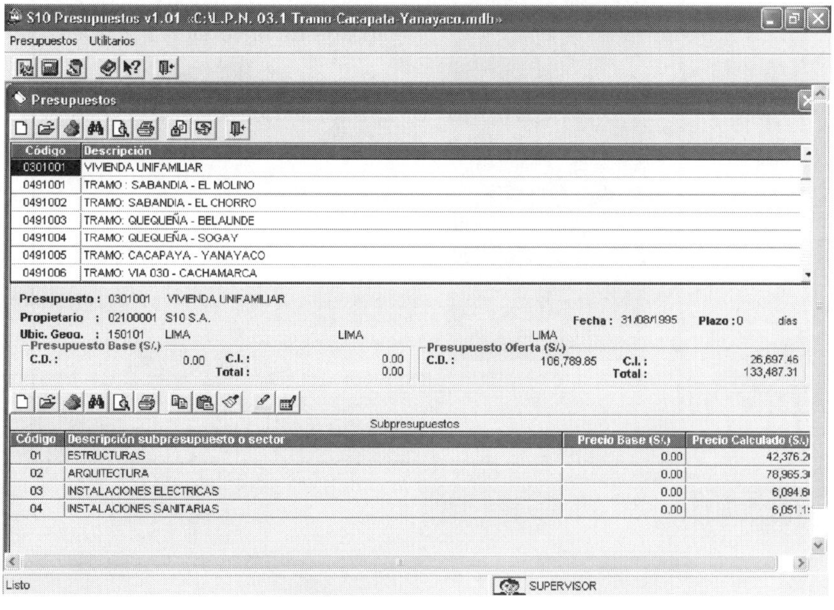

Haga doble clic sobre PRESUPUESTO GENERAL para visualizar su correspondiente hoja del presupuesto.

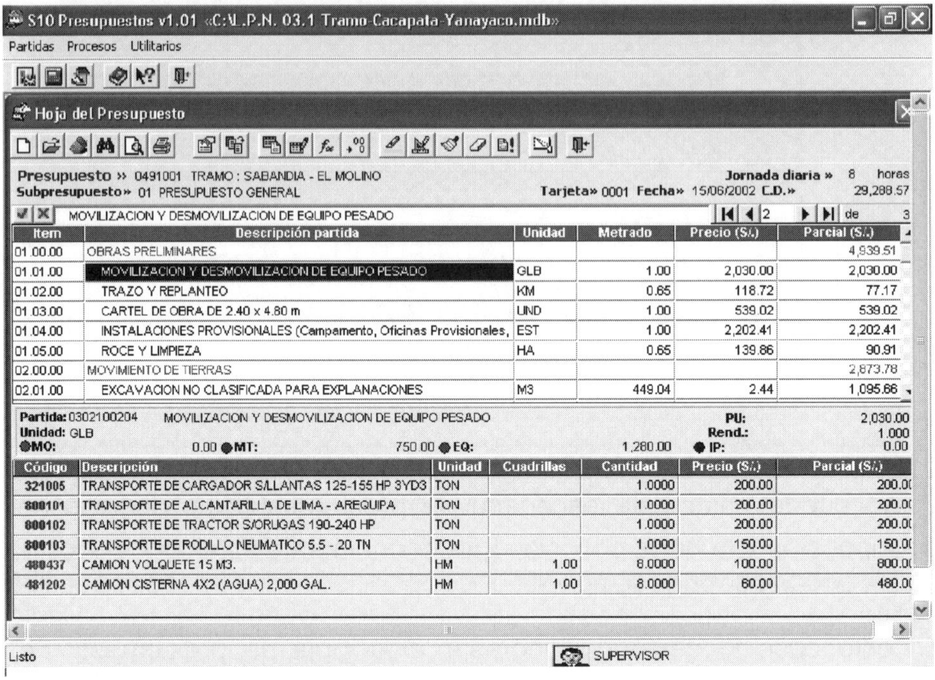

Dentro del grupo de **Transportabilidad** en la barra de vistas haga clic en el botón **Importar Datos Windows v1.0**  y luego se mostrará el siguiente cuadro de diálogo. Haga clic en Siguiente

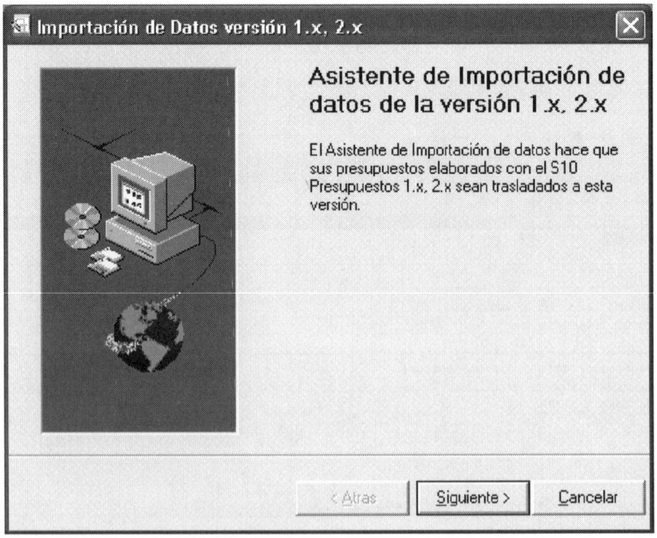

Se mostrará el siguiente cuadro de diálogo:

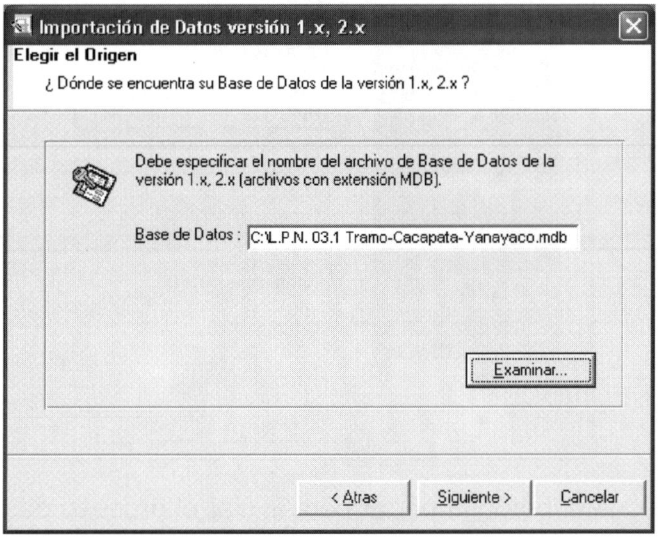

Del Cuadro de diálogo anterior seleccione la base de datos "L.P.N. 03.1 Tramo-Cacapata-Yanayaco.mdb" que se encuentra en el CD que acompaña al libro y luego haga clic en **Siguiente >** para visualizar el siguiente cuadro de diálogo:

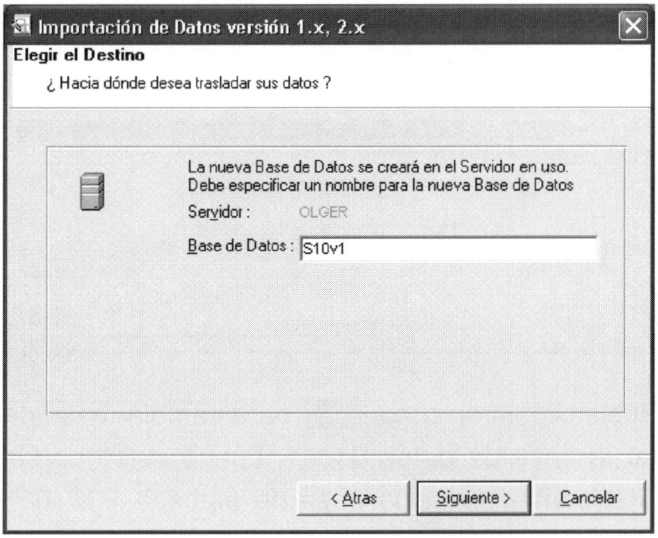

En el anterior cuadro de diálogo escriba en la casilla en la casilla Base de datos el nombre de la base de datos en formato SQL Server donde se copiará la información de la base de datos Access.

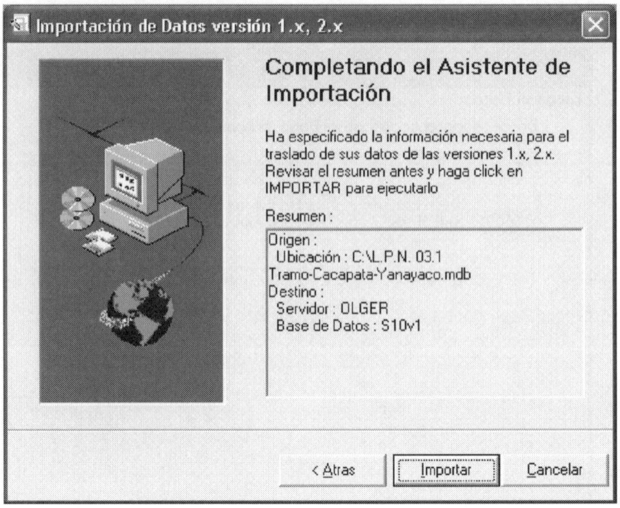

Luego presione el botón importar para iniciar el proceso de importación:

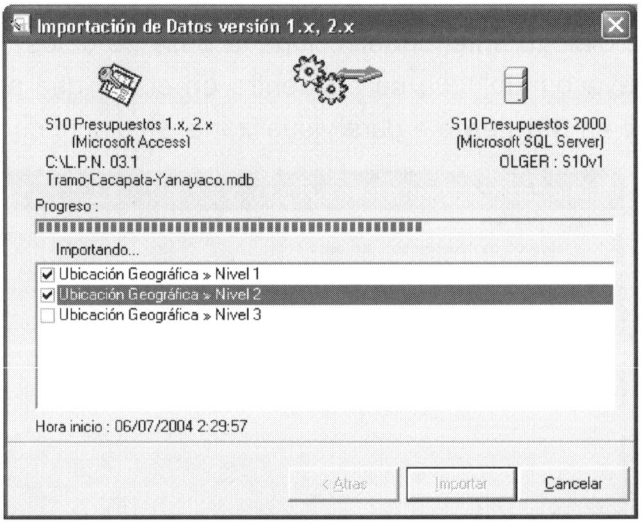

Ahora haga doble clic en el icono para cambiar base de datos y asegúrese de seleccionar la base de datos **S10v1**. Luego usted podrá ver en el árbol de presupuestos el contenido de la base de datos "L.P.N. 03.1 Tramo-Cacapata-Yanayaco.mdb" recuperada.

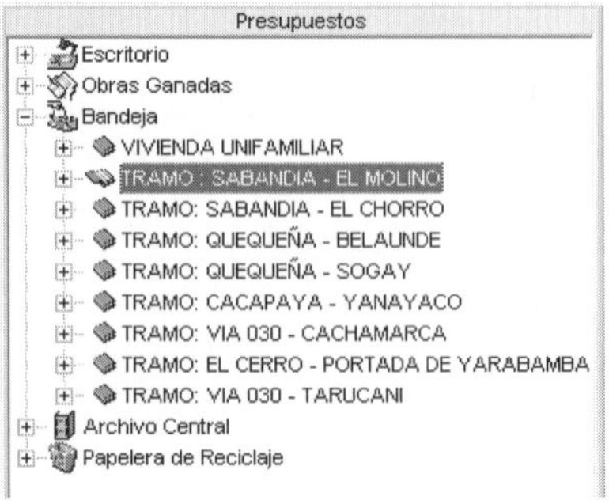

Capítulo 10

Desarrollo de un presupuesto para Carretera

10.1 Registrar el presupuesto

1. Presione el botón Datos Generales
2. Haga clic derecho sobre cualquier elemento del árbol de presupuestos y luego seleccione la opción **Nuevo.**
3. Ahora en el catálogo de presupuestos haga clic derecho sobre OBRAS VIALES y luego seleccione la opción **Nuevo SubItem.**

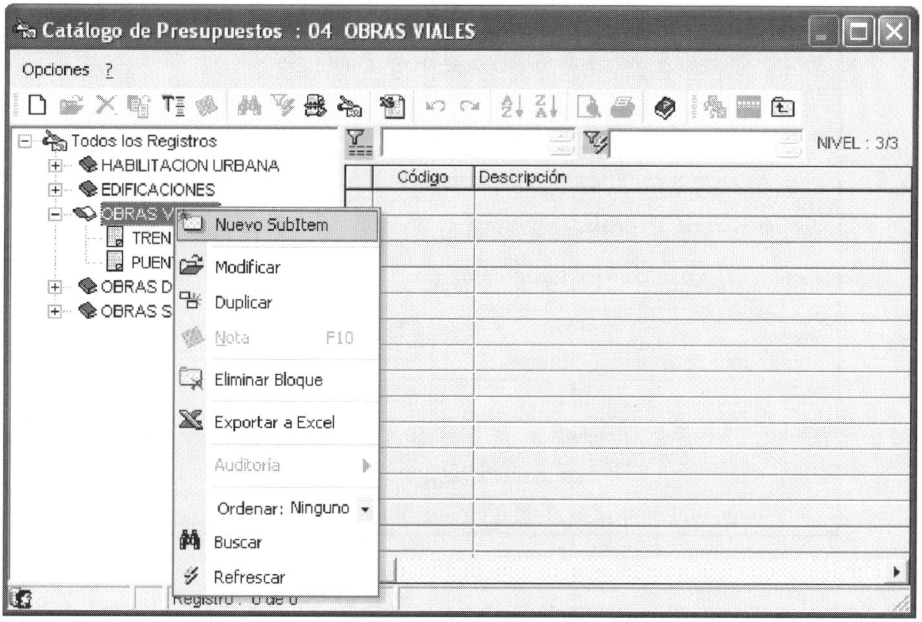

4. Ahora escriba CARRETERAS y luego haga clic en **Adicionar**

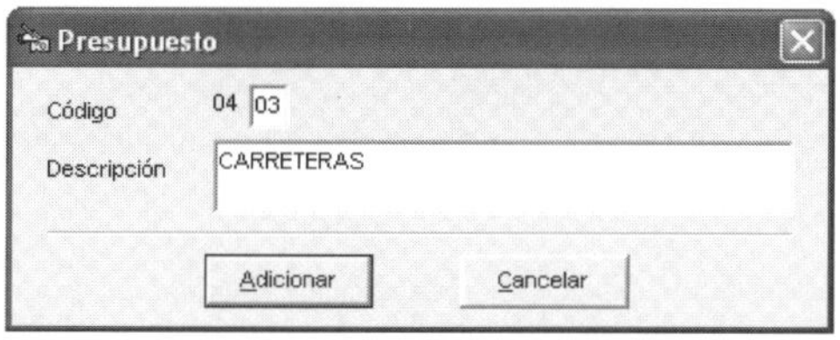

Luego deberá notar el nuevo elemento añadido al árbol del panel izquierdo en el catálogo de presupuestos:

5. Ahora haga clic derecho sobre CARRETERAS y seleccione **Nuevo SubItem** para visualizar el cuadro de diálogo **Presupuesto** donde ingresará los datos mostrados en la siguiente figura:

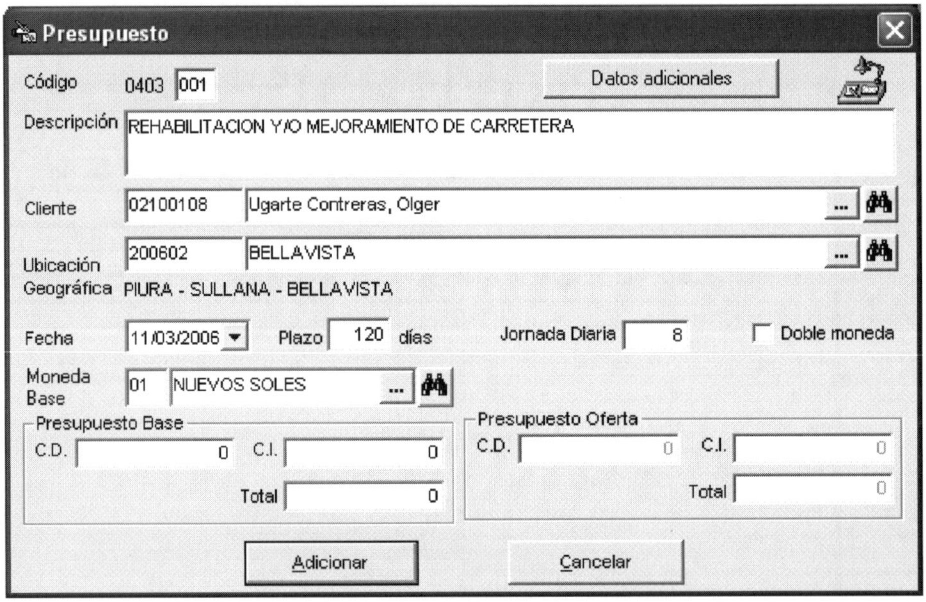

6. Ahora haga clic en **Adicionar** y doble clic sobre el registro creado que en este caso es el presupuesto REHABILITACIÓN Y/O MEJORAMIENTO DE CARRETERA.
7. Finalmente escriba TRAMO KM1-KM75 como nombre de subpresupuesto.

10.2 Creación de partidas y recursos

En esta parte del libro usted afianzará sus habilidades en la creación de partidas, ademá podrá conocer la forma como de pueden crear nuevos recursos.

10.2.1 Creación de la partida básica EQUIPO TRANSPORTADO

1. Presione el botón **Hoja del Presupuesto** del panel de vistas para ingresar al siguiente escenario.
2. Ahora asegúrese de seleccionar TRAMO KM1-KM75 y luego haga clic derecho sobre la hoja del presupuesto y en el menú contextual seleccione **Adicionar Título...**
3. Haga clic derecho sobre la hoja TITULOS PARA DETALLES DE SUBPRESUPUESTOS que se encuentra en el árbol de registros en el panel izquierdo de la ventana mostrada y haga clic sobre **Nuevo SubItem**

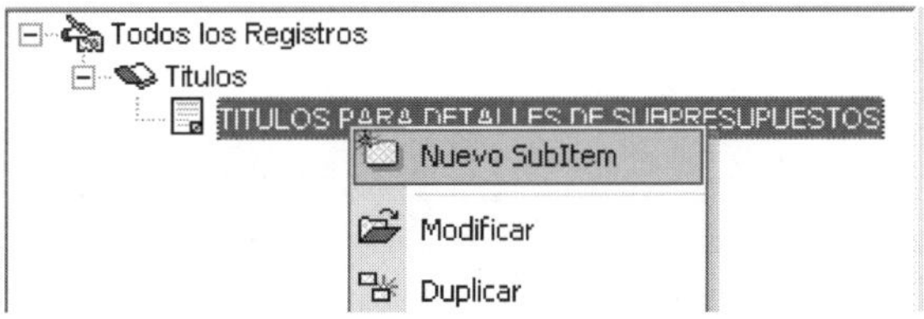

4. En el cuadro de diálogo mostrado escriba MOVILIZACION Y DESMOVILIZACION y luego clic en **Adicionar**

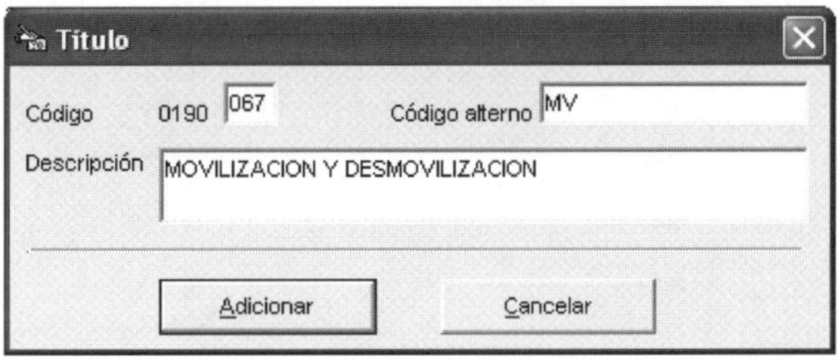

5. Seleccione el registro recientemente creado y luego haga doble clic sobre él para llevarlo al panel de registros seleccionados.
6. Luego presione el botón para llevar el registro seleccionado a la hoja del presupuesto.

7. Una vez en la hoja del presupuesto haga clic derecho sobre el ítem MOVILIZACION Y DESMOVILIZACION y en el menú contextual seleccione **Adicionar partida...**
8. Ahora para fines prácticos creemos una rama llamada PARTIDAS PARA REHABILITACION dentro de MANTENIMIENTO VIAL (ver figura)

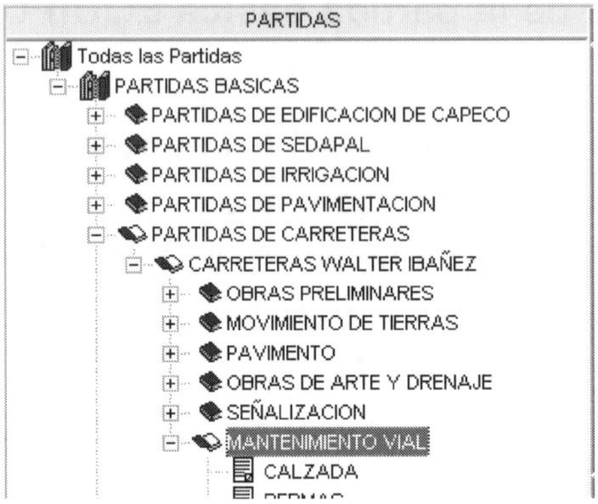

9. Ahora sobre OBRAS DE REHABILITACION haga clic derecho y seleccione **Nuevo SubItem** del menú contextual (Ingrese los datos mostrados)

Para crear los recursos de la partida EQUIPO TRANSPORTADO deberá seguir los siguientes pasos:

1. Haga clic derecho sobre el panel de detalle de partida y en el menú contextual seleccione **Adicionar Recurso...**

2. Ahora seleccione y expanda en el árbol de recursos la rama MATERIALES y dentro de ella seleccione el índice unificado FLETE TERRESTRE y a su vez dentro de él MOVILIZACION y DESMOVILIZACION DE EQUIPO.

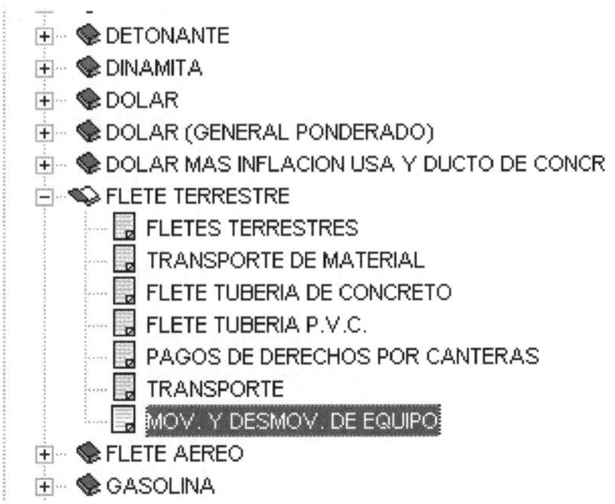

3. Haga clic derecho sobre el elemento seleccionado y del menú contextual seleccione **Nuevo SubItem**

4. El cuadro de diálogo mostrado a continuación presenta muchas casillas que probablemente sean irrelevantes para los fines de registrar un recurso funcional, por eso llene sólo las casillas indicadas en la siguiente figura:

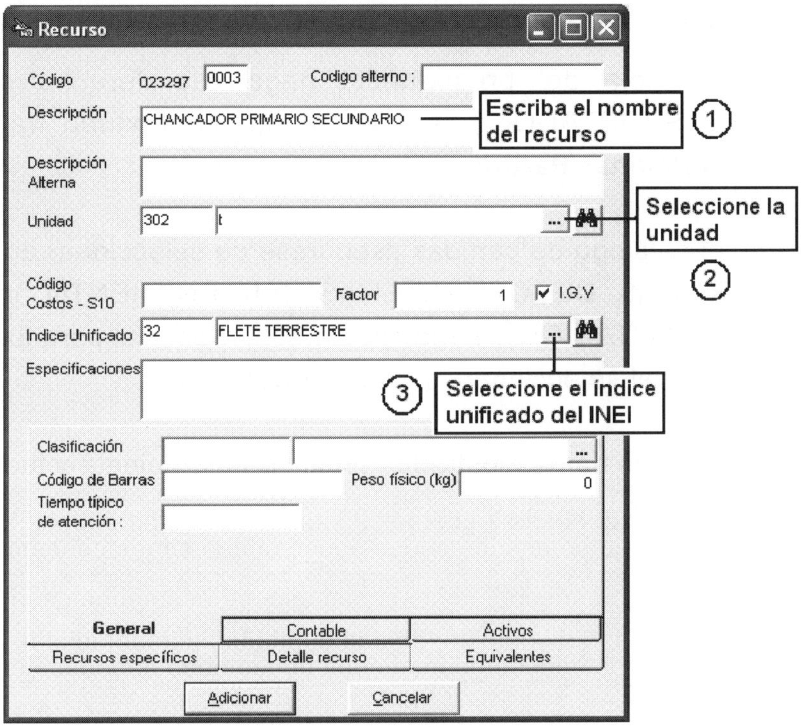

El recurso creado anteriormente es del tipo MATERIAL puesto que inicialmente se registro dentro de ese bloque y luego de escribir su nombre como TRANSPORTE CHANCADOR PRIMARIO SECUNDARIO le asociamos un índice unificado el cual fue 32 FLETE TERRESTRE.

5. Ahora haga doble clic sobre el nombre de índice unificado creado para que aparezca en el panel de registros seleccionados.
6. Repita el proceso desde el paso 3 para crear TRANSPORTE ZARANDA VIBRATORIA, TRANSPORTE PLANTA DE ASFALTO EN CALIENTE, TRANSPORTE FAJA TRANSPORTADORA, TRANSPORTE TRACTOR DE ORUGA, TRANSPORTE RODILLO TANDEM y TRANSPORTE PAVIMENTADORA S/ORUGAS haciendo doble clic sobre cada uno para llevarlos al grupo de registros seleccionados.
7. Luego presione el botón para llevar los registros seleccionados al detalle de partida EQUIPO TRANSPORTADO.
8. Ingrese **39, 7, 9, 7.2, 29.8, 8.8** y **12** como cantidades para cada uno de los registros creados en los pasos anteriores.
9. Finalmente presione el botón para llevar la partida creada a la hoja del presupuesto.
10. Ingrese como metrado **2**
11. Presione el botón para generar los ítems

10.2.2 Creación de la partida EQUIPO AUTOPROPULSADO

1. En la hoja del presupuesto haga clic derecho sobre EQUIPO TRANSPORTADO y en el menú contextual haga clic sobre **Adicionar Partida...**

2. En el catálogo de partidas asegúrese de seleccionar en el árbol la hoja PARTIDAS DE CARRETERAS/MANTENIMIENTO VIAL/PARTIDAS REHABILITACION y haga clic derecho sobre él para luego en el menú contextual seleccionar **Nuevo SubItem**

3. Ingrese los datos mostrados en la figura siguiente y luego haga clic en **Adicionar**

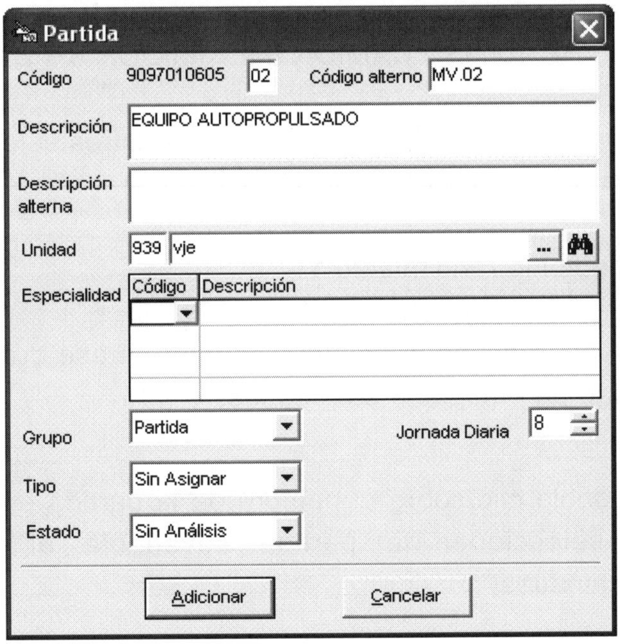

4. Seleccione la partida creada y haga clic derecho sobre su correspondiente detalle de partida y en el menú contextual seleccione **Adicionar Recurso…**

5. Haga clic sobre el botón Todos los Registros

6. Haga clic en el botón Filtrar y luego escriba lo que se muestra a continuación:

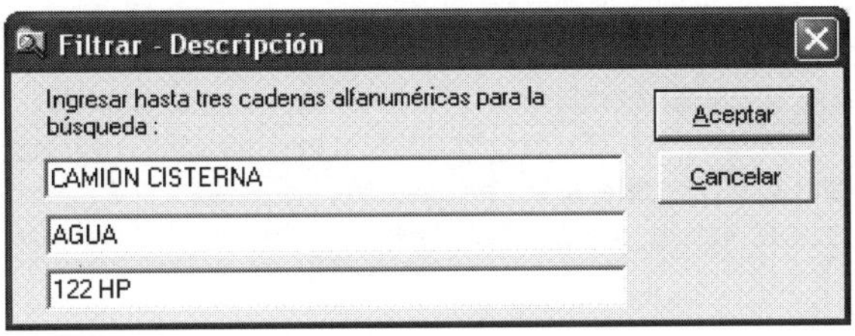

Escoja CAMION CISTERNA 4 X 2 (AGUA) 122 HP 2,000 gl cuya unidad sea en hora máquina (hm)

7. Haga doble clic sobre el recurso seleccionado para que quede ubicado en el panel de registros seleccionados.

8. Repita el proceso similarmente para seleccionar CAMION VOLQUETE 6 x 4 330 HP 10 M3 y CAMION IMPRIMIDOR 6 x 2 178-210 HP 1,800 gal.

9. Presione el botón para llevar los registros seleccionado al detalle de partida de EQUIPO AUTOPROPULSADO.

10. Ingrese como rendimiento **1**

11. Luego en la columna cuadrilla escriba en ese orden: **6, 12** y **2** como la cantidad de equipos a ser usados.

12. Haga doble clic sobre el nombre de la partida en el panel de registros para seleccionar la partida llevándola al grupo de registros seleccionados

13. Luego presione el botón llevar la partida creada a la hoja del presupuesto.

14. Escriba **2** como metrado.

15. Presione el botón para volver a generar los ítems.

***Nota**: Ahora note que las dos primeras partidas creadas se diferencian por el simple hecho de que la primera partida llamada EQUIPO TRANSPORTADO que está siendo llevada a la obra no se encuentra en servicio, por lo que se considera como MATERIAL dentro del índice unificado FLETE TERRESTRE y no como equipo propiamente dicho.*
Es así que la primera partida no dispone de un rendimiento para el equipo.
La segunda partida EQUIPO AUTOPROPULSADO considera un rendimiento a su equipo, puesto que este equipo para esta partida si se encuentra en servicio.
Le sugiero que vea el icono situado al lado izquierdo de cada recurso y luego saque sus conclusiones.

Ahora insertaremos el título OBRAS PRELIMINARES:

1. Haga clic derecho sobre EQUIPO AUTOPROPULSADO y en el menú contextual seleccione **Adicionar Título...**
2. Seleccione con doble clic el título OBRAS PRELIMINARES y luego haga clic sobre el botón para llevarlo a la hoja del presupuesto.
3. Ahora notará que el título tiene el texto resaltado de color azul y esto es porque se está considerando como si fuera un subtítulo dentro del bloque de MOVILIZACION Y DESMOVILIZACION. Para corregir esto haga un clic en el botón .
4. Finalmente haga clic sobre el botón para volver a generar los ítems

10.2.3 Creación de la partida estimada CARTEL DE OBRA

1. Haga clic derecho sobre OBRAS PRELIMINARES y en el menú contextual seleccione **Adicionar Partida...**
2. Al igual que en las partidas anteriores asegúrese de seleccionar PARTIDAS REHABILITACION en el árbol de partidas del panel izquierdo de ésta ventana.
3. Haga clic derecho y en el menú contextual seleccione **Nuevo SubItem.**
4. Agregue los siguientes datos en el cuadro de diálogo Partida tal como se muestra en la siguiente figura
   (Note que esta vez pertenece al grupo Estimada)

5. Presione el botón **Adicionar**
6. Haga clic sobre la partida CARTEL DE OBRA para seleccionarla
7. Haga clic derecho sobre el panel correspondiente a su detalle de partida para luego en el menú contextual seleccionar Adicionar Recurso...
8. Presione el botón para visualizar todos los recursos
   Note que lo que se muestra es el catálogo de índices unificados, lo cual indica que cada índice unificado que seleccione agrupará un conjunto de recursos.
9. A continuación seleccione MANO DE OBRA INC. LEYES SOCIALES, MADERA TERCIADA PARA CARPINTERIA, PINTURA LATEX y HERRAMIENTA MANUAL siguiendo el procedimiento aprendido en los anteriores ejemplos.
10. Presione el botón para llevar los registros seleccionados a su correspondiente detalle de partida.
11. Ahora en la columna cantidad ingresaremos los valores en porcentajes de la participación de cada índice unificado en la partida. Escriba 30, 50, 15 y 5 en ese orden.
12. Haga doble clic sobre el nombre de partida creada para seleccionarla.
13. Luego haga clic sobre para llevar la partida a la hoja del presupuesto.
14. Estando en la hoja del presupuesto ingrese 8 como metrado y 900 como precio de la partida estimada.

***Nota:** El presupuesto REHABILITACION Y/O MEJORAMIENTO DE CARRETERA sólo será resuelto parcialmente en este capítulo, por lo que el lector deberá recurrir a los reportes adjuntos en los anexos para poder concluir con este presupuesto.*

10.2.4 Creación de la partida básica IMPRIMACION

Primero antes que todo debemos ingresar el título PAVIMENTOS, para esto deberá seguir los siguientes pasos:

1. Haga clic derecho sobre la partida CARTEL DE OBRA y en el menú contextual seleccione **Adicionar Título...**
2. Una vez que se encuentre en el catálogo de títulos haga clic derecho sobre TITULOS PARA DETALLES DE SUBPRESUPUESTOS que se encuentra en el árbol de títulos del panel izquierdo y en el menú contextual seleccione **Nuevo SubItem...**

3. En el cuadro de diálogo **Título** escriba PAVIMENTOS y luego haga clic en **Adicionar**

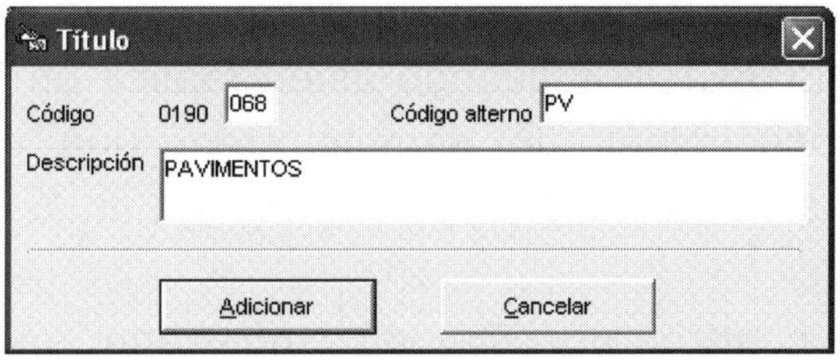

4. Seleccione haciendo doble clic sobre el título recientemente creado para llevarlo al panel de registros seleccionados.
5. Haga clic sobre el botón para llevar el título a la hoja del presupuesto.
6. En la hoja del presupuesto haga clic sobre el botón para mover el título a la izquierda hasta que note que el texto se torne de color rojo.

En este caso omitiremos el uso del botón Generar Ítems puesto que si lo hacemos estos no corresponderían a sus posiciones definitivas.

Ahora pasemos a lo nuestro, en lo que respecta a la creación de la partida básica IMPRIMACION, pero esta vez de forma abreviada:

1. Haga clic derecho sobre PAVIMENTOS y en el menú contextual seleccione **Adicionar Partida...**
2. Ubique la partida anteriormente creada (CARTEL DE OBRA) y haga clic derecho sobre ella.
3. En el menú contextual seleccione **Duplicar ▸Partidas y análisis de precios unitarios** tal como se muestra en la siguiente figura:

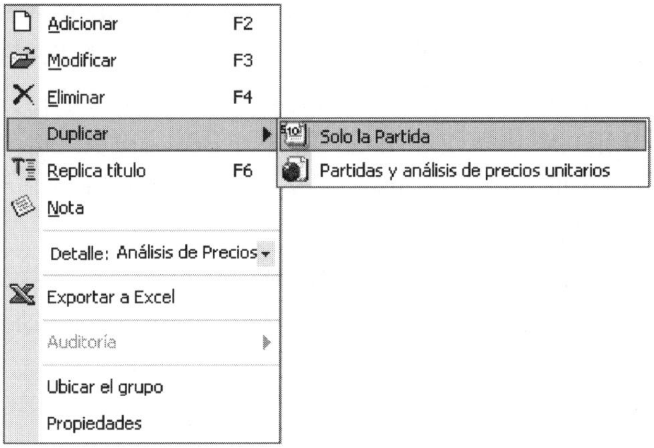

Este procedimiento realizado agiliza el proceso de creación de una partida, debido a que como puede notar dicha partida se encuentra físicamente ubicada en la misma carpeta llamada OBRAS DE REHABILITACION y cuando usted realiza un duplicado de una partida éste procedimiento le permite crear una partida en blanco como continuación de la última partida creada en ésta carpeta.

4. En el cuadro de diálogo mostrado modifique el nombre a IMPRIMACION y la unidad a **m2** e inclusive el tipo de partida en la casilla grupo deberá ser cambiada a Partida tal como se muestra en la siguiente figura y luego haga clic en **Adicionar.**

5. En el panel correspondiente a su detalle de partida haga clic derecho y seleccione del menú contextual **Adicionar Recurso...**
6. Seleccione OPERARIO, HERRAMIENTAS MANUALES, COMPRESORA NEUMATICA 250-330 PCM, 87 HP y CAMION IMPRIMIDOR 6 X 2 178-210 HP 1,800 gal haciendo doble clic en c/u de ellos para llevarlos al panel de registros seleccionados
7. Presione el botón
8. Ingrese como rendimiento **7000**
9. escriba los valores que se muestran en el siguiente cuadro para cada uno de los recursos del detalle de partida.

IMPRIMACION

Rendimiento: M3/DIA M.O.:7,000 EQ.:7,000

Descripción Recurso	Und.	Cuadrilla	Cantidad	Precio ()	Parcial ()
OPERARIO	hh	1.0000	0.0011	0.00	0.00
HERRAMIENTAS MANUALES	%MO		3.0000	0.00	0.00
COMPRESORA NEUMÁTICA 250-330 PCM, 87 HP	hh	1.0000	0.0011	0.00	0.00
CAMIÓN IMPRIMIDOR 6 X 2 178 - 210 HP 1,800 gal	hh	1.0000	0.0011	0.00	0.00

10. Haga doble clic sobre la partida creada para llevarla al grupo de registros seleccionados.
11. Haga clic sobre el botón ▦ para llevar la partida creada a la hoja del presupuesto.
12. Ingrese un metrado de **61280**

10.2.5 Creación de la partida básica CARPETA ASFALTICA E=0.075M

1. Crear el siguiente grupo de partidas utilizando el método de "Duplicar una Partida" como se realizó en el anterior ejemplo.

Nombre de Partida	Unidad	Nivel
CARPETA ASFALTICA E = 0.075M	m3	Primario
AGREGADO GRUESO	m3	Secundario
AGREGADO FINO	m3	Secundario
EXTRACCION Y APILAMIENTO	m3	Terciario
TRANSPORTE A CHANCADORA	m3	Terciario
CHANCADO	m3	Terciario
CARGUIO	m3	Terciario
TRANSPORTE A LA OBRA	m3	Terciario
TRANSPORTE A ZARANDA	m3	Terciario

Nivel Primario.- Este nivel corresponde a todas las partidas que forman parte de la hoja del presupuesto.

Nivel Secundario.- Este nivel corresponde a aquellas subpartidas que forman parte de los análisis de las partidas del nivel primario.

Nivel Terciario.- Son aquellas partidas que a este nivel forman parte de las subpartidas del nivel secundario.

Este número de niveles puede ir en aumento dependiendo del grado de detalle que se desee tener en su partida.

Por el momento estas partidas permanecerán en blanco puesto que más adelante realizaremos el ensamble de la partida CARPETA ASFALTICA E = 0.075 M según el Estructura de dicha partida mostrada más adelante.

2. Empiece a crear los detalles de las partidas que forman parte a su vez de la partida CARPETA ASFALTICA E = 0.075 M según el orden en que muestran los cuadros a continuación:

EXTRACCION Y APILAMIENTO

Rendimiento: M3/DIA M.O.:690 EQ.:690

Descripción Recurso	Und.	Cuadrilla	Cantidad	Precio ()	Parcial ()
PEON	hh	2.0000	0.0232	0.00	0.00
CAPATAZ "B"	hh	0.2000	0.0023	0.00	0.00
CONTROLADOR OFICIAL	hh	0.2000	0.0023	0.00	0.00
HERRAMIENTAS MANUALES	%MO		3.0000	0.00	0.00
TRACTOR DE ORUGAS DE 190-240 HP	hm	1.0000	0.0116	0.00	0.00

TRANSPORTE A CHANCADORA

Rendimiento: M3/DIA M.O.:645 EQ.:645

Descripción Recurso	Und.	Cuadrilla	Cantidad	Precio ()	Parcial ()
CONTROLADOR OFICIAL	hh	0.2000	0.0025	0.00	0.00
CAMION VOLQUETE 6 X 4 330 HP 10 m3	hm	1.0000	0.0124	0.00	0.00
CARGADOR SOBRE LLANTAS 100-115 HP 2-2.25 yd3	hm	1.0000	0.0124	0.00	0.00

CHANCADO

Rendimiento: M3/DIA M.O.:280 EQ.:280

Descripción Recurso	Und.	Cuadrilla	Cantidad	Precio ()	Parcial ()
OPERARIO	hh	1.0000	0.0286	0.00	0.00
PEON	hh	4.0000	0.1143	0.00	0.00
CAPATAZ "B"	hh	1.0000	0.0286	0.00	0.00
HERRAMIENTAS MANUALES	%MO		3.0000	0.00	0.00
CARGADOR SOBRE LLANTAS 100-115 HP 2-2.25 yd3	hm	0.5000	0.0143	0.00	0.00
CHANCADORA PRIMARIA SECUNDARIA 5 FAJAS 75 HP 46-70 ton/h	hm	1.0000	0.0286	0.00	0.00
GRUPO ELECTROGENO 116 HP 75 KW	hm	1.0000	0.0286	0.00	0.00

CARGUIO

Rendimiento: M3/DIA M.O.:950 EQ.:950

Descripción Recurso	Und.	Cuadrilla	Cantidad	Precio ()	Parcial ()
OFICIAL	hh	0.2000	0.0017	0.00	0.00
CARGADOR SOBRE LLANTAS 125-155 HP 3 yd3	hm	1.0000	0.0084	0.00	0.00

TRANSPORTE A LA OBRA

Rendimiento: M3/DIA M.O.:42 EQ.:42

Descripción Recurso	Und.	Cuadrilla	Cantidad	Precio ()	Parcial ()
OFICIAL	hh	0.2000	0.0381	0.00	0.00
CAMION VOLQUETE 6 X 4 330 HP 10 m3	hm	1.0000	0.1905	0.00	0.00

TRANSPORTE A ZARANDA

Rendimiento: M3/DIA M.O.:530 EQ.:530

Descripción Recurso	Und.	Cuadrilla	Cantidad	Precio ()	Parcial ()
CONTROLADOR OFICIAL	hh	0.2000	0.0030	0.00	0.00
CAMION VOLQUETE 6 X 4 330 HP 10 m3	hm	1.0000	0.0151	0.00	0.00
CARGADOR SOBRE LLANTAS 100-115 HP 2-2.25 yd3	hm	1.0000	0.0151	0.00	0.00

Después de haber realizado la creación de cada una de las partidas se procederá a realizar el ensamble, pero antes le sugiero que vea detenidamente el esquema que se presenta a continuación el cual muestra la estructura de la partida CARPETA ASFALTICA E = 0.075M donde los textos resaltados en negrita representan las subpartidas que a su vez engloban otro grupo de subpartidas y/o recursos.

Estructura de la partida CARPETA ASFALTICA E = 0.075 M

- **CARPETA ASFALTICA E = 0.075 m**
  - OFICIAL
  - PEON
  - CAPATAZ "B"
  - CARGADOR S/LLANTAS 100-115HP 22.25 YD3
  - PLANTA ASFALTO EN CALIENTE 60-115 TON/H
  - RODILLO NEUMAT. AUTOP. 81-100 HP
  - RODILLO TANDEM EST. A 70-100 HP
  - GRUPO ELECTROGENO 116 HP 75 KW
  - PAVIMENTADORA
  - AGREGADO GRUESO
    - **EXTRACCION Y APILAMIENTO**
      - PEON
      - CAPATAZ "B"
      - CONTROLADOR OFICIAL
      - HERRAMIENTAS MANUALES
      - TRACTOR DE ORUGAS DE 190-240 HP
    - **TRANSPORTE A CHANCADORA**
      - CONTROLADOR OFICIAL
      - CAMION VOLQUETE 6X4 330 HP 10 M3.
      - CARGADOR S/LLANTAS 100-115 HP 2-2.25 YD3
    - **CHANCADO**
      - OPERARIO
      - PEON
      - CAPATAZ "B"
      - HERRAMIENTAS MANUALES
      - CARGADOR S/LLANTAS 100-115HP 46-70 TON/H
      - CHANCAD. PRIM. SECUND. 5 FAJAS 75 HP 46-70 TON/H
      - GRUPO ELECTROGENO 116 HP 75 KW
    - **CARGUIO**
      - OFICIAL
      - CARGADOR S/LLANTAS 125-155 HP 3 YD3
    - **TRANSPORTE A LA OBRA**
      - CONTROLADOR OFICIAL
      - CAMION VOLQUETE 6X4 330 HP 10 M3.
  - AGREGADO FINO
    - **EXTRACCION Y APILAMIENTO**
      - PEON
      - CAPATAZ "B"
      - CONTROLADOR OFICIAL
      - HERRAMIENTAS MANUALES
      - TRACTOR DE ORUGAS DE 190-240 HP
    - **TRANSPORTE A ZARANDA**
      - CONTROLADOR OFICIAL
      - CAMION VOLQUETE 6X4 330 HP 10 M3.
      - CARGADOR S/LLANTAS 100-115 HP 2-2.25 YD3
    - **CHANCADO**
      - OPERARIO
      - PEON
      - CAPATAZ "B"
      - HERRAMIENTAS MANUALES
      - CARGADOR S/LLANTAS 100-115HP 46-70 TON/H
      - CHANCAD. PRIM. SECUND. 5 FAJAS 75 HP 46-70 TON/H
      - GRUPO ELECTROGENO 116 HP 75 KW
    - **CARGUIO**
      - OFICIAL
      - CARGADOR S/LLANTAS 125-155 HP 3 YD3
    - **TRANSPORTE A LA OBRA**
      - CONTROLADOR OFICIAL
      - CAMION VOLQUETE 6X4 330 HP 10 M3.

3. Ahora ubique la partida AGREGADO GRUESO y haga clic derecho sobre su detalle de partida para luego en el menú contextual seleccionar **Adicionar Subpartida...** y a continuación se mostrará otro catálogo de partidas en el cual deberá seleccionar las siguientes partidas:

   - EXTRACCION Y APILAMIENTO
   - TRANSPORTE A CHANCADORA
   - CHANCADO
   - CARGUIO
   - TRANSPORTE A LA OBRA

tal como se puede ver en la siguiente figura:

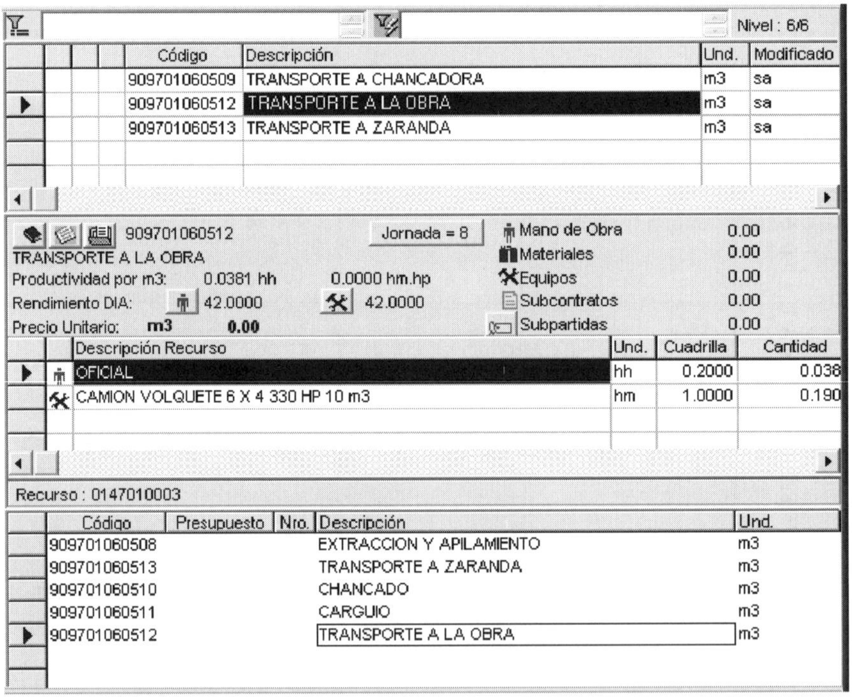

4. Luego haga clic sobre para llevar los registros seleccionados al detalle de partida de AGREGADO GRUESO. En la siguiente figura se muestra el detalle de la partida AGREGADO GRUESO para que pueda completar los datos:

AGREGADO GRUESO

Rendimiento: M3/DIA M.O.:80 EQ.:80

Descripción Recurso	Und.	Cuadrilla	Cantidad	Precio ()	Parcial ()
EXTRACCION Y APILAMIENTO	m3		1.2000	0.00	0.00
TRANSPORTE A CHANCADORA	m3		1.2000	0.00	0.00
CHANCADO	m3		1.2000	0.00	0.00
CARGUIO	m3		1.2000	0.00	0.00
TRANSPORTE A LA OBRA	m3		1.2000	0.00	0.00

5. Repita el proceso para la partida AGREGADO FINO con única diferencia de que en lugar de seleccionar TRANSPORTE A CHANCADORA seleccione TRANSPORTE A ZARANDA.
   El grupo de registros seleccionados se verá tal como se muestra en la siguiente figura:

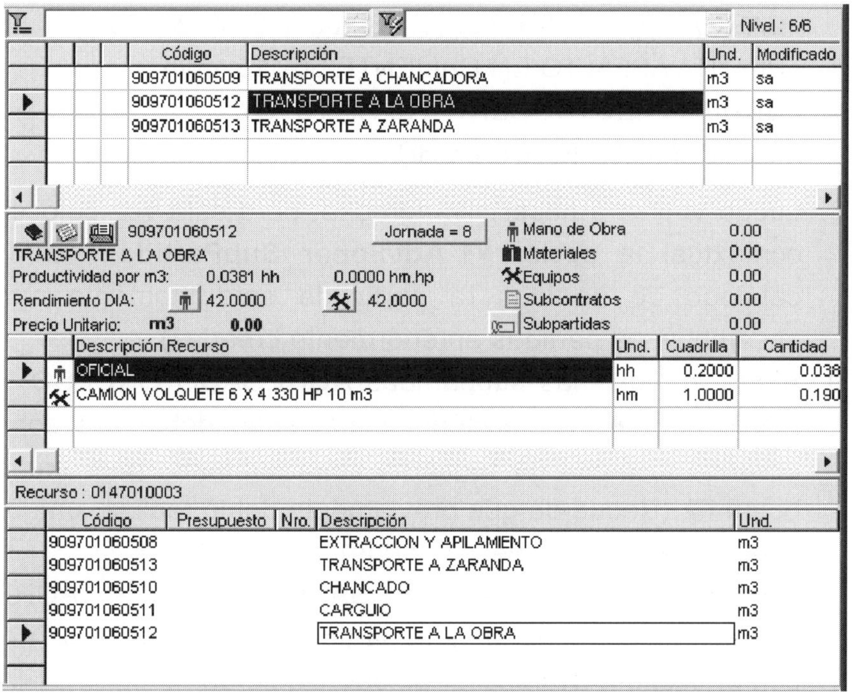

Asegúrese de ingresar los datos tal como se presenta en el siguiente reporte:

AGREGADO FINO

Rendimiento: M3/DIA M.O.:70 EQ.:70

Descripción Recurso	Und.	Cuadrilla	Cantidad	Precio ()	Parcial ()
EXTRACCION Y APILAMIENTO	m3		1.2000	0.00	0.00
TRANSPORTE A ZARANDA	m3		1.2000	0.00	0.00
CHANCADO	m3		1.2000	0.00	0.00
CARGUIO	m3		1.2000	0.00	0.00
TRANSPORTE A LA OBRA	m3		1.2000	0.00	0.00

6. Ahora ubique la partida CARPETA ASFALTICA E = 0.07 M y luego haga clic derecho sobre su detalle de partida y en el menú contextual seleccione **Adicionar Recurso...**
7. Ahora en el catálogo ubique la partida CARPETA ASFALTICA E = 0.075 M. y luego haga clic derecho sobre su detalle de partida y en el menú contextual seleccione **Adicionar Recurso...** y luego agregue los recursos:
   - OFICIAL
   - PEON
   - CAPATAZ "A"
   - RODILLO NEUMATICO AUTOPROPULSADO 81-100HP 5.5-20 ton
   - RODILLO TANDEM ESTATICO AUTOPROPULSADO 70-100HP 8-14 ton
   - CARGADOR SOBRE LLANTAS 100-115 HP 2-2.25 yd3
   - PLANTA ASFALTO EN CALIENTE 60-115 ton/h
   - GRUPO ELECTROGENO 116 HP 75 KW
   - PAVIMENTADORA DE 65 HP
8. Luego vuelva a hacer clic derecho, pero esta vez seleccione del menú contextual la opción **Adicionar SubPartida...** para visualizar el catálogo de partidas (a partir de este momento empezaremos a ensamblar las partidas anteriormente creadas)
9. Ahora agregue las subpartidas AGREGADO GRUESO y AGREGADO FINO, para eso selecciónelos haciendo doble clic sobre ellas y así llevarlos al panel de registros seleccionados, para luego presionar el botón. (Recuerde que previamente debió realizar una búsqueda en el catálogo antes de seleccionarlos)

   Note que las partidas AGREGADO GRUESO y AGREGADO FINO aparecerán como parte de la partida CARPETA ASFALTICA E = 0.075 M con un icono muy peculiar al lado izquierdo.

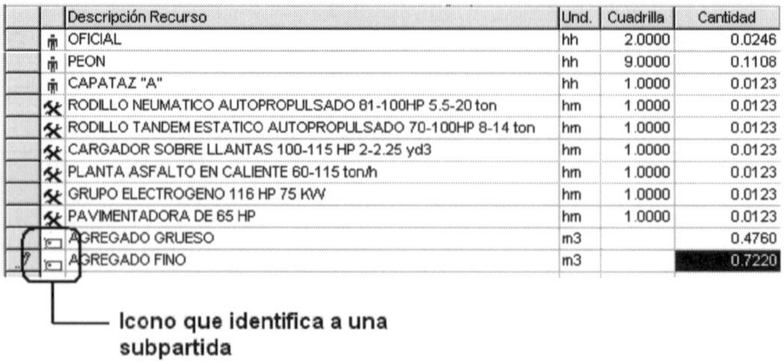

Descripción Recurso	Und.	Cuadrilla	Cantidad
OFICIAL	hh	2.0000	0.0246
PEON	hh	9.0000	0.1108
CAPATAZ "A"	hh	1.0000	0.0123
RODILLO NEUMATICO AUTOPROPULSADO 81-100HP 5.5-20 ton	hm	1.0000	0.0123
RODILLO TANDEM ESTATICO AUTOPROPULSADO 70-100HP 8-14 ton	hm	1.0000	0.0123
CARGADOR SOBRE LLANTAS 100-115 HP 2-2.25 yd3	hm	1.0000	0.0123
PLANTA ASFALTO EN CALIENTE 60-115 ton/h	hm	1.0000	0.0123
GRUPO ELECTROGENO 116 HP 75 KW	hm	1.0000	0.0123
PAVIMENTADORA DE 65 HP	hm	1.0000	0.0123
AGREGADO GRUESO	m3		0.4760
AGREGADO FINO	m3		0.7220

10. Ingrese **650** como rendimiento.

11. Luego Asegúrese de ingresar las cantidades mostradas en el siguiente reporte:

CARPETA ASFALTICA E = 0.075 M

Rendimiento: M3/DIA M.O.:650 EQ.:650

Descripción Recurso	Und.	Cuadrilla	Cantidad	Precio ()	Parcial ()
OFICIAL	hh	2.0000	0.0246	0.00	0.00
PEON	hh	9.0000	0.1148	0.00	0.00
CAPATAZ "A"	hh	1.0000	0.0123	0.00	0.00
RODILLO NEUMATICO AUTOPROPULSADO 81-100HP 5.5-20 ton	hm	1.0000	0.0123	0.00	0.00
RODILLO TANDEM ESTATICO AUTOPROPULSADO 70-100HP 8-14 ton	hm	1.0000	0.0123	0.00	0.00
CARGADOR SOBRE LLANTAS 100-115 HP 2-2.25 yd3	hm	1.0000	0.0123	0.00	0.00
PLANTA ASFALTO EN CALIENTE 60-115 ton/h	hm	1.0000	0.0123	0.00	0.00
GRUPO ELECTROGENO 116 HP 75 KW	hm	1.0000	0.0123	0.00	0.00
PAVIMENTADORA DE 65 HP	hm	1.0000	0.0123	0.00	0.00
AGREGADO GRUESO	m3		0.4760	0.00	0.00
AGREGADO FINO	m3		0.7220	0.00	0.00

12. Luego haga doble clic sobre el nombre de la partida para llevarla al grupo de registros seleccionados.
13. Ahora haga clic sobre ▦ para llevarla a la hoja del presupuesto.
14. Finalmente ingrese un metrado de **5000.**

La siguiente figura le muestra la forma de navegar a través de las subpartidas de CARPETA ASFALTICA E=0.75M

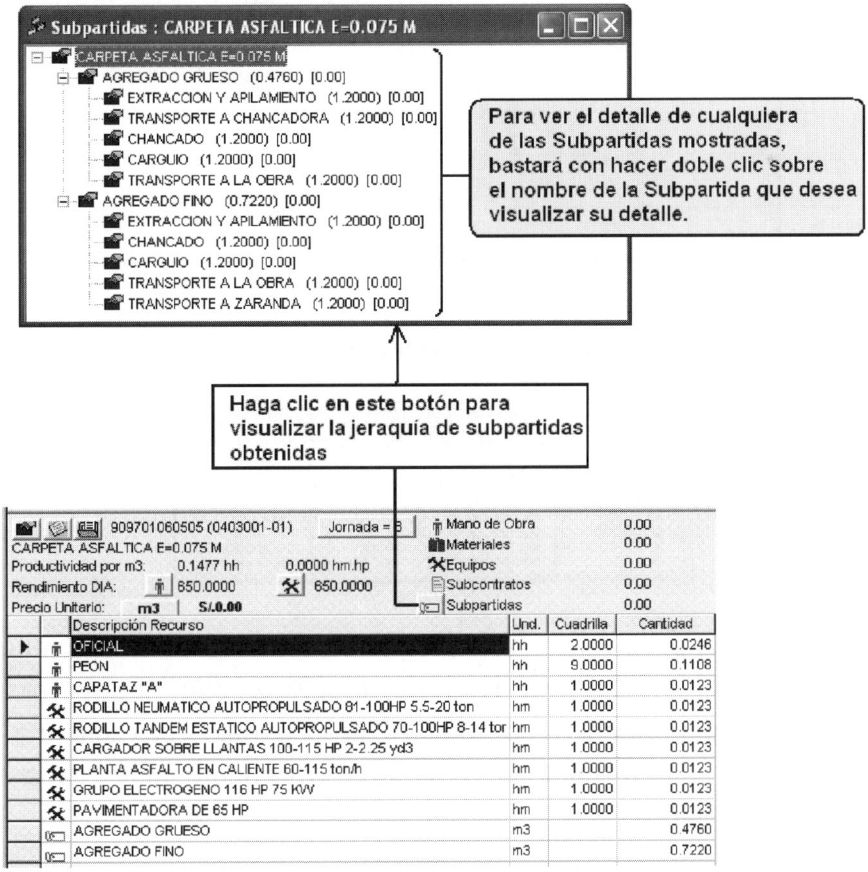

Descripción Recurso	Und.	Cuadrilla	Cantidad
OFICIAL	hh	2.0000	0.0246
PEON	hh	9.0000	0.1108
CAPATAZ "A"	hh	1.0000	0.0123
RODILLO NEUMATICO AUTOPROPULSADO 81-100HP 5.5-20 ton	hm	1.0000	0.0123
RODILLO TANDEM ESTATICO AUTOPROPULSADO 70-100HP 8-14 tor	hm	1.0000	0.0123
CARGADOR SOBRE LLANTAS 100-115 HP 2-2.25 yd3	hm	1.0000	0.0123
PLANTA ASFALTO EN CALIENTE 60-115 ton/h	hm	1.0000	0.0123
GRUPO ELECTROGENO 116 HP 75 KW	hm	1.0000	0.0123
PAVIMENTADORA DE 65 HP	hm	1.0000	0.0123
AGREGADO GRUESO	m3		0.4760
AGREGADO FINO	m3		0.7220

10.3 Procesamiento provisional del presupuesto REHABILITACION Y/O MEJORAMIENTO DE CARRETERA

Este procesamiento sólo será realizado para fines de ingresar los precios de los recursos que hasta el momento hayan sido ingresados.

1. Haga clic sobre el botón para procesar el presupuesto.
2. Luego asegúrese de que el cuadro de diálogo **Opciones de procesamiento tipo 3** tenga las siguientes opciones seleccionadas tal como se muestra en la siguiente figura y luego presione **Continuar:**

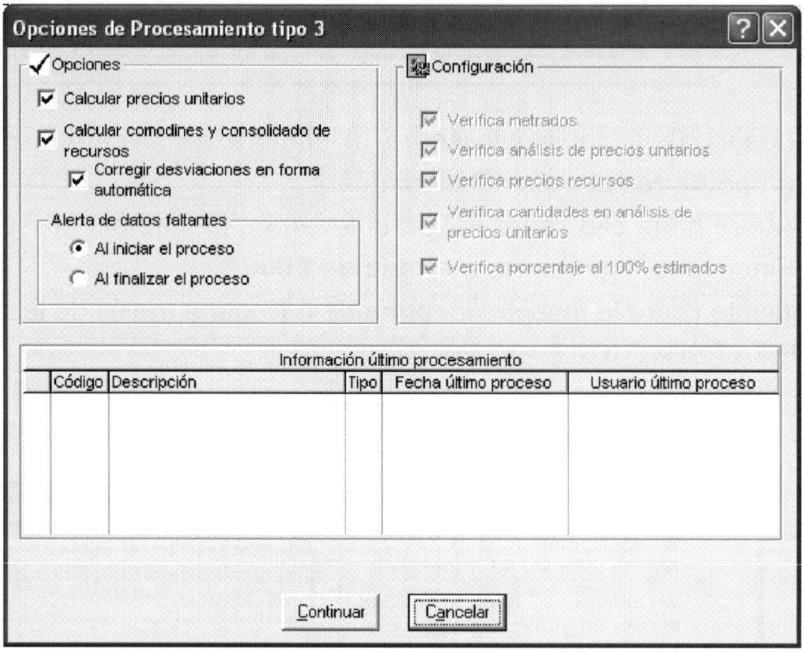

3. En el siguiente mensaje haga clic en **Sí.**

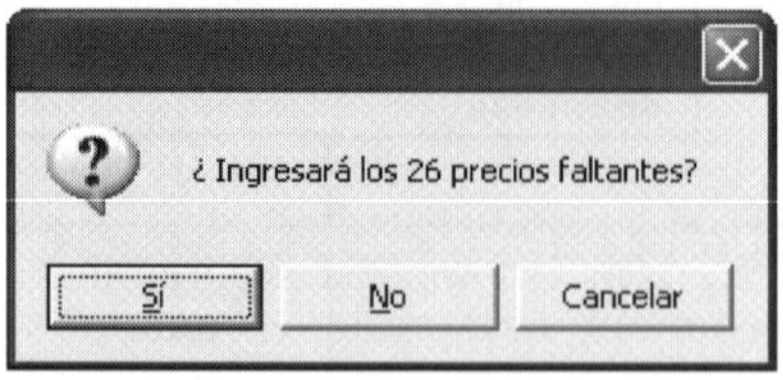

4. Ingrese los precios unitarios según se muestra en la siguiente tabla
   Esta tabla muestra la lista de recursos con sus correspondientes cantidades aportadas en todo el presupuesto. La columna Parcial se calculará automáticamente conforme vaya ingresando cada uno de los precios unitarios.

Descripción	Und.	Cantidad	Precio S/.	Parcial S/.137,624.65
OPERARIO	hh	272.9848	8.60	2,347.63
OFICIAL	hh	409.0824	7.70	3,149.93
PEON	hh	1,542.3500	6.90	10,642.22
CAPATAZ "B"	hh	222.1092	10.30	2,287.73
CONTROLADOR OFICIAL	hh	36.6684	7.70	282.35
CAPATAZ "A"	hh	61.5000	11.15	685.73
MANO DE OBRA INC. LEYES SOCIALES	%PU			2,160.00
TRANSPORTE CHANCADOR PRIMARIO SECUNDARIO	t	78.0000	70.00	5,460.00
TRANSPORTE ZARANDA VIBRATORIA	t	14.0000	60.00	840.00
TRANSPORTE PLANTA DE ASFALTO EN CALIENTE	t	18.0000	80.00	1,440.00
TRANSPORTE FAJA TRANSPORTADORA	t	14.4000	65.00	936.00
TRANSPORTE TRACTOR DE ORUGA	t	59.6000	70.00	4,172.00
TRANSPORTE RODILLO TANDEM	t	17.6000	70.00	1,232.00
TRANSPORTE PAVIMENTADORA S/ORUGAS	t	24.0000	80.00	1,920.00
MADERA TERCIADA PARA CARPINTERIA	%PU			3,600.00
PINTURA LATEX	%PU			1,080.00
CAMION CISTERNA 4 X 2 (AGUA) 122 HP 2,000 gl	hm	96.0000	86.20	8,275.20
CAMION VOLQUETE 6 X 4 330 HP 10 m3	hm	1,662.1416	50.00	83,107.00
COMPRESORA NEUMATICA 250-330 PCM, 87 HP	hm	67.4080	54.10	3,646.88
RODILLO NEUMATICO AUTOPROPULSADO 81-100HP 5.5-20 ton	hm	61.5000	52.10	3,204.15
RODILLO TANDEM ESTATICO AUTOPROPULSADO 70-100HP 8-14 ton	hm	61.5000	55.30	3,400.95
CARGADOR SOBRE LLANTAS 100-115 HP 2-2.25 yd3	hm	265.1160	105.00	27,837.18
CARGADOR SOBRE LLANTAS 125-155 HP 3 yd3	hm	60.3792	148.00	8,936.12
TRACTOR DE ORUGAS DE 190-240 HP	hm	83.3808	215.00	17,926.87
PLANTA ASFALTO EN CALIENTE 60-115 ton/h	hm	61.5000	72.00	4,428.00
CHANCADORA PRIMARIA SECUNDARIA 5 FAJAS 75 HP 46 - 70 ton/h	hm	205.5768	190.50	39,162.38
CAMION IMPRIMIDOR 6 X 2 178 - 210 HP 1,800 gal	hm	99.4080	111.50	11,083.99
GRUPO ELECTROGENO 116 HP 75 KW	hm	267.0768	51.00	13,620.92
PAVIMENTADORA DE 65 HP	hm	61.5000	101.75	6,257.62
HERRAMIENTA MANUAL	%PU			360.00

5. Finalmente presione el botón  para cerrar la ventana de Precios de recursos.
6. Vuelva a presionar el botón  para repetir el procesamiento, pero esta vez ya tenemos los precios ingresados.

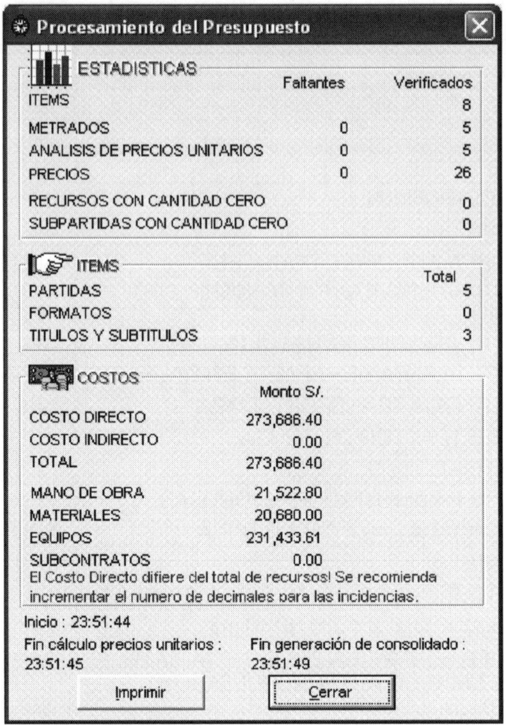

El mensaje que aparece en rojo dice: "El Costo Directo difiere del total de recursos! Se recomienda incrementar el número de decimales para las incidencias".

A esto me refería respecto a la propagación del error por redondeo el cual sucede cuando los rendimientos son muy elevados debido a la naturaleza de los procesos que se utilizan en la rehabilitación de la carretera.

Para solucionar éste problema el Ministerio de Transportes otorga una fórmula que puede ser usada en todos los presupuestos para fines de mitigar en lo posible éste problema.
Haga caso omiso al siguiente mensaje presionando el botón **Cancelar.**

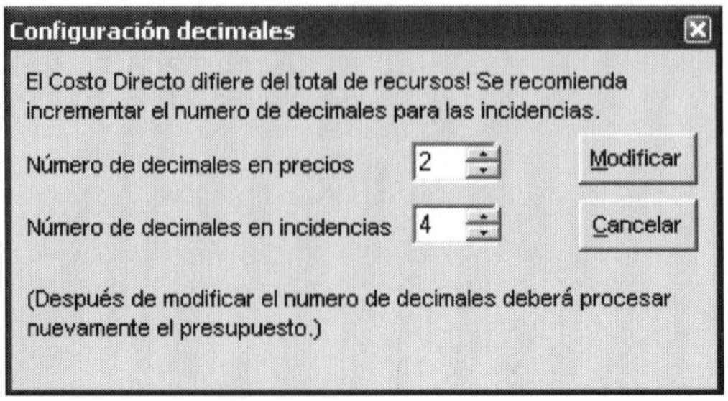

10.4 Solución para la propagación de error por redondeo

Ahora usted acaba de crear cuatro partidas en la hoja del presupuesto REHABILITACION DE CARRETERA, como podrá notar la partida IMPRIMACION tiene un rendimiento unitario de 7,000 el cual produce que las cantidades aportadas por la mano de obra tengan un valor muy pequeño en el orden de 0.0011 y esto a su vez redondeado y multiplicado por su precio unitario produce un parcial el cual tiene que sumarse a los otros parciales producidas por los diferentes recursos de M.O. existentes en la partida. Por esto se dice que el error se propaga en cada operación realizada.

1. Presione el botón  **Datos Generales** del panel de vistas.
2. En el escenario de **Datos Generales** presione el botón **Datos Adicionales...**
3. En el cuadro de diálogo **Datos Adicionales** asegúrese de marcar la casilla Análisis de precios unitarios tipo 2, el cual le proporciona a los análisis del presupuesto la fórmula otorgada por el Ministerio de Transportes tal como se muestra en la figura.

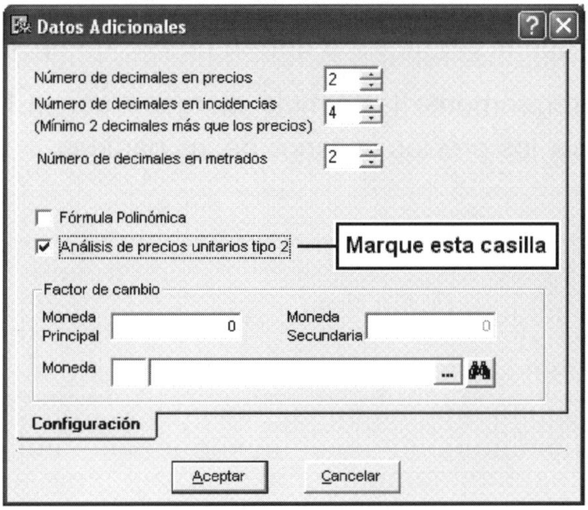

4. En la barra de herramientas haga clic sobre el botón para visualizar el cuadro de diálogo **Configuración**, del cual deberá seleccionar la ficha **Del Supervisor** y seleccionar el procesamiento **Tipo 1**, que es el único que puede ser usado con el "Análisis de precios unitarios tipo 2" que fue configurado anteriormente.

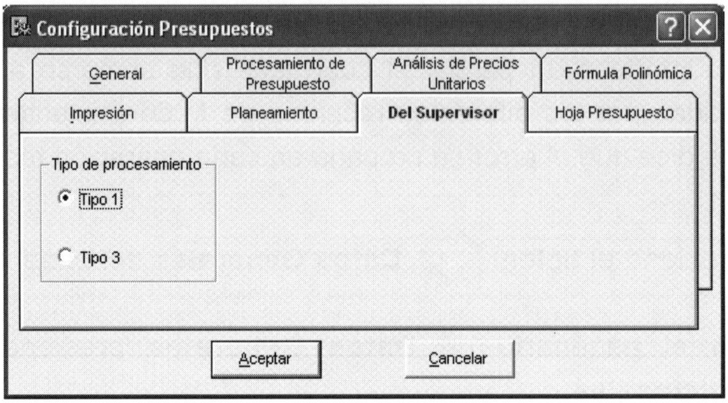

5. Presione el botón para volver a procesar el presupuesto

$$Costo\ Directo = Materiales + SubContratos + SubPartidas + \\ + [(MO/\mathrm{Re}nd) + (EQ/\mathrm{Re}nd)]$$

Deberá notar que al pie de cada detalle de partida aparece una fórmula:

La cual es precisamente la fórmula otorgada por el Ministerio de Transportes para determinar los precios unitarios de las partidas.

10.5 Visualización del Ítem alterno en la hoja del presupuesto

Para visualizar el campo de ítem alterno del presupuesto, deberá hacer clic derecho sobre dicho escenario y seleccionar **Opciones▸Mostrar Campos...**

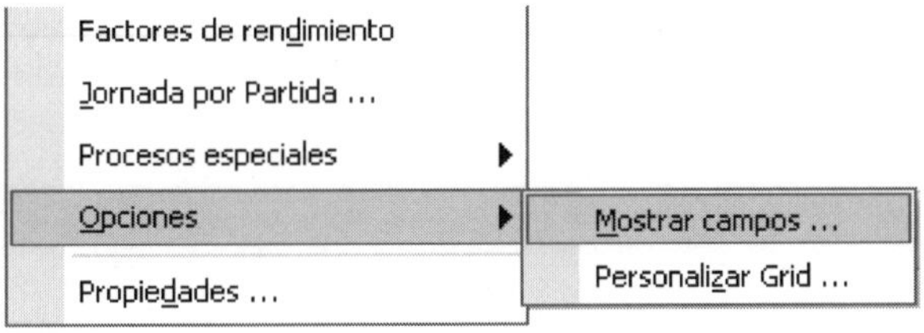

Luego en el cuadro de diálogo mostrado marque la casilla Alterno, tal como se muestra en la figura:

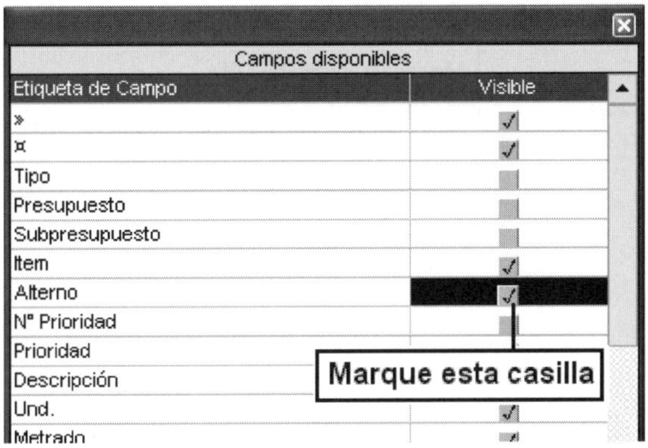

Finalmente la hoja del presupuesto debe lucir como se muestra a continuación:

Columna de items creados por el usuario

Alterno	Descripción	Und.	Metrado	Precio (S/.)	Parcial (S/.)
MV	**MOVILIZACION Y DESMOVILIZACION**				**37,443.20**
MV.01	EQUIPO TRANSPORTADO	vje	2.00	8,000.00	16,000.00
MV.02	EQUIPO AUTOPROPULSADO	vje	2.00	10,721.60	21,443.20
OP	**OBRAS PRELIMINARES**				**7,200.00**
OP.01	CARTEL DE OBRA	pza	8.00	900.00	7,200.00
PV	**PAVIMENTOS**				**229,506.00**
PV.05	IMPRIMACION	m2	61,280.00	0.20	12,256.00
PV.06	CARPETA ASFALTICA E=0.075 M	m3	5,000.00	43.45	217,250.00

La figura anteriormente mostrada presenta sólo algunas de las partidas del presupuesto REHABILITACION Y/O MEJORAMIENTO DE CARRETERAS, por lo que el lector deberá terminar las partidas faltantes. Ahora si además desea que la columna **Alterno** se imprima en los reportes, antes deberá hacer clic sobre el botón , seleccione la ficha **Impresión** y marque la casilla **Item alterno** (ver figura)

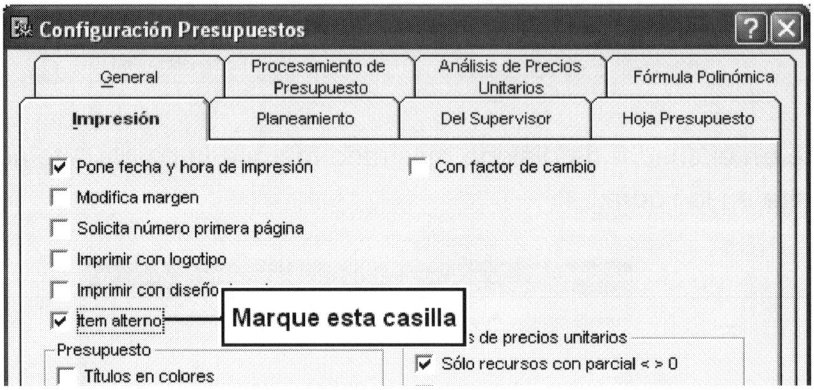

Capítulo 11 Interacción con Microsoft Excel & Project

Para fines que considere conveniente usted podría exportar sus datos a Microsoft Excel, para lo cual el S10 dispone de muchas opciones que le permitirán exportar datos hasta inclusive vincular datos específicos a celdas de una hoja de cálculo con la hoja del presupuesto.

Para realizar los ejemplos deberá primero ubicarse en uno de los presupuestos (en este caso podría ser MÓDULO DE VIVIENDA).

11.1 Exportar detalles de partidas a Microsoft Excel

Para el presente ejemplo usted podría utilizar la partida ELIMINACION DE MATERIAL EXCEDENTE CON TRANSPORTE.

1. Ubiquese sobre el detalle de partida correspondiente y haga clic derecho para visualizar su correspondiente menú contextual y seleccione **Exportar a Microsoft Excel** tal como se muestra en la siguiente figura.

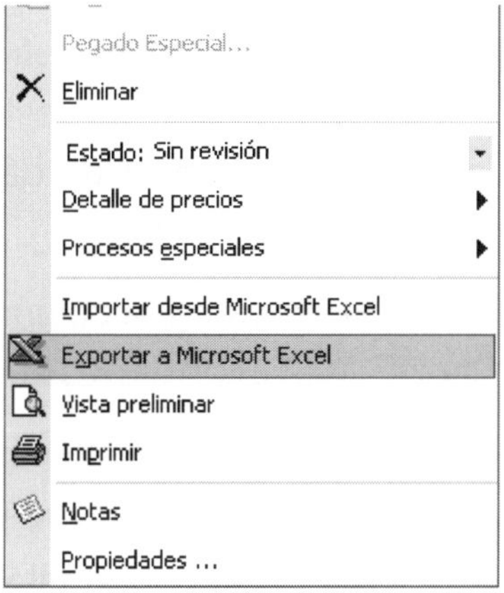

2. Luego se le solicitará que ingrese un nombre para la hoja de cálculo a ser generada por el S10 Presupuestos, el cual mostrará el detalle de partida seleccionado. Escriba como nombre "Detalle de Eliminacion con transporte".

Lo siguiente será la creación y apertura de la hoja de cálculo.

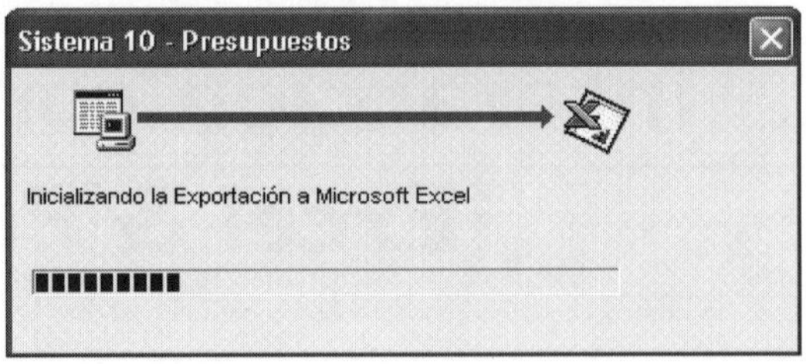

3. La aplicación de Microsoft Excel se abrirá automáticamente mostrando el detalle correspondiente:

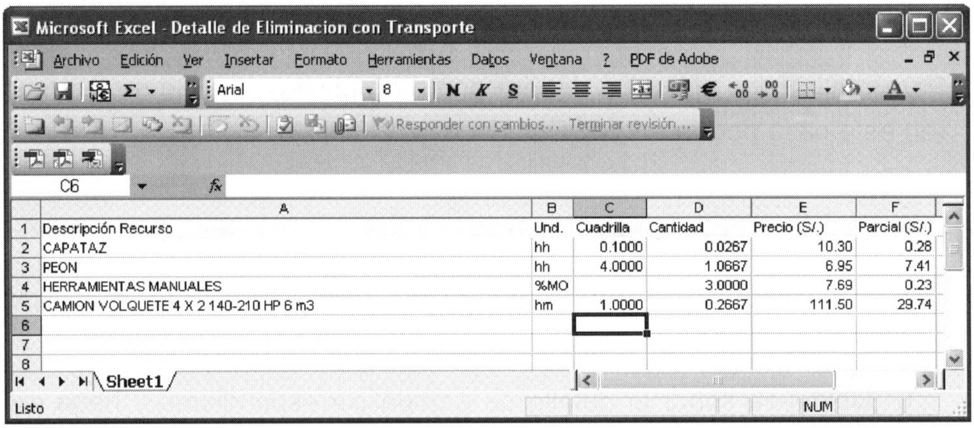

11.2 Vincular metrados con Microsoft Excel

El S10 Presupuestos permite enlazar los metrados de la hoja del presupuesto con una hoja ce cálculo en Excel, de esta manera cualquier cambio o actualización de los metrados en la hoja de cálculo se reflejarán en la hoja del presupuesto.

Para este ejemplo nos ubicaremos en la columna **Metrado** de la misma partida llamada ELIMINACIÓN DE MATERIAL EXCEDENTE CON TRANSPORTE.

1. Haga clic derecho sobre la celda seleccionada (columna metrado) para visualizar el menú contextual y seleccione dentro de procesos especiales la opción Vincular metrado a celda Excel tal como se muestra a continuación.

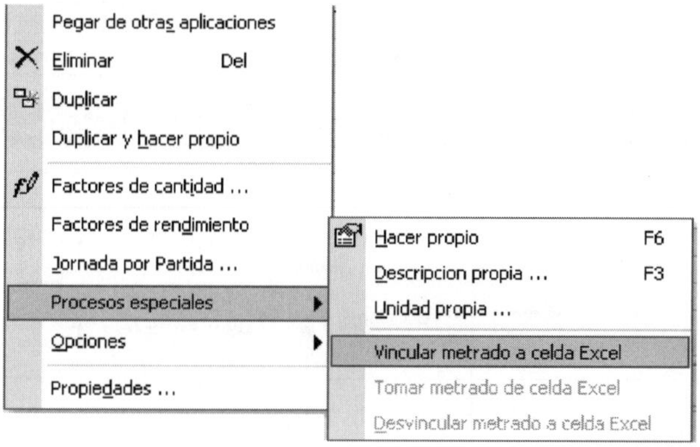

2. El siguiente cuadro de diálogo tiene una sección similar a una hoja de cálculo. Ahora haga clic sobre el botón **Examinar.**

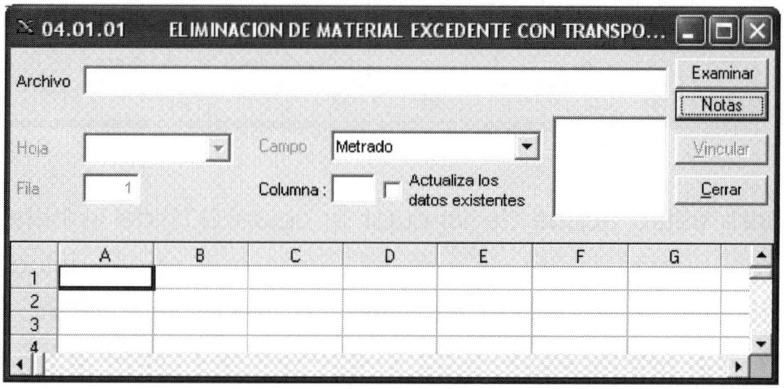

3. Luego de presionar el botón **Examinar** usted visualizará el cuadro de diálogo solicitando el nombre del archivo que contiene los metrados. En este caso seleccione el archivo **"presupuestocliente.xls"** que se encuentra en el CD que acompaña al libro.
4. Ahora haga doble clic en el número de fila (Columna gris) que aparece al lado izquierdo y doble clic en la columna D (Fila gris) que aparece en la parte superior de la celda que contiene el metrado. Todo esto para capturar las coordenadas de la celda que almacena el metrado (ver figura). Luego marque la casilla **Actualiza los datos existentes.**

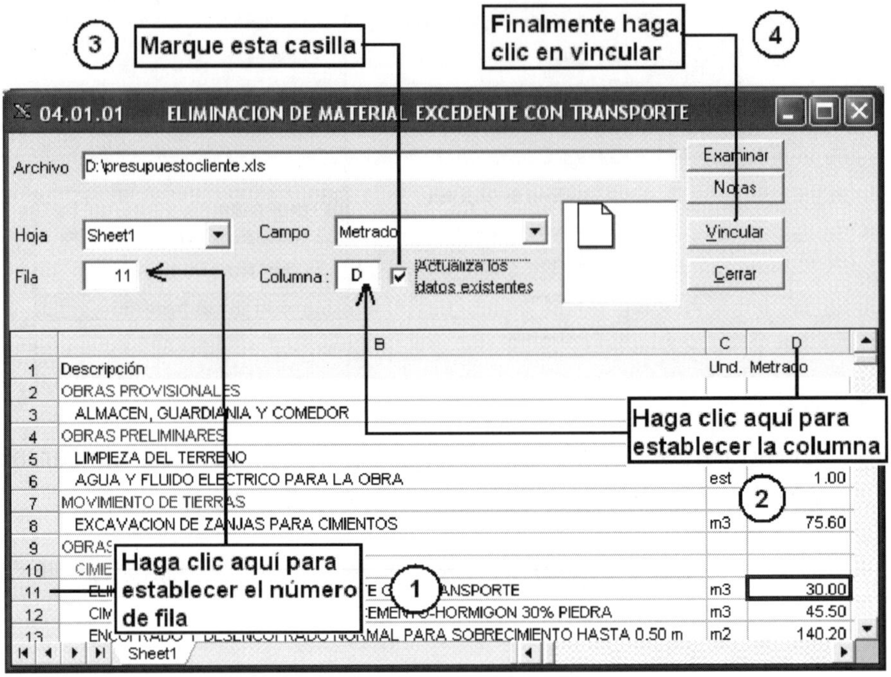

5. Ahora usted acaba de vincular la celda D11 de la hoja de cálculo llamada "presupuestocliente.xls", de tal forma que ahora usted podría modificar el metrado de la partida ELIMINACIÓN DE MATERIAL EXCEDENTE CON TRANSPORTE de 30 a 50. Luego grabe y cierre la hoja de cálculo.
6. Ahora estando en el S10 haga clic derecho sobre el metrado que desea actualizar (partida ELIMINACIÓN DE MATERIAL EXCEDENTE) y en el menú contextual seleccione la opción Tomar metrado de Excel que se encuentra dentro de los procesos especiales.

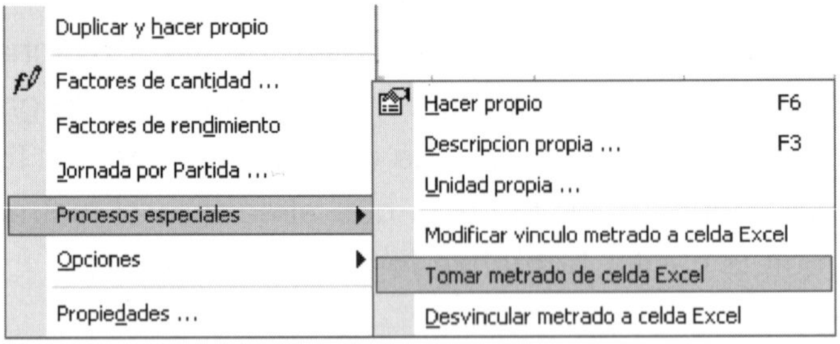

Se inicia el proceso de extraer el metrado de la celda vinculada:

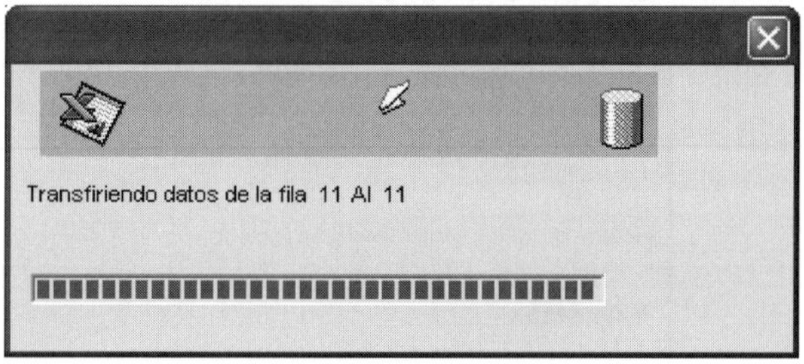

***Nota**: Para evitar problemas durante la actualización de los metrados mediante la opción anteriormente utilizada, se recomienda que el archivo permanezca en el mismo lugar (ruta de archivo) y tambien evite que la hoja de cálculo sea modificada agregándole nuevas filas y columnas ya que esto podría perder las referencias de las celdas vinculadas.*

11.3 Exportar hoja del presupuesto al Microsoft Excel

Para exportar su hoja de presupuesto primeramente deberá hacer clic derecho sobre el icono ESTRUCTURAS en el árbol de presupuestos correspondiente al presupuesto MODULO DE VIVIENDA tal como se muestra en la siguiente figura:

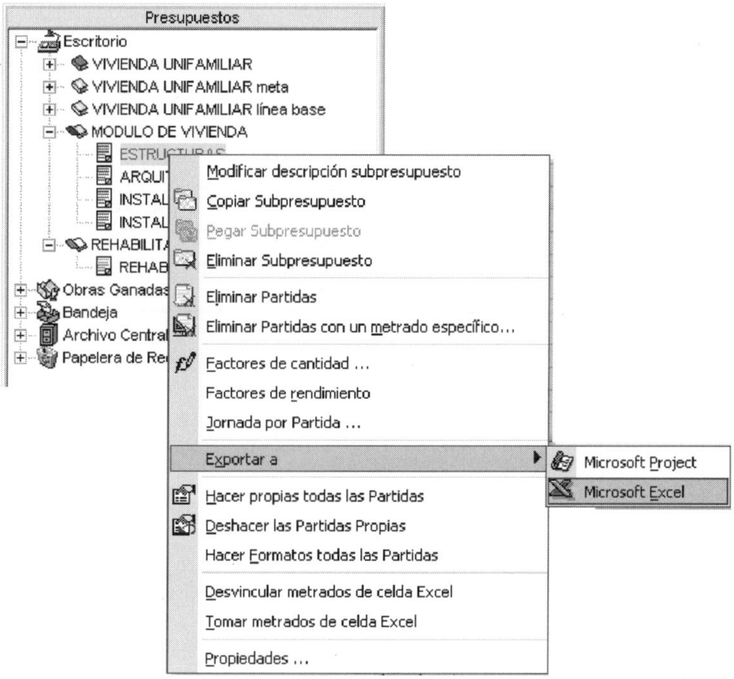

Primero se le solicitará el nombre del archivo a exportar y luego de hacer clic en Guardar para iniciar el proceso de exportación.

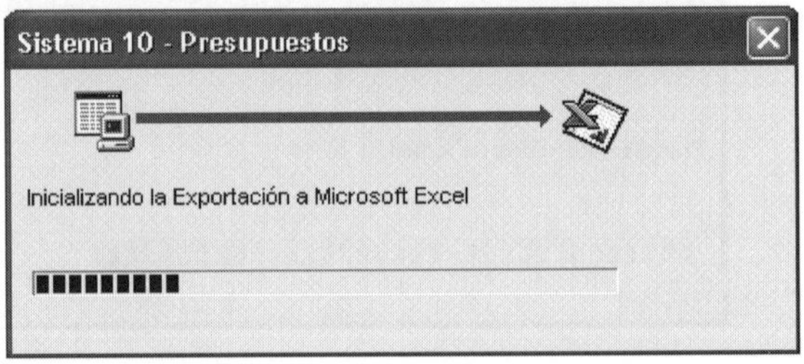

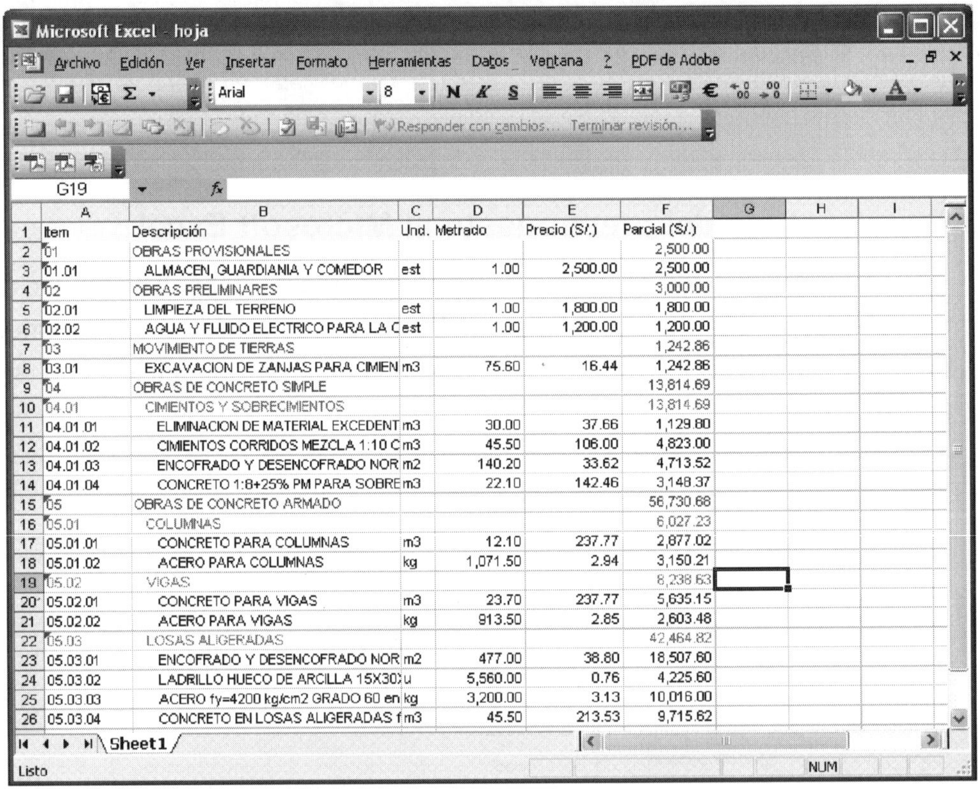

11.4 Exportar hoja de presupuesto al Microsoft Project

De la misma forma como se realizó el proceso anteriormente se puede realizar la exportación al Microsoft Project, pero en este caso el presupuesto debe ser previamente procesado.

11.5 Mantenimiento del catálogo de partidas

Para realizar el mantenimiento debe seleccionar la opción Catálogos▶Partidas para visualizar todas las partidas que se encuentran disponibles a todos los presupuestos. Las partidas cuya imagen aparece en la columna izquierda al de la columna Descripción indican que dichas se encuentran asociadas a partidas propias. Recuerde que las "partidas propias" son aquellas que pertencen al presupuesto, de tal forma que cualquier modificación realizada sobre dichas partidas en la hoja presupuesto no tengan efecto alguno sobre las partidas del catálogo del cual fueron tomadas inicialmente, esto con el fin de que cualquier presupuesto que reusen dichas partidas no se vean afectados por los cambios realizados por los presupuestos que utilicen dichas partidas.

11.5.1 Creando nuevas ramas en el árbol de partidas

Si usted quiere agregar una nueva rama en el árbol de partidas, puede hacerlo haciendo clic derecho en Todas las Partidas.
Luego haga clic derecho en Nuevo SubItem y escriba MIS PARTIDAS como nombre de la nueva rama (ver figura)

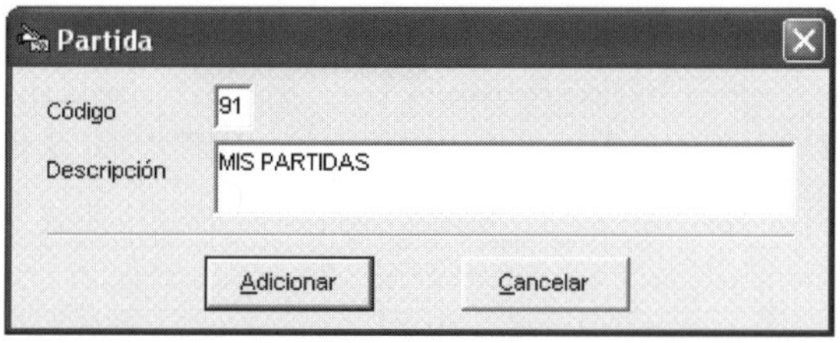

Luego seleccione y haga clic derecho sobre MIS PARTIDAS (rama creada recientemente) y seleccione **Nuevo SubItem** para luego escribir PARTIDAS PARA OBRAS HIDRAULICAS (ver figura)

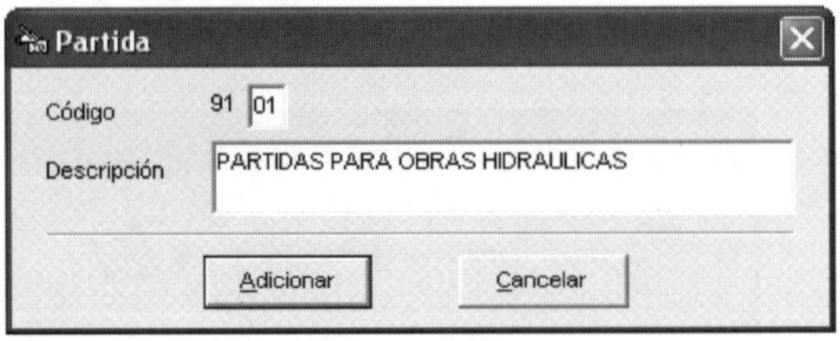

Luego haga clic derecho sobre PARTIDAS PARA OBRAS HIDRAULICAS y seleccione **Nuevo SubItem** y escriba OBRAS DE CONCRETO ARMADO

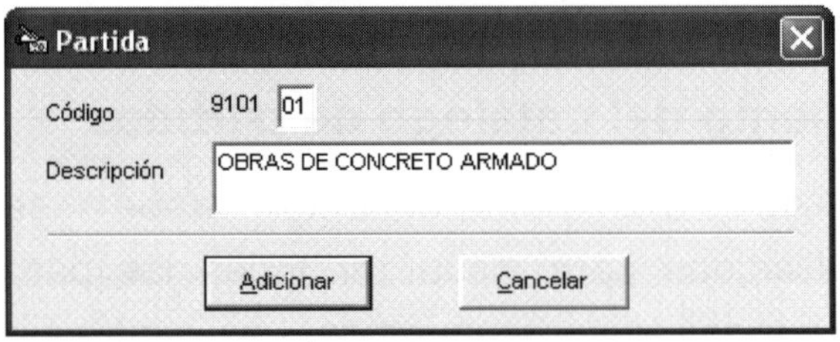

Repita el proceso finalmente para crear DESARENADORES dentro de la rama anterior.

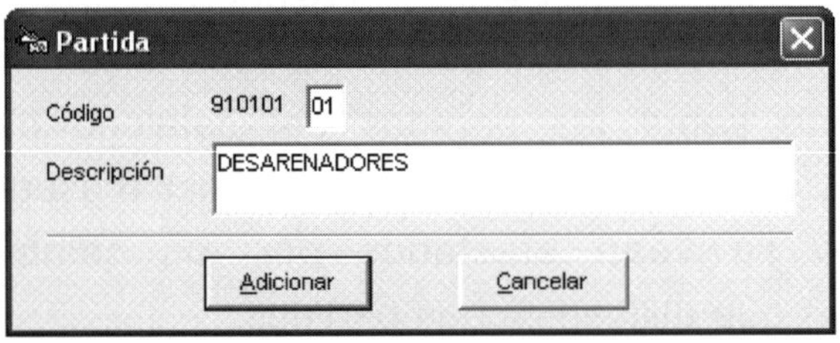

La apariencia obtenida hasta el momento debería ser la mostrada a continuación:

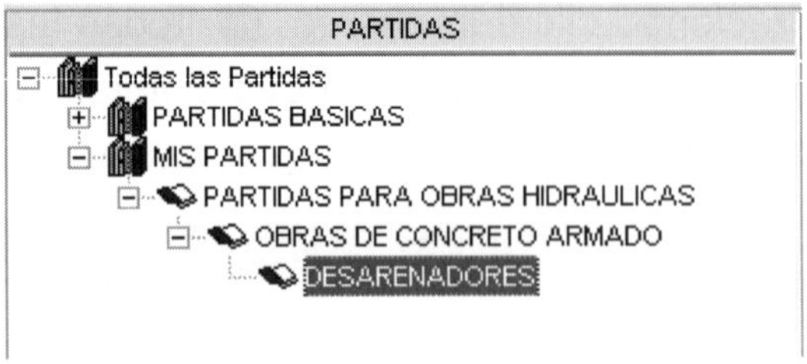

11.5.2 Eliminando ramas y bloques de ramas del árbol de partidas

En el ejemplo anterior creamos una estructura tipo árbol para PARTIDAS PARA OBRAS HIDRAULICAS, ahora vamos a eliminar el bloque DESARENADORES, para lograr esto usted deberá hacer clic derecho sobre la DESARENADORES y seleccione la opción En **bloque▶Eliminar▶Análisis de precios unitarios y partidas todo el bloque** como se muestra en la figura siguiente:

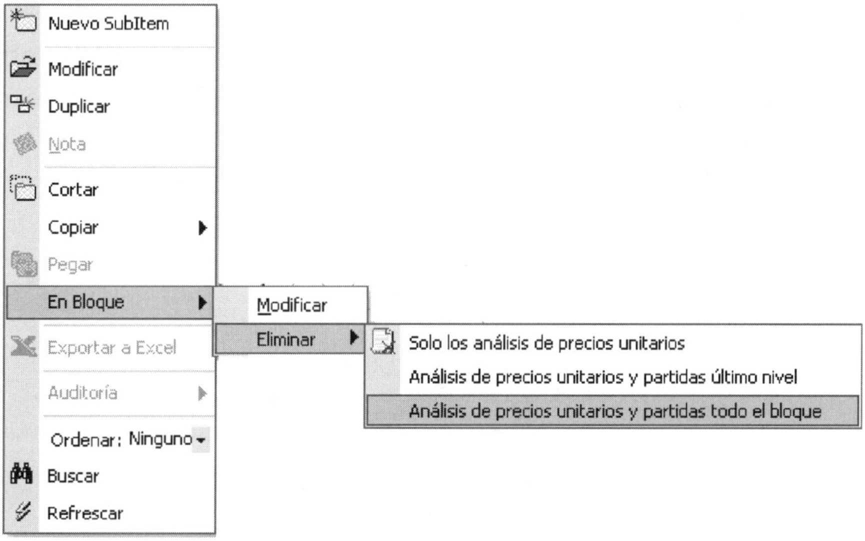

Luego se predirá su confirmación para borrar el bloque DESARENADORES y todas las partidas que pudiera contener. A continuación haga clic en **Sí.**

Finalmente si repite el procedimiento sobre el bloque MIS PARTIDAS se eliminarán conjuntamente con todas las ramas que ésta contenga.

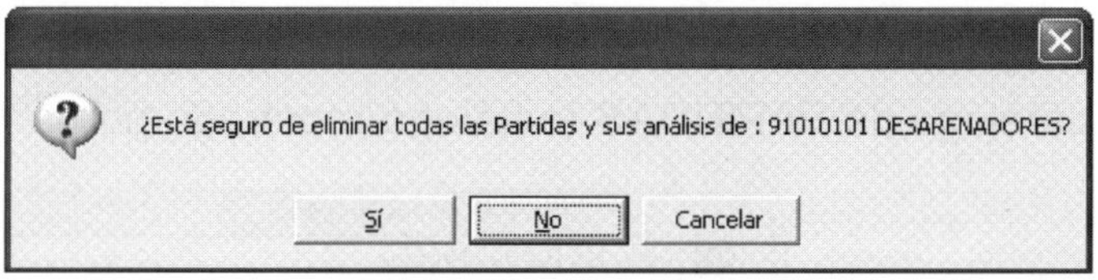

***Nota**: Tenga mucho cuidado al usar esta opción por que accidentalmente podría eliminar todas las partidas del catálogo.*

11.5.3 Acceso a los diferentes árboles del catálogo de partidas

Usted puede visualizar diferentes árboles en el catálogo de presupuestos para así poder acceder a todas las categorías de partidas que pueden ser usadas en los presupuestos, estas son:

- Partidas
- Patidas propias
- Recursos
- Especialidad
- Estado

Para poder acceder a cada uno de estos árboles usted deberá hacer clic derecho sobre el título del panel de árboles, tal como se muestra en la siguente figura:

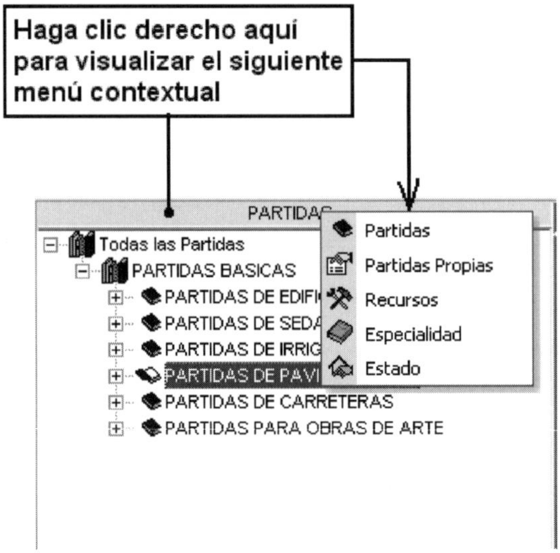

11.5.3.1 Árbol de partidas propias

Permite visualizar las partidas propias de cada presupuesto seleccionado en el árbol. Usted será capaz de eliminar cualquiera de las partidas de este catálogo a fin de que puedan ser redefinidas en el catálogo de PARTIDAS (catálogo mostrado por la figura anterior)

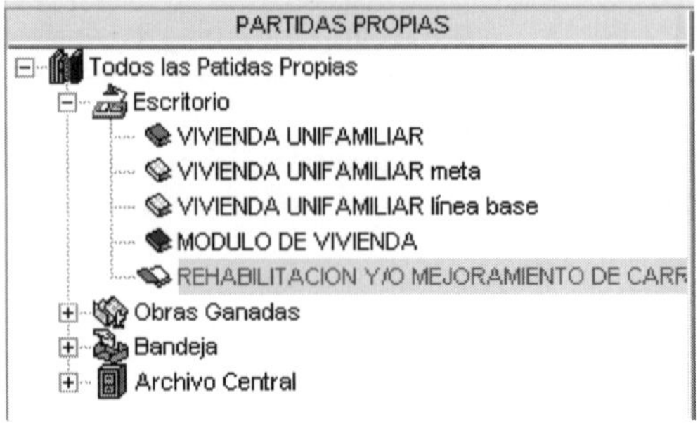

11.5.3.2 Árbol de Recursos

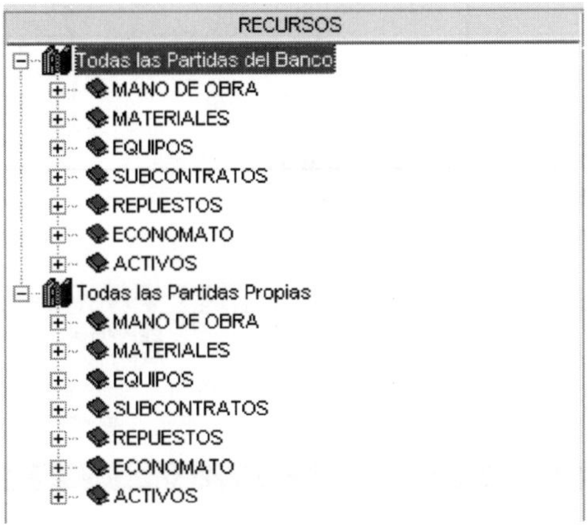

11.5.3.3 Árbol de especialidades

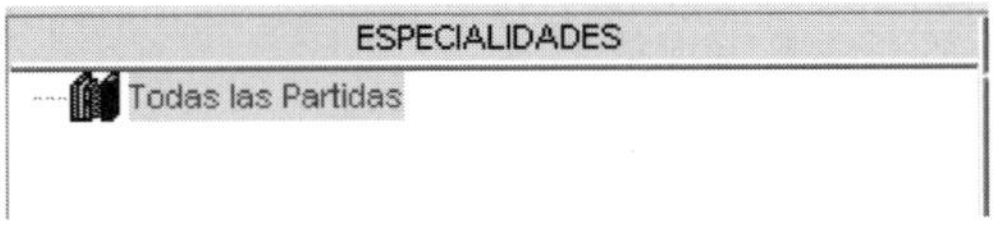

11.5.3.4 Árbol de estados

Permite visualizar las partidas en sus diferentes estados asignados por el usuario en cada uno de los análisis de precios unitarios.

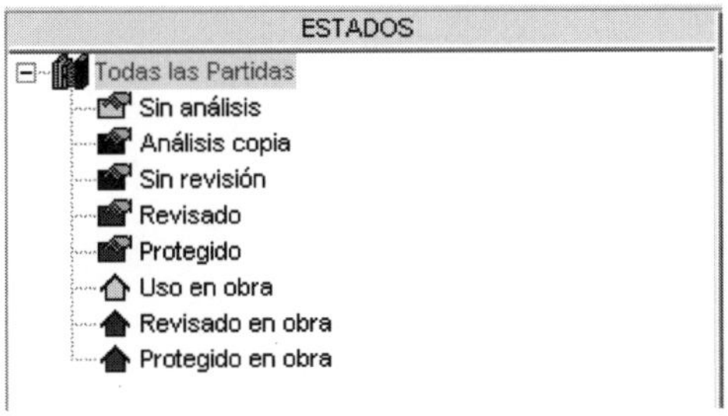

La siguiente figura muestra un ejemplo de cómo puede establecer un estado a una partida cualquiera:

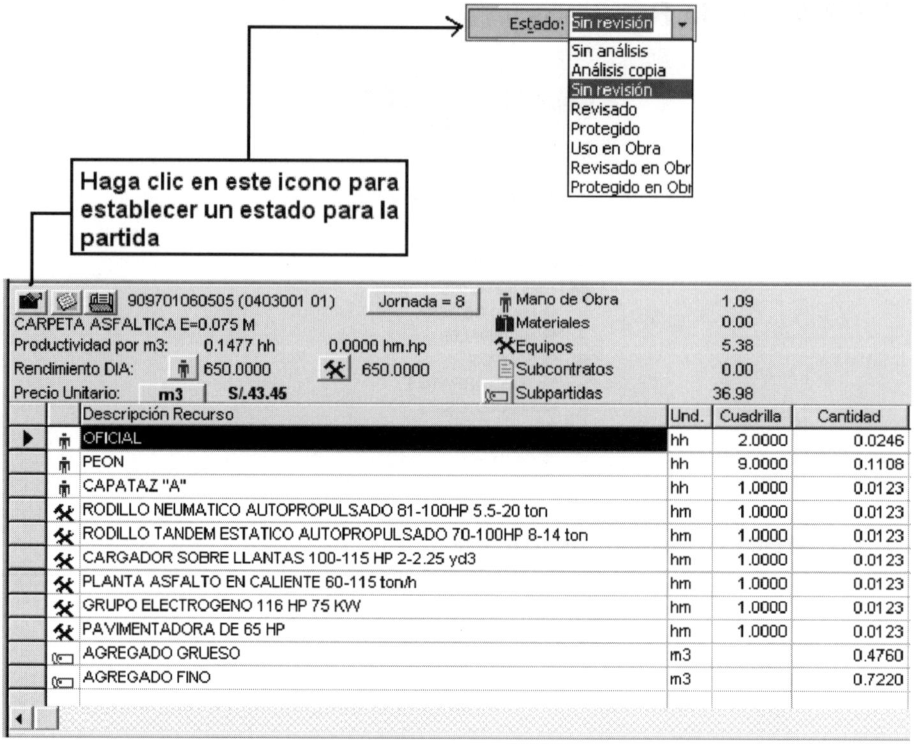

Descripción Recurso	Und.	Cuadrilla	Cantidad
OFICIAL	hh	2.0000	0.0246
PEON	hh	9.0000	0.1108
CAPATAZ "A"	hh	1.0000	0.0123
RODILLO NEUMATICO AUTOPROPULSADO 81-100HP 5.5-20 ton	hm	1.0000	0.0123
RODILLO TANDEM ESTATICO AUTOPROPULSADO 70-100HP 8-14 ton	hm	1.0000	0.0123
CARGADOR SOBRE LLANTAS 100-115 HP 2-2.25 yd3	hm	1.0000	0.0123
PLANTA ASFALTO EN CALIENTE 60-115 ton/h	hm	1.0000	0.0123
GRUPO ELECTROGENO 116 HP 75 KW	hm	1.0000	0.0123
PAVIMENTADORA DE 65 HP	hm	1.0000	0.0123
AGREGADO GRUESO	m3		0.4760
AGREGADO FINO	m3		0.7220

Capítulo 12 Preguntas Frecuentes

¿Como modifico el membrete del encabezado?

En el escenario de **Datos Generales** haga clic derecho sobre MODULO DE VIVIENDA y seleccione Modificar membrete tal como se muestra en la figura:

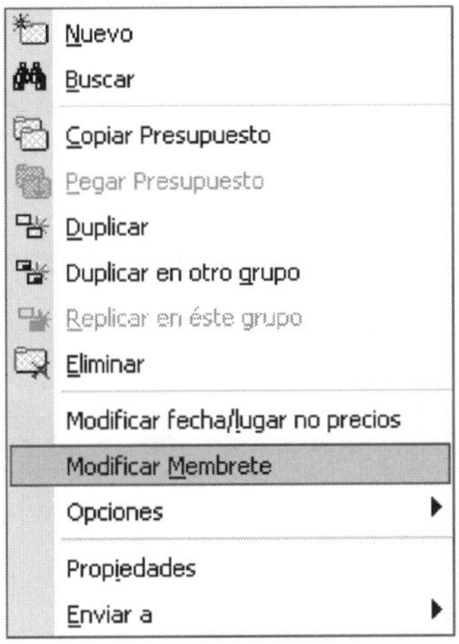

Luego cambie el contenido de la casilla descripción:

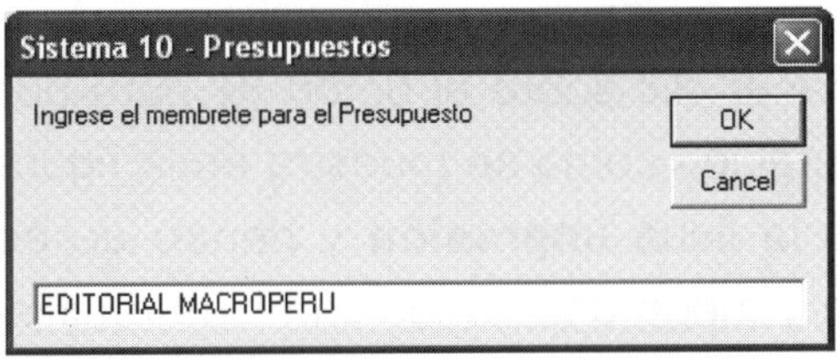

¿Como puedo proteger el análisis de costos de una partida para que no pueda ser modificada por otro usuario?

Para nuestro ejemplo puede seleccionar la partida ALMACEN, GUARDIANIA Y COMEDOR y luego haga clic derecho sobre su correspondiente detalle de partida para luego en el menú contextual modificar el estado de la partida a **Protegido**. (ver figura)

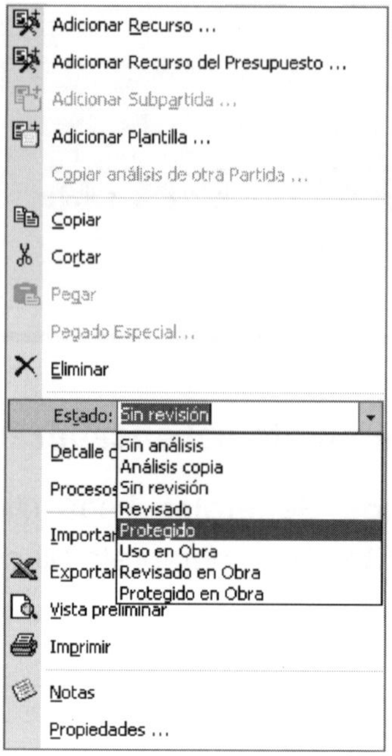

Esto evitará que la partida sea modificada por otro usuario que se encuentre consultando dicho presupuesto.

***Nota**: La opción de protección tiene más sentido si se encuentra trabajando en un entorno corporativo.*

¿Cómo puedo modificar los márgenes de los reportes dentro del S10?

Primero deberá hacer clic sobre el botón para poder visualizar el cuadro de diálogo de configuración como se muestra en la figura.
Luego seleccione la ficha **Impresión** y dentro de esta ficha marque la casilla **Modifica margen** y luego acepte los cambios realizados. Ahora cuando intente imprimir cualquier reporte deberá aparecer el siguiente cuadro de diálogo solicitándole que ingrese los márgenes de página.

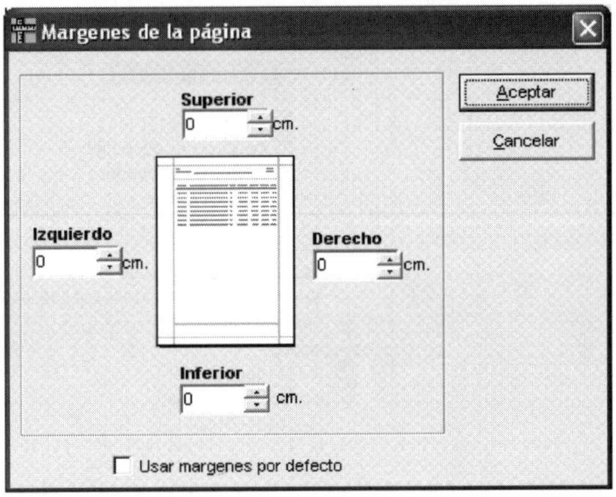

¿Cómo puedo llevar mis reportes a Microsoft Word?

En la vista preliminar de cualquier reporte ya sea de la hoja de presupuesto, análisis de costos unitarios, etc. usted puede encontrar el botón **Export** que le permitirá acceder al cuadro de diálogo **Export** el cual le mostrará una lista de todas las aplicaciones a las que puede enviar los reportes.

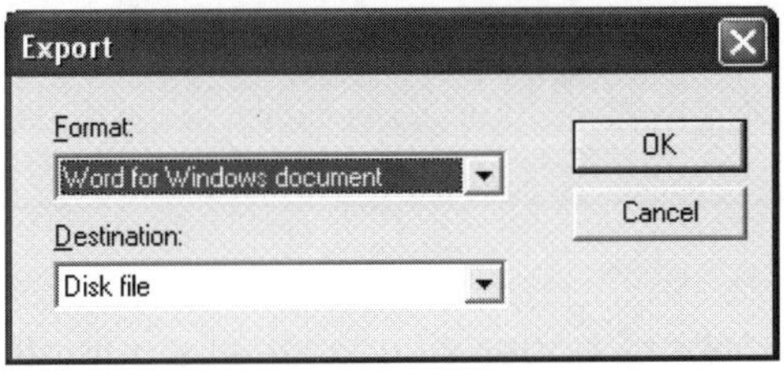

Luego de presionar OK se le solicitará mediante un cuadro de diálogo que ingrese el nombre y el destino del archivo a generar.

> **Nota**: *En este tipo de exportación no se abrirá automáticamente el Microsoft Word mostrando el reporte, por lo que el usuario tendrá que buscar el archivo generado y luego abrirlo haciendo doble clic sobre él.*

¿Cómo puedo crear un presupuesto consolidado?

Generalmente es necesario tener un presupuesto consolidado que contenga: Estructuras, Arquitectura, Instalaciones Eléctricas y Sanitarias ya que en todas las bases se solicita el presupuesto analítico consolidado.

Para esto crearemos una rama llamada CONSOLIDADO en el presupuesto VIVIENDA UNIFAMILIAR (ver figura)

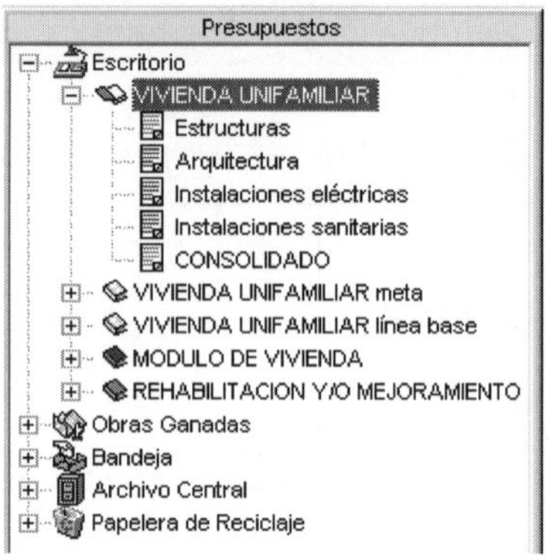

El siguiente paso será arrastrar cada uno de los subpresupuestos al subpresupuesto CONSOLIDADO. Para esto deberá empezar con ESTRUCTURAS sobre el cual deberá hacer clic y sin soltar el botón izquierdo arrástrelo y suéltelo sobre CONSOLIDADO.

Luego se mostrará un cuadro de diálogo solicitnado su cofirmación para copiar el subpresupuesto sobre CONSOLIDADO

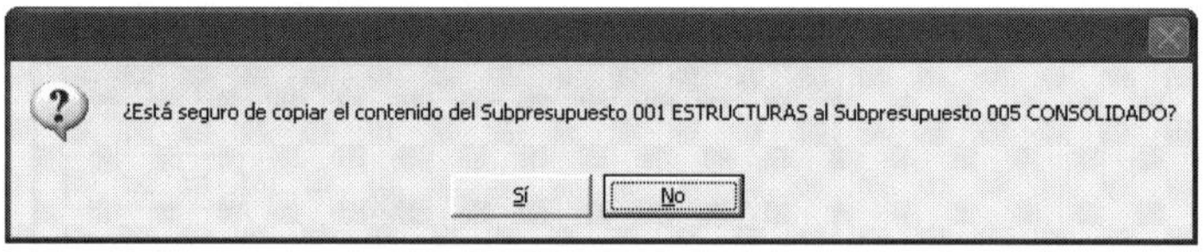

Haga clic en **Sí** y deberá poder visualizar el siguiente mensaje:

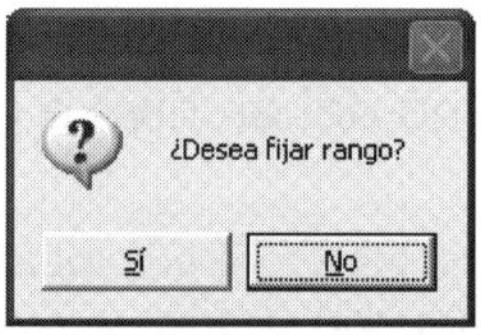

El cuadro de diálogo anterior si responde que **Sí** entonces el programa le solicitará que defina dos partidas que determinen el rango a copiar del presupuesto origen. En este caso seleccionaremos:

- ESTRUCTURAS como ítem inicial
- CONCRETO ESCALERAS f'c=210 kg/cm2 como ítem final

Lo que finalmente determinaría haber seleccionado todo el presupuesto.

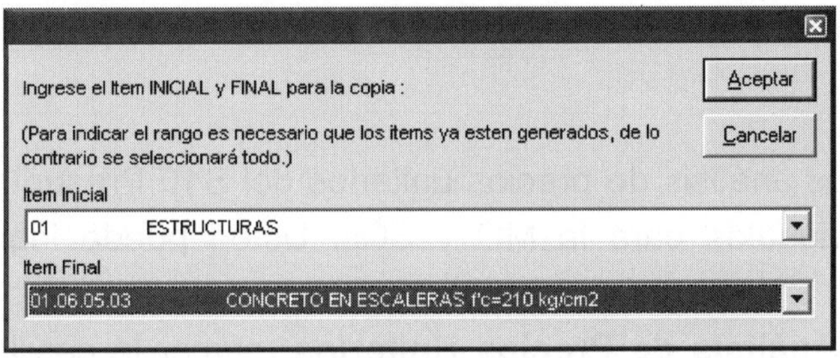

Haga clic en **Aceptar.**

***Nota**: En el caso anterior si hacía clic en No a la pregunta ¿Desea fijar rango? El programa hubiera copiado todo el subpresupesto de forma predeterminada.*

Luego repita el mismo procedimiento para INSTALACIONES SANITARIAS, ELECTRICAS y ARQUITECTURA.

¿Puedo modificar la fecha y/o lugar del proyecto conservando los precios?

En muchos casos puede ocurrir que necesite realizar algunos ajustes a la fecha y/o ubicación geográfica del presupuesto, pero si lo hace directamente estos precios se volverán cero y deberá nuevamente ingresarlos.

Para evitar esto, debeberá ingresar al escenario de **Datos Generales** y hacer derecho sobre el presupuesto MODULO DE VIVIENDA desarrollado en capítulos anteriores y seleccionar del menú contextual la opción **Modificar fecha/lugar no precios** (vea la siguiente figura)

***Nota**: Si ha modificado la fecha y/o lugar del presupuesto directamente sin haber usado la opción anterior, entonces los precios se perderán. Para restituir los precios nuevamente, deberá restituir la fecha y/o lugar del presupuesto.*

¿Cómo puedo ingresar rendimientos distintos para la mano de obra y equipos?

Por defecto los análisis de precios unitarios del S10 Presupuestos trabajan con rendimientos iguales para la MO y EQs. Usted puede ingresar rendimientos distintos, pero primero deberá indicarlo en el cuadro de diálogo **Configuración** y bajo la ficha **Análisis de Precios Unitarios** marcar la casilla **Rendimiento de Mano de Obra y Equipo diferentes.**

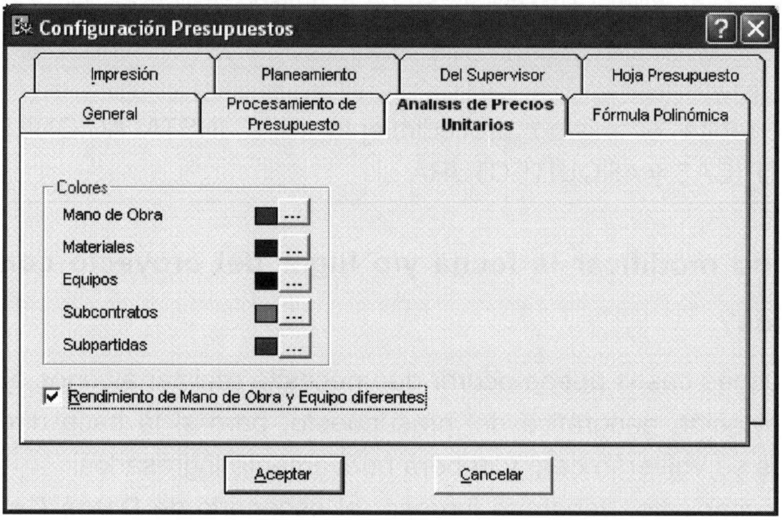

Análisis de Precios Unitarios de Subpartidas

Partida	(900305070103-0301004-01) COLOCACION DEL CONCRETO							
Rendimiento	**m3/DIA**	MO.15.00	EQ.15.00			Costo unitario directo por : m3		**57.44**
Código	**Descripción Recurso**			**Unidad**	**Cuadrilla**	**Cantidad**	**Precio S/.**	**Parcial S/.**
		Mano de Obra						
0147010003	OFICIAL			hh	1.0000	0.5333	7.80	4.16
0147010001	CAPATAZ			hh	1.0000	0.5333	10.30	5.49
0147000022	OPERADOR DE EQUIPO LIVIANO			hh	2.0000	1.0667	8.65	9.23
147010004	PEON			hh	9.0000	4.8000	6.95	**33.36**
52.24								
		Equipos						
0349070003	VIBRADOR DE CONCRETO 4 HP 1.50"			hm	1.0000	0.5333	4.85	2.59
0337010001	HERRAMIENTAS MANUALES			%MO		5.0000	52.24	2.61
								5.20

Partida	(900305070104-0301004-01) FABRICACION DEL CONCRETO f'c=175 kg/cm2							
Rendimiento	**m3/DIA**	MO.20.00	EQ.20.00			Costo unitario directo por : m3		**180.33**
Código	**Descripción Recurso**			**Unidad**	**Cuadrilla**	**Cantidad**	**Precio S/.**	**Parcial S/.**
		Mano de Obra						
0147010001	CAPATAZ			hh	0.1000	0.0400	10.30	0.41
0147000022	OPERADOR DE EQUIPO LIVIANO			hh	2.0000	0.8000	8.65	6.92
0147010004	PEON			hh	9.0000	3.6000	6.95	25.02
								32.35
		Materiales						
0239050000	AGUA			m3		0.2100	7.00	1.47
0205010004	ARENA GRUESA			m3		0.5300	14.55	7.71
0205000005	PIEDRA CHANCADA DE 1"			m3		0.7500	34.00	25.50
0221000001	CEMENTO PORTLAND TIPO I (42.5 kg)			bls		7.6500	14.50	110.93
								145.61
		Equipos						
0337010001	HERRAMIENTAS MANUALES			%MO	3.0000	32.35	0.97	
0349100011	MEZCLADORA DE CONCRETO TROMPO 8 HP 9 p3			hm	1.0000	0.4000	3.50	1.40
								2.37

Partida	(900305150201-0301004-01) DESENCOFRADO							
Rendimiento	**m2/DIA**	MO.40.00	EQ.40.00			Costo unitario directo por : m2		**2.95**
Código	**Descripción Recurso**			**Unidad**	**Cuadrilla**	**Cantidad**	**Precio S/.**	**Parcial S/.**
		Mano de Obra						
0147010004	PEON			hh	1.0000	0.2000	6.95	1.39
0147010003	OFICIAL			hh	1.0000	0.2000	7.80	1.56
								2.95

Análisis de Precios Unitarios

Partida	01.01		ALMACEN, GUARDIANIA Y COMEDOR		
			Costo unitario directo por : est		**2,500.00**
Código	**Descripción Recurso**	**Unidad**	**Cantidad**	**Precio S/.**	**Parcial S/.**
	Mano de Obra				
0198010147	MANO DE OBRA INC. LEYES SOCIALES	%PU	30.0000	2,500.00	750.00
					750.00
	Materiales				
0298010143	MADERA NACIONAL PARA ENCOF. Y CARPINT.	%PU	50.0000	2,500.00	1,250.00
0298010156	PLANCHA DE ACERO LAC	%PU	5.0000	2,500.00	125.00
					1,375.00
	Equipos				
0398010148	MAQUINARIA Y EQUIPO NACIONAL	%PU	15.0000	2,500.00	375.00
					375.00

Partida	02.01		LIMPIEZA DEL TERRENO		
			Costo unitario directo por : est		**1,800.00**
Código	**Descripción Recurso**	**Unidad**	**Cantidad**	**Precio S/.**	**Parcial S/.**
	Mano de Obra				
0198010147	MANO DE OBRA INC. LEYES SOCIALES	%PU	25.0000	1,800.00	450.00
					450.00
	Equipos				
0398010148	MAQUINARIA Y EQUIPO NACIONAL	%PU	75.0000	1,800.00	1,350.00
					1,350.00

Partida	02.02		AGUA Y FLUIDO ELECTRICO PARA LA OBRA		
				Costo unitario directo por : est	**1,200.00**
Código	**Descripción Recurso**	**Unidad**	**Cantidad**	**Precio S/.**	**Parcial S/.**
	Materiales				
0298010139	INDICE GENERAL DE PRECIOS AL CONSUMIDOR	%PU	100.0000	1,200.00	1,200.00
					1,200.00

Partida	03.01	EXCAVACION DE ZANJAS PARA CIMIENTOS						
Rendimiento	m3/DIA	MO.**4.0000**	EQ.**4.0000**			Costo unitario directo por : m3		**16.44**
Código	**Descripción Recurso**			**Unidad**	**Cuadrilla**	**Cantidad**	**Precio S/.**	**Parcial S/.**
		Mano de Obra						
0147010001	CAPATAZ			hh	0.1000	0.2000	10.30	2.06
0147010004	PEON			hh	1.0000	2.0000	6.95	13.90
								15.96
		Equipos						
0337010001	HERRAMIENTAS MANUALES			%MO		3.0000	15.96	0.48
								0.48

Partida	04.01.01	ELIMINACION DE MATERIAL EXCEDENTE CON TRANSPORTE						
Rendimiento	m3/DIA	MO.**30.0000**	EQ.**30.0000**			Costo unitario directo por : m3		**37.66**
Código	**Descripción Recurso**			**Unidad**	**Cuadrilla**	**Cantidad**	**Precio S/.**	**Parcial S/.**
		Mano de Obra						
0147010001	CAPATAZ			hh	0.1000	0.0267	10.30	0.28
0147010004	PEON			hh	4.0000	1.0667	6.95	7.41
								7.69
		Equipos						
0337010001	HERRAMIENTAS MANUALES			%MO		3.0000	7.69	0.23
0348040023	CAMION VOLQUETE 4 X 2 140-210 HP 6 m3			hm	1.0000	0.2667	111.50	29.74
								29.97

Partida	04.01.02	CIMIENTOS CORRIDOS MEZCLA 1:10 CEMENTO-HORMIGON 30% PIEDRA					
Rendimiento	m3/DIA	MO.**25.0000**	EQ.**25.0000**		**Costo unitario directo por : m3**		**106.00**
Código	**Descripción Recurso**		**Unidad**	**Cuadrilla**	**Cantidad**	**Precio S/.**	**Parcial S/.**
	Mano de Obra						
0147000022	OPERADOR DE EQUIPO LIVIANO		hh	1.0000	0.3200	8.65	2.77
0147010001	CAPATAZ		hh	0.1000	0.0320	10.30	0.33
0147010002	OPERARIO		hh	2.0000	0.6400	8.65	5.54
0147010003	OFICIAL		hh	1.0000	0.3200	7.80	2.50
0147010004	PEON		hh	8.0000	2.5600	6.95	17.79
							28.93
	Materiales						
0205000009	PIEDRA GRANDE DE 8"		m3		0.5000	26.35	13.18
0221000001	CEMENTO PORTLAND TIPO I (42.5 kg)		bls		3.0500	14.50	44.23
0238000000	HORMIGON (PUESTO EN OBRA)		m3		0.8700	14.45	12.57
0239050000	AGUA		m3		0.1800	7.00	1.26
							71.24
	Equipos						
0337010001	HERRAMIENTAS MANUALES		%MO		3.0000	28.93	0.87
0349100007	MEZCLADORA DE CONCRETO TAMBOR 18 HP 11 p3		hm	1.0000	0.3200	15.50	4.96
							5.83

Partida	04.01.03	ENCOFRADO Y DESENCOFRADO NORMAL PARA SOBRECIMIENTO HASTA 0.50 m						
Rendimiento	m2/DIA	MO.17.0000	EQ.17.0000			Costo unitario directo por : m2		33.62
Código	Descripción Recurso		Unidad	Cuadrilla		Cantidad	Precio S/.	Parcial S/.
		Mano de Obra						
0147010001	CAPATAZ		hh	0.1000		0.0471	10.30	0.49
0147010002	OPERARIO		hh	1.0000		0.4706	8.65	4.07
0147010003	OFICIAL		hh	1.0000		0.4706	7.80	3.67
0147010004	PEON		hh	2.0000		0.9412	6.95	6.54
								14.77
		Materiales						
0202000008	ALAMBRE NEGRO RECOCIDO # 8		kg			0.2600	2.65	0.69
0202010005	CLAVOS PARA MADERA CON CABEZA DE 3"		kg			0.1300	2.50	0.33
0245010001	MADERA TORNILLO INCLUYE CORTE PARA ENCOFRADO		p2			4.8300	3.60	17.39
								18.41
		Equipos						
0337010001	HERRAMIENTAS MANUALES		%MO			3.0000	14.77	0.44
								0.44

Partida	04.01.04	CONCRETO 1:8+25% PM PARA SOBRECIMIENTOS					
Rendimiento	m3/DIA	MO.**12.5000**	EQ.**12.5000**		Costo unitario directo por : m3		**142.46**
Código	Descripción Recurso		Unidad	Cuadrilla	Cantidad	Precio S/.	Parcial S/.
		Mano de Obra					
0147000022	OPERADOR DE EQUIPO LIVIANO		hh	1.0000	0.6400	8.65	5.54
0147010001	CAPATAZ		hh	0.1000	0.0640	10.30	0.66
0147010002	OPERARIO		hh	1.0000	0.6400	8.65	5.54
0147010003	OFICIAL		hh	1.0000	0.6400	7.80	4.99
0147010004	PEON		hh	8.0000	5.1200	6.95	35.58
							52.31
		Materiales					
0205000011	PIEDRA MEDIANA DE 6"		m3		0.4200	20.50	8.61
0221000001	CEMENTO PORTLAND TIPO I (42.5 kg)		bls		3.8900	14.50	56.41
0238000000	HORMIGON (PUESTO EN OBRA)		m3		0.8930	14.45	12.90
0239050000	AGUA		m3		0.1800	7.00	1.26
							79.18
		Equipos					
0337010001	HERRAMIENTAS MANUALES		%MO		2.0000	52.31	1.05
0349100007	MEZCLADORA DE CONCRETO TAMBOR 18 HP 11 p3		hm	1.0000	0.6400	15.50	9.92
							10.97

Partida	05.01.01	CONCRETO PARA COLUMNAS					
Rendimiento	m3/DIA	MO.**1.0000**	EQ.**1.0000**		Costo unitario directo por : m3		**237.77**
Código	Descripción Recurso		Unidad	Cuadrilla	Cantidad	Precio S/.	Parcial S/.
	Subpartidas						
900305070103	COLOCACION DEL CONCRETO		m3		1.0000	57.44	57.44
900305070104	FABRICACION DEL CONCRETO f'c=175 kg/cm2		m3		1.0000	180.33	180.33
							237.77

Partida	**05.01.02**	**ACERO PARA COLUMNAS**				
Rendimiento	**kg/DIA** MO.**280.0000** EQ.**280.0000**			Costo unitario directo por : kg		**2.94**
Código	**Descripción Recurso**	**Unidad**	**Cuadrilla**	**Cantidad**	**Precio S/.**	**Parcial S/.**
	Mano de Obra					
0147010001	CAPATAZ	hh	0.1000	0.0029	10.30	0.03
0147010002	OPERARIO	hh	1.0000	0.0286	8.65	0.25
0147010003	OFICIAL	hh	1.0000	0.0286	7.80	0.22
						0.50
	Materiales					
0202000007	ALAMBRE NEGRO RECOCIDO # 16	kg		0.0600	2.65	0.16
0203020003	ACERO CORRUGADO fy=4200 kg/cm2 GRADO 60	kg		1.0700	1.85	1.98
						2.14
	Equipos					
0337010001	HERRAMIENTAS MANUALES	%MO	2.0000	0.50	0.01	
0348960008	CIZALLA ELECTRICA PARA CORTE DE FIERRO	hm	1.0000	0.0286	10.00	0.29
						0.30

Partida	**05.02.01**	**CONCRETO PARA VIGAS**				
Rendimiento	**m3/DIA** MO. **1.0000** EQ.**1.0000**			Costo unitario directo por : m3		**237.77**
Código	**Descripción Recurso**	**Unidad**	**Cuadrilla**	**Cantidad**	**Precio S/.**	**Parcial S/.**
	Subpartidas					
900305070103	COLOCACION DEL CONCRETO	m3		1.0000	57.44	57.44
900305070104	FABRICACION DEL CONCRETO f'c=175 kg/cm2	m3		1.0000	180.33	180.33
						237.77

Partida	**05.02.02**	**ACERO PARA VIGAS**				
Rendimiento	**kg/DIA** MO.**320.0000** EQ.**320.0000**			Costo unitario directo por : kg		**2.85**
Código	**Descripción Recurso**	**Unidad**	**Cuadrilla**	**Cantidad**	**Precio S/.**	**Parcial S/.**
	Mano de Obra					
0147010001	CAPATAZ	hh	0.1000	0.0025	10.30	0.03
0147010002	OPERARIO	hh	1.0000	0.0250	8.65	0.22
0147010003	OFICIAL	hh	1.0000	0.0250	7.80	0.20
						0.45
	Materiales					
0202000007	ALAMBRE NEGRO RECOCIDO # 16	kg		0.0600	2.65	0.16
0203020003	ACERO CORRUGADO fy=4200 kg/cm2 GRADO 60	kg		1.0700	1.85	1.98
						2.14
	Equipos					
0337010001	HERRAMIENTAS MANUALES	%MO		2.0000	0.45	0.01
0348960008	CIZALLA ELECTRICA PARA CORTE DE FIERRO	hm	1.0000	0.0250	10.00	0.25
						0.26

Partida	05.03.01	ENCOFRADO Y DESENCOFRADO NORMAL EN LOSAS ALIGERADAS				
Rendimiento	m2/DIA MO.13.5000 EQ.13.5000			Costo unitario directo por : m2		38.80
Código	**Descripción Recurso**	**Unidad**	**Cuadrilla**	**Cantidad**	**Precio S/.**	**Parcial S/.**
	Mano de Obra					
0147010001	CAPATAZ	hh	0.1000	0.0593	10.30	0.61
0147010002	OPERARIO	hh	1.0000	0.5926	8.65	5.13
0147010003	OFICIAL	hh	1.0000	0.5926	7.80	4.62
0147010004	PEON	hh	1.0000	0.5926	6.95	4.12
						14.48
	Materiales					
0202010005	CLAVOS PARA MADERA CON CABEZA DE 3"	kg		0.1100	2.50	0.28
0243040000	MADERA TORNILLO	p2		1.5450	3.50	5.41
						5.69
	Equipos					
0337010001	HERRAMIENTAS MANUALES	%MO		3.0000	14.48	0.43
0348990053	SOPORTES Y PUNTALES METALICOS	uso		3.0000	4.50	13.50
0348990054	VIGUETAS METALICAS	uso		0.5000	3.50	1.75
						15.68
	Subpartidas					
900305150201	DESENCOFRADO	m2		1.0000	2.95	2.95
						2.95

Partida	05.03.02	LADRILLO HUECO DE ARCILLA 15X30X30 cm PARA TECHO ALIGERADO				
Rendimiento	u/DIA MO.400.0000 EQ.400.0000			Costo unitario directo por : u		0.76
Código	**Descripción Recurso**	**Unidad**	**Cuadrilla**	**Cantidad**	**Precio S/.**	**Parcial S/.**
	Mano de Obra					
0147010001	CAPATAZ	hh	0.5000	0.0100	10.30	0.10
0147010004	PEON	hh	2.0000	0.0400	6.95	0.28
						0.38
	Materiales					
0217010004	LADRILLO DE ARCILLA PARA TECHO h=15 cm	u		1.0500	0.35	0.37
						0.37
	Equipos					
0337010001	HERRAMIENTAS MANUALES	%MO		3.0000	0.38	0.01
						0.01

Partida	05.03.03	ACERO fy=4200 kg/cm2 GRADO 60 en LOSAS ALIGERADAS				
Rendimiento	**kg/DIA** MO.**220.0000** EQ.**220.0000**			Costo unitario directo por : kg		**3.13**
Código	**Descripción Recurso**	**Unidad**	**Cuadrilla**	**Cantidad**	**Precio S/.**	**Parcial S/.**
	Mano de Obra					
0147010001	CAPATAZ	hh	1.0000	0.0364	10.30	0.37
0147010002	OPERARIO	hh	1.0000	0.0364	8.65	0.31
0147010003	OFICIAL	hh	1.0000	0.0364	7.80	0.28
						0.96
	Materiales					
0202000007	ALAMBRE NEGRO RECOCIDO # 16	kg		0.0600	2.65	0.16
0203020003	ACERO CORRUGADO fy=4200 kg/cm2 GRADO 60	kg		1.0700	1.85	1.98
						2.14
	Equipos					
0337010001	HERRAMIENTAS MANUALES	%MO		3.0000	0.96	0.03
						0.03

Partida	05.03.04	CONCRETO EN LOSAS ALIGERADAS f'c=210 kg/cm2				
Rendimiento	**m3/DIA** MO.**25.0000** EQ.**25.0000**			Costo unitario directo por : m3		**213.53**
Código3	**Descripción Recurso**	**Unidad**	**Cuadrilla**	**Cantidad**	**Precio S/.**	**Parcial S/.**
	Mano de Obra					
0147000022	OPERADOR DE EQUIPO LIVIANO	hh	3.0000	0.9600	8.65	8.30
0147010001	CAPATAZ	hh	0.1000	0.0320	10.30	0.33
0147010002	OPERARIO	hh	3.0000	0.9600	8.65	8.30
0147010004	PEON	hh	10.0000	3.2000	6.95	22.24
39.17						
	Materiales					
0205000003	PIEDRA CHANCADA DE 1/2"	m3	0.9000	35.00	31.50	
0205010004	ARENA GRUESA	m3	0.5000	14.55	7.28	
0221000001	CEMENTO PORTLAND TIPO I (42.5 kg)	bls	8.5000	14.50	123.25	
162.03						
	Equipos					
0337010001	HERRAMIENTAS MANUALES	%MO	3.0000	39.17	1.18	
0348010081	WINCHE ELECTRICO 3.6 HP DE DOS BALDES	hm	1.0000	0.3200	14.50	4.64
0349070004	VIBRADOR DE CONCRETO 4 HP 2.40"	hm	1.0000	0.3200	4.85	1.55
0349100007	MEZCLADORA DE CONCRETO TAMBOR 18 HP 11 p3	hm	1.0000	0.3200	15.50	4.96
						12.33

Análisis de Precios Unitarios Afectado por el mercado

Partida	01.01	ALMACEN, GUARDIANIA Y COMEDOR			
			Costo afectado por el metrado (1.00)		2,500.00
Código	**Descripción Recurso**	**Unidad**	**Cantidad**	**Precio S/.**	**Parcial S/.**
	Mano de Obra				
0198010147	MANO DE OBRA INC. LEYES SOCIALES	%PU	30.0000	2,500.00	750.00
					750.00
	Materiales				
0298010143	MADERA NACIONAL PARA ENCOF. Y CARPINT.	%PU	50.0000	2,500.00	1,250.00
0298010156	PLANCHA DE ACERO LAC	%PU	5.0000	2,500.00	125.00
					1,375.00
	Equipos				
0398010148	MAQUINARIA Y EQUIPO NACIONAL	%PU	15.0000	2,500.00	375.00
					375.00

Partida	02.01	LIMPIEZA DEL TERRENO			
			Costo afectado por el metrado (1.00)		**1,800.00**
Código	**Descripción Recurso**	**Unidad**	**Cantidad**	**Precio S/.**	**Parcial S/.**
	Mano de Obra				
0198010147	MANO DE OBRA INC. LEYES SOCIALES	%PU	25.0000	1,800.00	450.00
					450.00
	Equipos				
0398010148	MAQUINARIA Y EQUIPO NACIONAL	%PU	75.0000	1,800.00	1,350.00
					1,350.00

Partida	02.02	AGUA Y FLUIDO ELECTRICO PARA LA OBRA			
			Costo afectado por el metrado (1.00)		**1,200.00**
Código	**Descripción Recurso**	**Unidad**	**Cantidad**	**Precio S/.**	**Parcial S/.**
	Materiales				
0298010139	INDICE GENERAL DE PRECIOS AL CONSUMIDOR	%PU	100.0000	1,200.00	1,200.00
					1,200.00

Partida	03.01	EXCAVACION DE ZANJAS PARA CIMIENTOS					
Rendimiento	m3/DIA MO.**4.0000**	EQ.**4.0000**			Costo afectado por el metrado (75.60)		**1,242.78**
Código	**Descripción Recurso**		**Unidad**	**Cuadrilla**	**Cantidad**	**Precio S/.**	**Parcial S/.**
	Mano de Obra						
0147010001	CAPATAZ		hh	0.1000	15.1200	10.30	155.74
0147010004	PEON		hh	1.0000	151.2000	6.95	1,050.84
							1,206.58
	Equipos						
0337010001	HERRAMIENTAS MANUALES		%MO		3.0000	1,206.58	36.20
							36.20

Partida	04.01.01	ELIMINACION DE MATERIAL EXCEDENTE CON TRANSPORTE					
Rendimiento	m3/DIA MO.**30.0000**	EQ.**30.0000**			Costo afectado por el metrado (30.00)		**1,129.69**
Código	**Descripción Recurso**		**Unidad**	**Cuadrilla**	**Cantidad**	**Precio S/.**	**Parcial S/.**
	Mano de Obra						
0147010001	CAPATAZ		hh	0.1000	0.8010	10.30	8.25
0147010004	PEON		hh	4.0000	32.0010	6.95	222.41
							230.66
	Equipos						
0337010001	HERRAMIENTAS MANUALES		%MO		3.0000	230.66	6.92
0348040023	CAMION VOLQUETE 4 X 2 140-210 HP 6 m3		hm	1.0000	8.0010	111.50	892.11
							899.03

Partida	04.01.02		CIMIENTOS CORRIDOS MEZCLA 1:10 CEMENTO-HORMIGON 30% PIEDRA			
Rendimiento	m3/DIA	MO.25.0000	EQ.25.0000		Costo afectado por el metrado (45.50)	4,822.13

Código	Descripción Recurso	Unidad	Cuadrilla	Cantidad	Precio S/.	Parcial S/.
	Mano de Obra					
0147000022	OPERADOR DE EQUIPO LIVIANO	hh	1.0000	14.5600	8.65	125.94
0147010001	CAPATAZ	hh	0.1000	1.4560	10.30	15.00
0147010002	OPERARIO	hh	2.0000	29.1200	8.65	251.89
0147010003	OFICIAL	hh	1.0000	14.5600	7.80	113.57
0147010004	PEON	hh	8.0000	116.4800	6.95	809.54
						1,315.94
	Materiales					
0205000009	PIEDRA GRANDE DE 8"	m3		22.7500	26.35	599.46
0221000001	CEMENTO PORTLAND TIPO I (42.5 kg)	bls		138.7750	14.50	2,012.24
0238000000	HORMIGON (PUESTO EN OBRA)	m3		39.5850	14.45	572.00
0239050000	AGUA	m3		8.1900	7.00	57.33
						3,241.03
	Equipos					
0337010001	HERRAMIENTAS MANUALES	%MO		3.0000	1,315.94	39.48
0349100007	MEZCLADORA DE CONCRETO TAMBOR 18 HP 11 p3	hm	1.0000	14.5600	15.50	225.68
						265.16

Partida	04.01.03		ENCOFRADO Y DESENCOFRADO NORMAL PARA SOBRECIMIENTO HASTA 0.50 m			
Rendimiento	m2/DIA	MO.17.0000	EQ.17.0000		Costo afectado por el metrado (140.20)	4,712.54

Código	Descripción Recurso	Unidad	Cuadrilla	Cantidad	Precio S/.	Parcial S/.
	Mano de Obra					
0147010001	CAPATAZ	hh	0.1000	6.6034	10.30	68.02
0147010002	OPERARIO	hh	1.0000	65.9781	8.65	570.71
0147010003	OFICIAL	hh	1.0000	65.9781	7.80	514.63
0147010004	PEON	hh	2.0000	131.9562	6.95	917.10
						2,070.46
	Materiales					
0202000008	ALAMBRE NEGRO RECOCIDO # 8	kg		36.4520	2.65	96.60
0202010005	CLAVOS PARA MADERA CON CABEZA DE 3"	kg		18.2260	2.50	45.57
0245010001	MADERA TORNILLO incluye corte para encofrado	p2		677.1660	3.60	2,437.80
						2,579.97
	Equipos					
0337010001	HERRAMIENTAS MANUALES	%MO		3.0000	2,070.46	62.11
						62.11

Partida	04.01.04	CONCRETO 1:8+25% PM PARA SOBRECIMIENTOS					
Rendimiento	m3/DIA MO.**12.5000**	MO.**12.5000**		Costo afectado por el metrado (22.10)			**3,148.21**
Código	**Descripción Recurso**		**Unidad**	**Cuadrilla**	**Cantidad**	**Precio S/.**	**Parcial S/.**
	Mano de Obra						
0147000022	OPERADOR DE EQUIPO LIVIANO		hh	1.0000	14.1440	8.65	122.35
0147010001	CAPATAZ		hh	0.1000	1.4144	10.30	14.57
0147010002	OPERARIO		hh	1.0000	14.1440	8.65	122.35
0147010003	OFICIAL		hh	1.0000	14.1440	7.80	110.32
0147010004	PEON		hh	8.0000	113.1520	6.95	786.41
							1,156.00
	Materiales						
0205000011	PIEDRA MEDIANA DE 6"		m3		9.2820	20.50	190.28
0221000001	CEMENTO PORTLAND TIPO I (42.5 kg)		bls		85.9690	14.50	1,246.55
0238000000	HORMIGON (PUESTO EN OBRA)		m3		19.7353	14.45	285.18
0239050000	AGUA		m3		3.9780	7.00	27.85
							1,749.86
	Equipos						
0337010001	HERRAMIENTAS MANUALES		%MO		2.0000	1,156.00	23.12
0349100007	MEZCLADORA DE CONCRETO TAMBOR 18 HP 11 p3		hm	1.0000	14.1440	15.50	219.23
							242.35

Partida	05.01.01	CONCRETO PARA COLUMNAS					
Rendimiento	m3/DIA MO.**1.0000**	EQ.**1.0000**		Costo afectado por el metrado (12.10)			**2,877.01**
Código	**Descripción Recurso**		**Unidad**	**Cuadrilla**	**Cantidad**	**Precio S/.**	**Parcial S/.**
	Subpartidas						
900305070103	COLOCACION DEL CONCRETO		m3		12.1000	57.44	695.02
900305070104	FABRICACION DEL CONCRETO f'c=175 kg/cm2		m3		12.1000	180.33	2,181.99
							2,877.01

Partida	05.01.02	ACERO PARA COLUMNAS					
Rendimiento	kg/DIA MO.**280.0000**	EQ.**280.0000**		Costo afectado por el metrado (1,071.50)			**3,144.69**
Código	**Descripción Recurso**		**Unidad**	**Cuadrilla**	**Cantidad**	**Precio S/.**	**Parcial S/.**
	Mano de Obra						
0147010001	CAPATAZ		hh	0.1000	3.1074	10.30	32.01
0147010002	OPERARIO		hh	1.0000	30.6449	8.65	265.08
0147010003	OFICIAL		hh	1.0000	30.6449	7.80	239.03
							536.12
	Materiales						
0202000007	ALAMBRE NEGRO RECOCIDO # 16		kg		64.2900	2.65	170.37
0203020003	ACERO CORRUGADO fy=4200 kg/cm2 GRADO 60		kg		1,146.5050	1.85	2,121.03
							2,291.40
	Equipos						
0337010001	HERRAMIENTAS MANUALES		%MO		2.0000	536.12	10.72
0348960008	CIZALLA ELECTRICA PARA CORTE DE FIERRO		hm	1.0000	30.6449	10.00	306.45
							317.17

Partida	05.02.01	CONCRETO PARA VIGAS					
Rendimiento	m3/DIA MO.1.0000	EQ.1.0000			Costo afectado por el metrado (23.70)		5,635.15
Código	**Descripción Recurso**		**Unidad**	**Cuadrilla**	**Cantidad**	**Precio S/.**	**Parcial S/.**
	Subpartidas						
900305070103	COLOCACION DEL CONCRETO		m3		23.7000	57.44	1,361.33
900305070104	FABRICACION DEL CONCRETO f'c=175 kg/cm2		m3		23.7000	180.33	4,273.82
							5,635.15

Partida	05.02.02	ACERO PARA VIGAS				
Rendimiento	kg/DIA MO.320.000 EQ.320.0000		Costo afectado por el metrado (913.50)			2,589.07
Código	**Descripción Recurso**	**Unidad**	**Cuadrilla**	**Cantidad**	**Precio S/.**	**Parcial S/.**
	Mano de Obra					
0147010001	CAPATAZ	hh	0.1000	2.2838	10.30	23.52
0147010002	OPERARIO	hh	1.0000	22.8375	8.65	197.54
0147010003	OFICIAL	hh	1.0000	22.8375	7.80	178.13
						399.19
	Materiales					
0202000007	ALAMBRE NEGRO RECOCIDO # 16	kg		54.8100	2.65	145.25
0203020003	ACERO CORRUGADO fy=4200 kg/cm2 GRADO 60	kg		977.4450	1.85	1,808.27
						1,953.52
	Equipos					
0337010001	HERRAMIENTAS MANUALES	%MO		2.0000	399.19	7.98
0348960008	CIZALLA ELECTRICA PARA CORTE DE FIERRO	hm	1.0000	22.8375	10.00	228.38
						236.36

Partida	05.03.01	ENCOFRADO Y DESENCOFRADO NORMAL EN LOSAS ALIGERADAS				
Rendimiento	m2/DIA MO.13.5000 EQ.13.5000		Costo afectado por el metrado (477.00)			**18,504.98**
Código	**Descripción Recurso**	**Unidad**	**Cuadrilla**	**Cantidad**	**Precio S/.**	**Parcial S/.**
	Mano de Obra					
0147010001	CAPATAZ	hh	0.1000	28.2861	10.30	291.35
0147010002	OPERARIO	hh	1.0000	282.6702	8.65	2,445.10
0147010003	OFICIAL	hh	1.0000	282.6702	7.80	2,204.83
0147010004	PEON	hh	1.0000	282.6702	6.95	1,964.56
						6,905.84
	Materiales					
0202010005	CLAVOS PARA MADERA CON CABEZA DE 3"	kg		52.4700	2.50	131.18
0243040000	MADERA TORNILLO	p2		736.9650	3.50	2,579.38
						2,710.56
	Equipos					
0337010001	HERRAMIENTAS MANUALES	%MO		3.0000	6,905.84	207.18
0348990053	SOPORTES Y PUNTALES METALICOS	uso		1,431.0000	4.50	6,439.50
0348990054	VIGUETAS METALICAS	uso		238.5000	3.50	834.75
						7,481.43
	Subpartidas					
900305150201	DESENCOFRADO	m2		477.0000	2.95	1,407.15
						1,407.15

Partida	05.03.02	LADRILLO HUECO DE ARCILLA 15X30X30 cm PARA TECHO ALIGERADO				
Rendimiento	u/DIA MO.400.0000 EQ.400.0000		Costo afectado por el metrado (5,560.00)			4,225.21
Código	Descripción Recurso	Unidad	Cuadrilla	Cantidad	Precio S/.	Parcial S/.
	Mano de Obra					
0147010001	CAPATAZ	hh	0.5000	55.6000	10.30	572.68
0147010004	PEON	hh	2.0000	222.4000	6.95	1,545.68
						2,118.36
	Materiales					
0217010004	LADRILLO DE ARCILLA PARA TECHO h=15 cm	u		5,838.0000	0.35	2,043.30
						2,043.30
	Equipos					
0337010001	HERRAMIENTAS MANUALES	%MO		3.0000	2,118.36	63.55
						63.55

Partida	05.03.03	ACERO fy=4200 kg/cm2 GRADO 60 en LOSAS ALIGERADAS				
Rendimiento	kg/DIA MO.220.0000 EQ.220.0000		Costo afectado por el metrado (3,200.00)			10,052.50
Código	Descripción Recurso	Unidad	Cuadrilla	Cantidad	Precio S/.	Parcial S/.
	Mano de Obra					
0147010001	CAPATAZ	hh	1.0000	116.4800	10.30	1,199.74
0147010002	OPERARIO	hh	1.0000	116.4800	8.65	1,007.55
0147010003	OFICIAL	hh	1.0000	116.4800	7.80	908.54
						3,115.83
	Materiales					
0202000007	ALAMBRE NEGRO RECOCIDO # 16	kg		192.0000	2.65	508.80
0203020003	ACERO CORRUGADO fy=4200 kg/cm2 GRADO 60	kg		3,424.0000	1.85	6,334.40
						6,843.20
	Equipos					
0337010001	HERRAMIENTAS MANUALES	%MO		3.0000	3,115.83	93.47
						93.47

Partida	05.03.04	CONCRETO EN LOSAS ALIGERADAS f'c=210 kg/cm2				
Rendimiento	m3/DIA MO.25.0000 EQ.25.0000		Costo afectado por el metrado (45.50)			9,715.62
Código	Descripción Recurso	Unidad	Cuadrilla	Cantidad	Precio S/.	Parcial S/.
	Mano de Obra					
0147000022	OPERADOR DE EQUIPO LIVIANO	hh	3.0000	43.6800	8.65	377.83
0147010001	CAPATAZ	hh	0.1000	1.4560	10.30	15.00
0147010002	OPERARIO	hh	3.0000	43.6800	8.65	377.83
0147010004	PEON	hh	10.0000	145.6000	6.95	1,011.92
						1,782.58
	Materiales					
0205000003	PIEDRA CHANCADA DE 1/2"	m3		40.9500	35.00	1,433.25
0205010004	ARENA GRUESA	m3		22.7500	14.55	331.01
0221000001	CEMENTO PORTLAND TIPO I (42.5 kg)	bls		386.7500	14.50	5,607.88
						7,372.14
	Equipos					
0337010001	HERRAMIENTAS MANUALES	%MO		3.0000	1,782.58	53.48
0348010081	WINCHE ELECTRICO 3.6 HP DE DOS BALDES	hm	1.0000	14.5600	14.50	211.12
0349070004	VIBRADOR DE CONCRETO 4 HP 2.40"	hm	1.0000	14.5600	4.85	70.62
0349100007	MEZCLADORA DE CONCRETO TAMBOR 18 HP 11 p3	hm	1.0000	14.5600	15.50	225.68
						560.90

Fórmula Polinómica

Monomio	Factor	Descripción	Indice	Descripción
1	0.276	100.000 J	47	MANO DE OBRA
2	0.202	23.762	05	AGREGADO GRUESO
		10.396	17	BLOQUE Y LADRILLO
	0.202	65.842 M1	21	CEMENTO PORTLAND TIPO I
3	0.120	100.000 M2	03	ACERO DE CONSTRUCCION CORRUGADO
4	0.065	100.000 M3	43	MADERA NACIONAL PARA ENCOFRADO Y CARPINTERIA
5	0.127	100.000 E	48	MAQUINARIA Y EQUIPO NACIONAL
6	0.210	100.000 GU	39	INDICE GENERAL DE PRECIOS AL CONSUMIDOR

Fórmula Polinómica - Agrupamiento Preliminar

Indice	Descripción	(%)Inicio	(%)Saldo	Agrupamiento
02	ACERO DE CONSTRUCCION LISO	1.150	0.000	
03	ACERO DE CONSTRUCCION CORRUGADO	10.674	11.954	+02+56
05	AGREGADO GRUESO	3.892	4.783	+38
17	BLOQUE Y LADRILLO	2.139	2.139	
21	CEMENTO PORTLAND TIPO I	13.348	13.348	
37	HERRAMIENTA MANUAL	0.755	0.000	
38	HORMIGON	0.891	0.000	
39	INDICE GENERAL DE PRECIOS AL CONSUMIDOR	21.033	21.033	
43	MADERA NACIONAL PARA ENCOFRADO Y CARPINTERIA	3.983	6.518	+45
45	MADERA TERCIADA PARA ENCOFRADO	2.535	0.000	
47	MANO DE OBRA	27.487	27.487	
48	MAQUINARIA Y EQUIPO NACIONAL	11.064	12.738	+37+49
49	MAQUINARIA Y EQUIPO IMPORTADO	0.919	0.000	
56	PLANCHA DE ACERO LAC	0.130	0.000	
		Total	**100.000**	**100.000**

Gastos Generales

GASTOS VARIABLES								**10,770.00**
PERSONAL PROFESIONAL Y AUXILIAR								
Código	**Descripción**	**Unidad**	**Personas**	**%Particip.**		**Tiempo**	**Sueldo/Jornal**	**Parcial**
01003	Residente principal	mes	1.00	100.00		1.50	2,000.00	3,000.00
01006	Administrador de Obra	mes	1.00	100.00		1.50	1,800.00	2,700.00
01007	Secretaria	mes	1.00	100.00		1.50	980.00	1,470.00
					Subtotal			**7,170.00**
PERSONAL TECNICO								
Código	**Descripción**	**Unidad**	**Personas**	**%Particip.**		**Tiempo**	**Sueldo/Jornal**	**Parcial**
02001	Maestro General	mes	1.00	100.00		1.50	1,200.00	1,800.00
					Subtotal			**1,800.00**
ALQUILER DE EQUIPO MENOR								
Código	**Descripción**	**Unidad**	**Cantidad**	**Tiempo**			**Costo**	**Parcial**
03001	Camioneta Cabina simple 2 tn.	u	1.00	1.50			1,200.00	1,800.00
					Subtotal			**1,800.00**

GASTOS FIJOS					**392.51**
VARIOS					
Código	**Descripción**	**Unidad**			**Parcial**
08010	Cartel de Obra	est			350.00
				Subtotal	**350.00**
TRIBUTOS					
Código	**Descripción**		**%Tasa De**		**Parcial**
10001	SENCICO		0.05 SUBTOTAL (96,179.56)		42.51
				Subtotal	**42.51**
				Total gastos generales	**11,162.51**

Diseño del Pie de Presupuesto

Diseño del pie de Presupuesto				
Presupuesto	0301004 MODULO DE VIVIENDA			
#Línea	**Descripción**	**Variable**	**Macro**	**Omitir polinómica**
01	COSTO DIRECTO	NDIRECTO	NDIRECTO	No
02	GASTOS GENERALES	GG	GGP*nDirecto	No
03	UTILIDAD (10%)	UTI	0.1*nDirecto	No
04			------------------------------	No
05	SUBTOTAL	ST	nDirecto+GG+UTI	No
06	IMPUESTO GENERAL A LAS VENTAS (19%)	IGV	0.19*ST	Si
07			=====================	No
08	TOTAL PRESUPUESTO	P_T	ST+IGV	No

Precios y Cantidades de Recursos Requeridos

Precios y cantidades de recursos requeridos						
Obra	0301004	MODULO DE VIVIENDA				
Subpresupuesto	001	ESTRUCTURAS				
Fecha	21/02/2006					
Lugar	110504	ICA - PISCO - INDEPENDENCIA				
Código	Recurso	Unidad	Cantidad	Precio S/.	Parcial S/.	Presupuestado S/.
0147000022	OPERADOR DE EQUIPO LIVIANO	hh	139.2119	8.65	1,204.17	1,204.28
0147010001	CAPATAZ	hh	253.1322	10.30	2,607.24	2,579.22
0147010002	OPERARIO	hh	605.5547	8.65	5,238.01	5,230.62
0147010003	OFICIAL	hh	661.8068	7.80	5,162.12	5,149.78
0147010004	PEON	hh	1,591.5794	6.95	11,061.48	11,072.81
0202000007	ALAMBRE NEGRO RECOCIDO # 16	kg	311.1000	2.65	824.42	829.60
0202000008	ALAMBRE NEGRO RECOCIDO # 8	kg	36.4520	2.65	96.59	96.74
0202010005	CLAVOS PARA MADERA CON CABEZA DE 3"	kg	70.6960	2.50	176.75	179.83
0203020003	ACERO CORRUGADO fy=4200 kg/cm2 GRADO 60	kg	5,547.9500	1.85	10,263.71	10,266.30
0205000003	PIEDRA CHANCADA DE 1/2"	m3	40.9500	35.00	1,433.25	1,433.25
0205000005	PIEDRA CHANCADA DE 1"	m3	26.8500	34.00	912.90	912.90
0205000009	PIEDRA GRANDE DE 8"	m3	22.7500	26.35	599.46	599.69
0205000011	PIEDRA MEDIANA DE 6"	m3	9.2820	20.50	190.24	190.28
0205010004	ARENA GRUESA	m3	41.7240	14.55	607.03	607.26
0217010004	LADRILLO DE ARCILLA PARA TECHO h=15 cm	u	5,838.0000	0.35	2,043.30	2,057.20
0221000001	CEMENTO PORTLAND TIPO I (42.5 kg)	bls	885.3640	14.50	12,837.72	12,838.30
0238000000	HORMIGON (PUESTO EN OBRA)	m3	59.3203	14.45	857.17	857.03
0239050000	AGUA	m3	19.6860	7.00	137.83	137.81
0243040000	MADERA TORNILLO	p2	736.9650	3.50	2,579.39	2,580.57
0245010001	MADERA TORNILLO incluye corte para ENCOFRADO	p2	677.1660	3.60	2,437.81	2,438.08
0348010081	WINCHE ELECTRICO 3.6 HP DE DOS BALDES	hm	14.5600	14.50	211.12	211.12
0348040023	CAMION VOLQUETE 4 X 2 140-210 HP 6 m3	hm	8.0010	111.50	892.00	892.20
0348960008	CIZALLA ELECTRICA PARA CORTE DE FIERRO	hm	53.4824	10.00	534.80	539.12

Presupuesto

PRESUPUESTO					
	MODULO DE VIVIENDA				
	ESTRUCTURAS				
	Olger Ugarte Contreras				
	Provincia: Pisco Distrito: Independencia				
Costo al: 21-02-2006					
Nota: Presupuesto elaborado en la versión 2005 con un máximo de 10 líneas por encabezado					
	001ESTRUCTURAS				
Item	**Descripción**	**Und.**	**Metrado**	**Precio S/.**	**Parcial S/.**
01	OBRAS PROVISIONALES	2,500.00			
01.01	ALMACEN, GUARDIANIA Y COMEDOR	est	1.00	2,500.00	2,500.00
02	OBRAS PRELIMINARES	3,000.00			
02.01	LIMPIEZA DEL TERRENO	est	1.00	1,800.00	1,800.00
02.02	AGUA Y FLUIDO ELECTRICO PARA LA OBRA	est	1.00	1,200.00	1,200.00
03	MOVIMIENTO DE TIERRAS	1,242.86			
03.01	EXCAVACION DE ZANJAS PARA CIMIENTOS	m3	75.60	16.44	1,242.86
04	OBRAS DE CONCRETO SIMPLE	13,814.69			
04.01	CIMIENTOS Y SOBRECIMIENTOS	13,814.69			
04.01.01	ELIMINACION DE MATERIAL EXCEDENTE CON TRANSPORTE	m3	30.00	37.66	1,129.80
04.01.02	CIMIENTOS CORRIDOS MEZCLA 1:10 CEMENTO-HORMIGON 30% PIEDRA	m3	45.50	106.00	4,823.00
04.01.03	ENCOFRADO Y DESENCOFRADO NORMAL PARA SOBRECIMIENTO HASTA 0.50 m	m2	140.20	33.62	4,713.52
04.01.04	CONCRETO 1:8+25% PM PARA SOBRECIMIENTOS	m3	22.10	142.46	3,148.37
05	OBRAS DE CONCRETO ARMADO	56,730.68			
05.01	COLUMNAS	6,027.23			
05.01.01	CONCRETO PARA COLUMNAS	m3	12.10	237.77	2,877.02
05.01.02	ACERO PARA COLUMNAS	kg	1,071.50	2.94	3,150.21
05.02	VIGAS	8,238.63			
05.02.01	CONCRETO PARA VIGAS	m3	23.70	237.77	5,635.15
05.02.02	ACERO PARA VIGAS	kg	913.50	2.85	2,603.48
05.03	LOSAS ALIGERADAS	42,464.82			
05.03.01	ENCOFRADO Y DESENCOFRADO NORMAL EN LOSAS ALIGERADAS	m2	477.00	38.80	18,507.60
05.03.02	LADRILLO HUECO DE ARCILLA 15X30X30 cm PARA TECHO ALIGERADO	u	5,560.00	0.76	4,225.60
05.03.03	ACERO fy=4200 kg/cm2 GRADO 60 en LOSAS ALIGERADAS	kg	3,200.00	3.13	10,016.00
05.03.04	CONCRETO EN LOSAS ALIGERADAS f'c=210 kg/cm2	m3	45.50	213.53	9,715.62
	COSTO DIRECTO				77,288.23
	GASTOS GENERALES 14.4427%				11,162.51
	UTILIDAD (10%)				7,728.82
	SUBTOTAL				96,179.56
	IMPUESTO GENERAL A LAS VENTAS (19%)				18,274.12
	TOTAL PRESUPUESTO				114,453.68
	SON : CIENTO CATORCE MIL CUATROCIENTOS CINCUENTITRES Y 68/100 NUEVOS SOLES				

Presupuesto

Presupuesto 0403001 REHABILITACION Y/O MEJORAMIENTO DE CARRETERA
Subpresupuesto 001 TRAMO KM 1 -75
Cliente Ugarte Contreras, Olger Costo al 11/03/2006
Lugar PIURA - SULLANA - BELLAVISTA

Item	Descripción	Und.	Metrado	Precio S/.	Parcial S/.
01	MOVILIZACION Y DESMOVILIZACION				49,999.76
01.01	EQUIPO TRANSPORTADO	vje	2.00	8,000.00	16,000.00
01.02	EQUIPO AUTOPROPULSADO	vje	2.00	12,641.60	25,283.20
01.03	MOVILIZACION DE PERSONAL OBRERO	vje	2.00	4,358.28	8,716.56
02	OBRAS PRELIMINARES				99,186.74
02.01	CARTEL DE OBRA	pza	8.00	900.00	7,200.00
02.02	ALMACEN, OFICINA Y GUARDIANIA	mod	1.00	3,000.00	3,000.00
02.03	SERVICIOS HIGIENICOS	pto	4.00	450.00	1,800.00
02.04	CAMPAMENTO TECHO ADOBE CALAMINA	m2	98.00	97.65	9,569.70
02.05	TRAZO Y REPLANTEO	m2	74.00	664.13	49,145.62
02.06	LIMPIEZA Y DESFORESTACION R=1.2 Ha/días	ha	20.15	1,224.88	24,681.33
02.07	ACONDICIONAMIENTO DE ACCESO A CANTERAS	km	4.04	938.14	3,790.09
03	DEMOLICIONES				399,913.47
03.01	DEMOLICION DE PAVIMENTO FLEXIBLE E=0.05 M	m2	15,466.00	4.40	68,050.40
03.02	DEMOLICION DE PAVIMENTO RIGIDO E=0.20 M	m2	8,652.90	10.92	94,489.67
03.03	DEMOLICION DE SARDINELES	m2	7,601.11	5.77	43,858.40
03.04	ELIMINACION DE DESMONTE D = 25 KM	m3	10,500.00	18.43	193,515.00
04	MOVIMIENTO DE TIERRAS				549,430.00
04.01	CORTE EN MATERIAL SUELTO	m3	29,000.00	2.84	82,360.00
04.02	PERFORACION Y DISPARO EN ROCA	m3	19,000.00	10.02	190,380.00
04.03	EXCAVACION, DESQUINCHE Y PEINADO DE TALUDES	m3	43,912.11	3.98	174,770.20
04.04	ESCARIFICADO DE CAPA DE RODADURA EXISTENTE	m2	90,007.00	0.40	36,002.80
04.05	REMOCION DE DERRUMBES	m3	28,000.00	2.23	62,440.00
04.06	ELIMINACION DE MALEZA	m2	1,830.00	1.90	3,477.00
05	PAVIMENTOS				1,311,100.00
05.01	CONFORMACION DE TERRAPLENES EN RELLENO	m3	26,000.00	1.68	43,680.00
05.02	PERFILADO Y COMPACTADO DE LA SUBRASANTE	m3	60,000.00	0.83	49,800.00
05.03	MATERIAL GRANULAR PARA BASE	m3	42,500.00	14.66	623,050.00
05.04	CONFORMACION DE BASE E=0.15 M	m2	65,000.00	0.89	57,850.00
05.05	IMPRIMACION	m2	61,280.00	0.20	12,256.00
05.06	CARPETA ASFALTICA E=0.075 M	m3	5,000.00	47.20	236,000.00
05.07	ASFALTO LIQUIDO RC-250	gal	43,900.00	6.00	263,400.00
05.08	KEROSENE INDUSTRIAL	gal	3,800.00	3.00	11,400.00
05.09	FILLER	kg	12,200.00	1.12	13,664.00

06	TRANSPORTES				350,000.00
06.01	TRANSPORTE DE MATERIAL HASTA 1 KM	m3	25,600.00	2.37	60,672.00
06.02	TRANSPORTE DE MATERIAL DESPUES DE 1 KM	m3	51,401.96	0.61	31,355.20
06.03	TRANSPORTE DE MEZCLA ASFALTICA HASTA 1 KM	m3	10,900.00	4.32	47,088.00
06.04	TRANSPORTE DE MEZCLA ASFALTICA DESPUES DE 1 KM	m3	17,120.00	0.64	10,956.80
06.05	TRASLADO DE DESPERDICIOS HASTA 1 KM	m3k	24,500.00	3.56	87,220.00
06.06	TRASLADO DE DESPERDICIOS DESPUES DE 1 KM	m3k	74,150.00	1.52	112,708.00
07	SEÑALIZACION				400,311.29
07.01	SEÑALES DE TRANSITO	km	74.83	4,775.46	357,347.67
07.02	GUARDAVIA (CARPINTERIA METALICA + CONCRETO)	m	1,411.42	30.44	42,963.62
08	IMPACTO AMBIENTAL				250,000.00
08.01	REFORESTACION DE BOTADEROS Y TALUDES	m2	5,000.00	50.00	250,000.00
09	VARIOS				99,999.20
09.01	CONSERVACION VIAL	mes	20.00	4,075.54	81,510.80
09.02	REUBICACIONDE POSTES DE LUZ	u	120.00	154.07	18,488.40

COSTO DIRECTO	**3,509,940.46**
GASTOS GENERALES 6.3629%	**223,333.99**
UTILIDADES (5%)	**175,497.02**

SUB-TOTAL	**3,908,771.47**
IMPUESTO GENERAL A LAS VENTAS (19%)	**742,666.58**
	==================
TOTAL PRESUPUESTO	**4,651,438.05**

SON : CUATRO MILLONES SEISCIENTOS CINCUENTIUN MIL CUATROCIENTOS TRENTIOCHO Y 05/100 NUEVOS SOLES

Análisis de precios unitarios

Presupuesto 0403001 REHABILITACION Y/O MEJORAMIENTO DE CARRETERA
Subpresupuesto 001 TRAMO KM 1 -75 Fecha presupuesto 11/03/2006

Partida **01.01** **EQUIPO TRANSPORTADO**

Rendimiento vje/DIA MO.1.0000 EQ.1000 Costo unitario directo por : vje 8,000.00

Código	Descripción Recurso	Unidad	Cuadrilla	Cantidad	Precio S/.	Parcial S/.
	Materiales					
0232970003	CHANCADOR PRIMARIO SECUNDARIO	t		39.0000	70.00	2,730.00
0232970004	TRANSPORTE ZARANDA VIBRATORIA	t		7.0000	60.00	420.00
0232970005	TRANSPORTE PLANTA DE ASFALTO EN CALIENTE	t		9.0000	80.00	720.00
0232970006	TRANSPORTE FAJA TRANSPORTADORA	t		7.2000	65.00	468.00
0232970007	TRANSPORTE TRACTOR DE ORUGA	t		29.8000	70.00	2,086.00
0232970008	TRANSPORTE RODILLO TANDEM	t		8.8000	70.00	616.00
0232970009	TRANSPORTE PAVIMENTADORA S/ORUGAS	t		12.0000	80.00	960.00
						8,000.00
Costo Directo :	8000.00 + 0.00 + 0.00 + [(0.00/1.0000) + (0.00/1.0000)]					

Partida **01.02** **EQUIPO AUTOPROPULSADO**

Rendimiento vje/DIA MO.1.0000 EQ.1.0000 Costo unitario directo por : vje 12,641.60

Código	Descripción Recurso	Unidad	Cuadrilla	Cantidad	Precio S/.	Parcial S/.
	Equipos					
0348040003	CAMION CISTERNA 4 X 2 (AGUA) 122 HP 2,000 gl	hm	6.0000	48.0000	86.20	4,137.60
0348040027	CAMION VOLQUETE 6 X 4 330 HP 10 m3	hm	12.0000	96.0000	70.00	6,720.00
0349130004	CAMION IMPRIMIDOR 6 X 2 178 - 210 HP 1,800 gal	hm	2.0000	16.0000	111.50	1,784.00
						12,641.60
Costo Directo :	0.00 + 0.00 + 0.00 + [(0.00/1.0000) + (12641.60/1.0000)]					

Partida **01.03** **MOVILIZACION DE PERSONAL OBRERO**

Rendimiento vje/DIA MO.2.0000 EQ.2.0000 Costo unitario directo por : vje 4,358.28

Código	Descripción Recurso	Unidad	Cuadrilla	Cantidad	Precio S/.	Parcial S/.
	Mano de Obra					
0147010001	CAPATAZ	hh	2.0000	16.0000	10.30	164.80
0147010002	OPERARIO	hh	30.0000	240.0000	8.60	2,064.00
0147010004	PEON	hh	100.0000	800.0000	6.90	5,520.00
						7,748.80
	Equipos					
0337010001	HERRAMIENTAS MANUALES	%MO	0.1000	7,748.80	7.75	
0348130051	CAMION BARANDA 3 ton	hm	4.0000	32.0000	30.00	960.00
						967.75
Costo Directo :	0.00 + 0.00 + 0.00 + [(7748.80/2.0000) + (967.75/2.0000)]					

Partida **02.01** **CARTEL DE OBRA**

Costo unitario directo por : pza 900.00

Código	Descripción Recurso	Unidad	Cantidad	Precio S/.	Parcial S/.
	Mano de Obra				
0198010147	MANO DE OBRA INC. LEYES SOCIALES	%PU	30.0000	900.00	270.00
					270.00
	Materiales				
0298010144	MADERA TERCIADA PARA CARPINTERIA	%PU	50.0000	900.00	450.00
0298010154	PINTURA LATEX	%PU	15.0000	900.00	135.00
					585.00
	Equipos				
0398010137	HERRAMIENTA MANUAL	%PU	5.0000	900.00	45.00
					45.00
Costo Directo :	585.00 + 0.00 + 0.00 + [(270.00/1.0000) + (45.00/1.0000)]				

Partida **02.02** **ALMACEN, OFICINA Y GUARDIANIA**

Costo unitario directo por : mod 1,500.00

Código	Descripción Recurso	Unidad	Cantidad	Precio S/.	Parcial S/.
	Mano de Obra				
0198010147	MANO DE OBRA INC. LEYES SOCIALES	%PU	30.0000	3,000.00	900.00
					900.00
	Materiales				
0298010104	AGREGADO FINO	%PU	10.0000	3,000.00	300.00
0298010105	AGREGADO GRUESO	%PU	10.0000	3,000.00	300.00
0298010121	CEMENTO PORTLAND TIPO I	%PU	10.0000	3,000.00	300.00
0298010144	MADERA TERCIADA PARA CARPINTERIA	%PU	20.0000	3,000.00	600.00
					1,500.00
	Equipos				
0398010137	HERRAMIENTA MANUAL	%PU	5.0000	3,000.00	150.00
0398010148	MAQUINARIA Y EQUIPO NACIONAL	%PU	15.0000	3,000.00	450.00
					600.00
Costo Directo :	1500.00 + 0.00 + 0.00 + [(900.00/0.0000) + (600.00/0.0000)]				

Partida **02.03** **SERVICIOS HIGIENICOS**

Costo unitario directo por : pto 225.00

Código	Descripción Recurso	Unidad	Cantidad	Precio S/.	Parcial S/.
	Mano de Obra				
0198010147	MANO DE OBRA INC. LEYES SOCIALES	%PU	40.0000	450.00	180.00
					180.00
Materiales					
0298010110	APARATO SANITARIO CON GRIFERIA	%PU	20.0000	450.00	90.00
0298010144	MADERA TERCIADA PARA CARPINTERIA	%PU	30.0000	450.00	135.00
					225.00
	Equipos				
0398010137	HERRAMIENTA MANUAL	%PU	10.0000	450.00	45.00
					45.00
Costo Directo :	225.00 + 0.00 + 0.00 + [(180.00/0.0000) + (45.00/0.0000)]				

Partida **02.04** **CAMPAMENTO TECHO ADOBE CALAMINA**

Rendimiento m2/DIA MO.40.0000 EQ.40.0000 Costo unitario directo por : m2 97.65

Código	Descripción Recurso	Unidad	Cuadrilla	Cantidad	Precio S/.	Parcial S/.
	Mano de Obra					
0147010003	OFICIAL	hh	1.0000	8.0000	7.70	61.60
0147010004	PEON	hh	4.0000	32.0000	6.90	220.80
						282.40
	Materiales					
0202010005	CLAVOS PARA MADERA CON CABEZA DE 3"	kg		0.3000	2.50	0.75
0205000033	PIEDRA GRANDE	m3		0.3300	26.30	8.68
0217550001	ADOBE 0.50 X 0.24 X 0.12 m	u		29.0000	0.30	8.70
0244010001	MADERA NACIONAL PARA ENCOFRADO Y CARPINTERIA	p2		6.0000	3.50	21.00
0265900051	ALAMBRE GALVANIZADO # 18	kg		0.5000	2.50	1.25
0266300004	CALAMINA ETERNIT ROJA CURVA 1.10X2.40 m	pza		1.0000	50.00	50.00
						90.38
	Equipos					
0337010001	HERRAMIENTAS MANUALES	%MO		3.0000	282.40	8.47
						8.47
Costo Directo :	90.38 + 0.00 + 0.00 + [(282.40/40.0000) + (8.47/40.0000)]					

Partida **02.05** **TRAZO Y REPLANTEO**

Rendimiento m2/DIA MO.0.7000 EQ. 0.7000 Costo unitario directo por : m2 664.13

Código	Descripción Recurso	Unidad	Cuadrilla	Cantidad	Precio S/.	Parcial S/.
	Mano de Obra					
0147000032	TOPOGRAFO	hh	1.0000	8.0000	8.60	68.80
0147010004	PEON	hh	3.0000	24.0000	6.90	165.60
						234.40
	Materiales					
0221000001	CEMENTO PORTLAND TIPO I (42.5 kg)	bls		0.2000	15.60	3.12
0238000000	HORMIGON (PUESTO EN OBRA)	m3		0.0270	14.40	0.39
0244010000	ESTACA DE MADERA TORNILLO TRATADA	p2		50.0000	3.00	150.00
						153.51
	Equipos					
0337010001	HERRAMIENTAS MANUALES	%MO		3.0000	234.40	7.03
0349190005	NIVEL TOPOGRAFICO CON TRIPODE	hm	1.0000	8.0000	6.50	52.00
0349880003	TEODOLITO	hm	1.0000	8.0000	8.00	64.00
						123.03
Costo Directo :	153.51 + 0.00 + 0.00 + [(234.40/0.7000) + (123.03/0.7000)]					

Partida **02.06** **LIMPIEZA Y DESFORESTACION R=1.2 Ha/días**

Rendimiento ha/DIA MO.1.2000 EQ.1.2000 Costo unitario directo por : ha 1,224.88

Código	Descripción Recurso	Unidad	Cuadrilla	Cantidad	Precio S/.	Parcial S/.
	Mano de Obra					
0147010004	PEON	hh	4.0000	32.0000	6.90	220.80
0147010021	CAPATAZ "B"	hh	0.5000	4.0000	10.30	41.20
						262.00
	Equipos					
0337010001	HERRAMIENTAS MANUALES	%MO		3.0000	262.00	7.86
0349040033	TRACTOR DE ORUGAS DE 140-160 HP	hm	1.0000	8.0000	150.00	1,200.00
						1,207.86
Costo Directo :	0.00 + 0.00 + 0.00 + [(262.00/1.2000) + (1207.86/1.2000)]					

Partida **02.07** **ACONDICIONAMIENTO DE ACCESO A CANTERAS**

Rendimiento km/DIA MO.1.0000 EQ.1.0000 Costo unitario directo por : km 938.14

Código	Descripción Recurso	Unidad	Cuadrilla	Cantidad	Precio S/.	Parcial S/.
	Mano de Obra					
0147010004	PEON	hh	1.0000	8.0000	6.90	55.20
0147010021	CAPATAZ "B"	hh	0.2000	1.6000	10.30	16.48
						71.68
	Equipos					
0337010001	HERRAMIENTAS MANUALES	%MO		3.4300	71.68	2.46
0349090000	MOTONIVELADORA DE 125 HP	hm	1.0000	8.0000	108.00	864.00
						866.46
Costo Directo :	0.00 + 0.00 + 0.00 + [(71.68/1.0000) + (866.46/1.0000)]					

Partida **03.01** **DEMOLICION DE PAVIMENTO FLEXIBLE E=0.05 M**

Rendimiento m2/DIA MO.250.0000 EQ.250.0000 Costo unitario directo por : m2 4.40

Código	Descripción Recurso	Unidad	Cuadrilla	Cantidad	Precio S/.	Parcial S/.
	Mano de Obra					
0147010001	CAPATAZ	hh	1.0000	8.0000	10.30	82.40
0147010003	OFICIAL	hh	2.0000	16.0000	7.70	123.20
0147010004	PEON	hh	4.0000	32.0000	6.90	220.80
						426.40
	Equipos					
0337010001	HERRAMIENTAS MANUALES	%MO		4.0000	426.40	17.06
0349020008	COMPRESORA NEUMATICA 87 HP 250-330 PCM	hm	1.0000	8.0000	59.00	472.00
0349060006	MARTILLO NEUMATICO DE 29 kg	hm	2.0000	16.0000	11.50	184.00
						673.06
Costo Directo :	0.00 + 0.00 + 0.00 + [(426.40/250.0000) + (673.06/250.0000)]					

Partida **03.02** **DEMOLICION DE PAVIMENTO RIGIDO E=0.20 M**

Rendimiento m2/DIA MO.120.0000 EQ.120.0000 Costo unitario directo por : m2 10.92

Código	Descripción Recurso	Unidad	Cuadrilla	Cantidad	Precio S/.	Parcial S/.
	Mano de Obra					
0147010001	CAPATAZ	hh	1.0000	8.0000	10.30	82.40
0147010003	OFICIAL	hh	2.0000	16.0000	7.70	123.20
0147010004	PEON	hh	6.0000	48.0000	6.90	331.20
						536.80
	Equipos					
0337010001	HERRAMIENTAS MANUALES	%MO		4.9000	536.80	26.30
0349020008	COMPRESORA NEUMATICA 87 HP 250-330 PCM	hm	1.0000	8.0000	59.00	472.00
0349060006	MARTILLO NEUMATICO DE 29 kg	hm	3.0000	24.0000	11.50	276.00
						774.30
Costo Directo :	0.00 + 0.00 + 0.00 + [(536.80/120.0000) + (774.30/120.0000)]					

Partida **03.03** **DEMOLICION DE SARDINELES**

Rendimiento m2/DIA MO.150.0000 EQ.150.0000 Costo unitario directo por : m2 5.77

Código	Descripción Recurso	Unidad	Cuadrilla	Cantidad	Precio S/.	Parcial S/.
	Mano de Obra					
0147010003	OFICIAL	hh	1.0000	8.0000	7.70	61.60
0147010004	PEON	hh	4.0000	32.0000	6.90	220.80
						282.40
	Equipos					
0337010001	HERRAMIENTAS MANUALES	%MO		7.0000	282.40	19.77
0349020008	COMPRESORA NEUMATICA 87 HP 250-330 PCM	hm	1.0000	8.0000	59.00	472.00
0349060006	MARTILLO NEUMATICO DE 29 kg	hm	1.0000	8.0000	11.50	92.00
						583.77
Costo Directo :	0.00 + 0.00 + 0.00 + [(282.40/150.0000) + (583.77/150.0000)]					

Partida **03.04** **ELIMINACION DE DESMONTE D = 25 KM**

Rendimiento m3/DIA MO.250.0000 EQ.250.0000 Costo unitario directo por : m3 18.43

Código	Descripción Recurso	Unidad	Cuadrilla	Cantidad	Precio S/.	Parcial S/.
	Mano de Obra					
0147010003	OFICIAL	hh	1.0000	8.0000	7.70	61.60
						61.60
	Equipos					
0337010001	HERRAMIENTAS MANUALES	%MO		3.0000	61.60	1.85
0348040027	CAMION VOLQUETE 6 X 4 330 HP 10 m3	hm	6.0000	48.0000	70.00	3,360.00
0349040010	CARGADOR SOBRE LLANTAS 125-155 HP 3 yd3	hm	1.0000	8.0000	148.00	1,184.00
						4,545.85
Costo Directo :	0.00 + 0.00 + 0.00 + [(61.60/250.0000) + (4545.85/250.0000)]					

Partida **04.01** **CORTE EN MATERIAL SUELTO**

Rendimiento m3/DIA MO.690.0000 EQ.690.0000 Costo unitario directo por : m3 2.84

Código	Descripción Recurso	Unidad	Cuadrilla	Cantidad	Precio S/.	Parcial S/.
	Mano de Obra					
0147010004	PEON	hh	4.0000	32.0000	6.90	220.80
0147010021	CAPATAZ "B"	hh	0.2000	1.6000	10.30	16.48
						237.28
	Equipos					
0337010001	HERRAMIENTAS MANUALES	%MO		3.0000	237.28	7.12
0349040034	TRACTOR DE ORUGAS DE 190-240 HP	hm	1.0000	8.0000	215.00	1,720.00
						1,727.12
Costo Directo :	0.00 + 0.00 + 0.00 + [(237.28/690.0000) + (1727.12/690.0000)]					

Partida **04.02** **PERFORACION Y DISPARO EN ROCA**

Rendimiento m3/DIA MO.250.0000 EQ.250.0000 Costo unitario directo por : m3 10.02

Código	Descripción Recurso	Unidad	Cuadrilla	Cantidad	Precio S/.	Parcial S/.
	Mano de Obra					
0147010004	PEON	hh	5.0000	40.0000	6.90	276.00
0147010025	PERFORISTA OFICIAL	hh	3.0000	24.0000	8.60	206.40
0147010031	CAPATAZ "A"	hh	0.4000	3.2000	11.15	35.68
						518.08
	Materiales					
0227000007	GUIA	m		1.5000	1.25	1.88
0227020011	FULMINANTE	u		1.5000	0.35	0.53
0228000023	DINAMITA AL 65%	kg		0.2500	7.20	1.80
0230020096	BARRENO 5' X 1/8"	u	0.0030	328.65	0.99	
						5.20
	Equipos					
0337980012	LUBRICANTES Y FILTROS	%EQ		20.0000	572.00	114.40
0349010002	COMPRESORA NEUMATICA 250-330 PCM, 87 HP	hm	1.0000	8.0000	54.10	432.80
0349060003	MARTILLO NEUMATICO DE 24 kg	hm	2.0000	16.0000	8.70	139.20
						686.40
Costo Directo :	5.20 + 0.00 + 0.00 + [(518.08/250.0000) + (686.40/250.0000)]					

Partida **04.03** **EXCAVACION, DESQUINCHE Y PEINADO DE TALUDES**

Rendimiento m3/DIA MO.500.0000 EQ.500.0000 Costo unitario directo por : m3 3.98

Código.	Descripción Recurso	Unidad	Cuadrilla	Cantidad	Precio S/.	Parcial S/.
	Mano de Obra					
0147010004	PEON	hh	4.0000	32.0000	6.90	220.80
0147010021	CAPATAZ "B"	hh	0.5000	4.0000	10.30	41.20
						262.00
	Equipos					
0337010001	HERRAMIENTAS MANUALES	%MO		3.0000	262.00	7.86
0349040034	TRACTOR DE ORUGAS DE 190-240 HP	hm	1.0000	8.0000	215.00	1,720.00
						1,727.86
Costo Directo :	0.00 + 0.00 + 0.00 + [(262.00/500.0000) + (1727.86/500.0000)]					

Partida **04.04** **ESCARIFICADO DE CAPA DE RODADURA EXISTENTE**

Rendimiento m2/DIA MO.2,500.0000 EQ.2,500.0000 Costo unitario directo por : m2 0.40

Código	Descripción Recurso	Unidad	Cuadrilla	Cantidad	Precio S/.	Parcial S/.
	Mano de Obra					
0147010004	PEON	hh	2.0000	16.0000	6.90	110.40
0147010031	CAPATAZ "A"	hh	0.2000	1.6000	11.15	17.84
						128.24
	Equipos					
0337010001	HERRAMIENTAS MANUALES	%MO		3.0000	128.24	3.85
0349090000	MOTONIVELADORA DE 125 HP	hm	1.0000	8.0000	108.00	864.00
						867.85
Costo Directo :	0.00 + 0.00 + 0.00 + [(128.24/2500.0000) + (867.85/2500.0000)]					

Partida **04.05** **REMOCION DE DERRUMBES**

Rendimiento m3/DIA MO.650.0000 EQ.650.0000 Costo unitario directo por : m3 2.23

Código	Descripción Recurso	Unidad	Cuadrilla	Cantidad	Precio S/.	Parcial S/.
	Mano de Obra					
0147010004	PEON	hh	4.0000	32.0000	6.90	220.80
0147010021	CAPATAZ "B"	hh	0.5000	4.0000	10.30	41.20
						262.00
	Equipos					
0337010001	HERRAMIENTAS MANUALES	%MO		3.0000	262.00	7.86
0349040010	CARGADOR SOBRE LLANTAS 125-155 HP 3 yd3	hm	1.0000	8.0000	148.00	1,184.00
						1,191.86
Costo Directo :	0.00 + 0.00 + 0.00 + [(262.00/650.0000) + (1191.86/650.0000)]					

Partida **04.06** **ELIMINACION DE MALEZA**

Rendimiento m2/DIA MO.30.0000 EQ.30.0000 Costo unitario directo por : m2 1.90

Código	Descripción Recurso	Unidad	Cuadrilla	Cantidad	Precio S/.	Parcial S/.
	Mano de Obra					
0147010004	PEON	hh	1.0000	8.0000	6.90	55.20
						55.20
	Equipos					
0337010001	HERRAMIENTAS MANUALES	%MO		3.0000	55.20	1.66
						1.66
Costo Directo :	0.00 + 0.00 + 0.00 + [(55.20/30.0000) + (1.66/30.0000)]					

Partida **05.01** **CONFORMACION DE TERRAPLENES EN RELLENO**

Rendimiento m3/DIA MO.1,300.0000 EQ.1,300.0000 Costo unitario directo por : m3 1.68

Código	Descripción Recurso	Unidad	Cuadrilla	Cantidad	Precio S/.	Parcial S/.
	Mano de Obra					
0147010004	PEON	hh	6.0000	48.0000	6.90	331.20
0147010021	CAPATAZ "B"	hh	1.0000	8.0000	10.30	82.40
						413.60
	Equipos					
0337010001	HERRAMIENTAS MANUALES	%MO	3.0000	413.60	12.41	
0349030013	RODILLO LISO VIBRATORIO AUTOPROPULSADO 70-100 HP 7-9 ton	hm	1.0000	8.0000	57.50	460.00
0349090000	MOTONIVELADORA DE 125 HP	hm	1.0000	8.0000	108.00	864.00
						1,336.41
	Subpartidas					
909701060533	RIEGO DE AGUA	m3		0.0180	18.59	0.33
						0.33
Costo Directo :	0.00 + 0.00 + 0.33 + [(413.60/1300.0000) + (1336.41/1300.0000)]					

Partida **05.02** **PERFILADO Y COMPACTADO DE LA SUBRASANTE**

Rendimiento m3/DIA MO.2,900.0000 EQ.2,900.0000 Costo unitario directo por : m3 0.83

Código	Descripción Recurso	Unidad	Cuadrilla	Cantidad	Precio S/.	Parcial S/.
	Mano de Obra					
0147010004	PEON	hh	2.0000	16.0000	6.90	110.40
0147010031	CAPATAZ "A"	hh	0.2000	1.6000	11.15	17.84
						128.24
	Equipos					
0337010001	HERRAMIENTAS MANUALES	%MO	3.0000	128.24	3.85	
0349030013	RODILLO LISO VIBRATORIO AUTOPROPULSADO 70-100 HP 7-9 ton	hm	1.0000	8.0000	57.50	460.00
0349090000	MOTONIVELADORA DE 125 HP	hm	1.0000	8.0000	108.00	864.00
						1,327.85
	Subpartidas					
909701060533	RIEGO DE AGUA	m3		0.0180	18.59	0.33
						0.33
Costo Directo :	0.00 + 0.00 + 0.33 + [(128.24/2900.0000) + (1327.85/2900.0000)]					

Partida **05.03** **MATERIAL GRANULAR PARA BASE**

Rendimiento m3/DIA MO.950.0000 EQ.950.0000 Costo unitario directo por : m3 14.66

Código	Descripción Recurso	Unidad	Cuadrilla	Cantidad	Precio S/.	Parcial S/.
	Subpartidas					
909701060508	EXTRACCION Y APILAMIENTO	m3		1.0000	2.70	2.70
909701060509	TRANSPORTE A CHANCADORA	m3		1.0000	2.19	2.19
909701060510	CHANCADO	m3		1.0000	9.77	9.77
						14.66
Costo Directo :	0.00 + 0.00 + 14.66 + [(0.00/950.0000) + (0.00/950.0000)]					

Partida **05.04** **CONFORMACION DE BASE E=0.15 M**

Rendimiento m2/DIA MO.3,200.0000 EQ.3,200.0000 Costo unitario directo por : m2 0.89

Código	Descripción Recurso	Unidad	Cuadrilla	Cantidad	Precio S/.	Parcial S/.
	Mano de Obra					
0147010004	PEON	hh	6.0000	48.0000	6.90	331.20
0147010023	CONTROLADOR OFICIAL	hh	1.0000	8.0000	7.70	61.60
0147010031	CAPATAZ "A"	hh	0.5000	4.0000	11.15	44.60
						437.40
	Equipos					
0337010001	HERRAMIENTAS MANUALES	%MO		3.0000	437.40	13.12
0349030013	RODILLO LISO VIBRATORIO AUTOPROPULSADO 70-100 HP 7-9 ton	hm	1.0000	8.0000	57.50	460.00
0349090000	MOTONIVELADORA DE 125 HP	hm	1.0000	8.0000	108.00	864.00
						1,337.12
	Subpartidas					
909701060533	RIEGO DE AGUA	m3		0.0180	18.59	0.33
						0.33
Costo Directo :	0.00 + 0.00 + 0.33 + [(437.40/3200.0000) + (1337.12/3200.0000)]					

Partida **05.05** **IMPRIMACION**

Rendimiento m2/DIA MO.7,000.0000 EQ.7,000.0000 Costo unitario directo por : m2 0.20

Código	Descripción Recurso	Unidad	Cuadrilla	Cantidad	Precio S/.	Parcial S/.
	Mano de Obra					
0147010002	OPERARIO	hh	1.0000	8.0000	8.60	68.80
						68.80
	Equipos					
0337010001	HERRAMIENTAS MANUALES	%MO		3.0000	68.80	2.06
0349010002	COMPRESORA NEUMATICA 250-330 PCM, 87 HP	hm	1.0000	8.0000	54.10	432.80
0349130004	CAMION IMPRIMIDOR 6 X 2 178 - 210 HP 1,800 gal	hm	1.0000	8.0000	111.50	892.00
						1,326.86
Costo Directo :	0.00 + 0.00 + 0.00 + [(68.80/7000.0000) + (1326.86/7000.0000)]					

Partida **05.06** **CARPETA ASFALTICA E=0.075 M**

Rendimiento m3/DIA MO.650.0000 EQ.650.0000 Costo unitario directo por : m3 47.20

Código	Descripción Recurso	Unidad	Cuadrilla	Cantidad	Precio S/.	Parcial S/.
	Mano de Obra					
0147010003	OFICIAL	hh	2.0000	16.0000	7.70	123.20
0147010004	PEON	hh	9.0000	72.0000	6.90	496.80
0147010031	CAPATAZ "A"	hh	1.0000	8.0000	11.15	89.20
709.20						
	Equipos					
0349030025	RODILLO NEUMATICO AUTOPROPULSADO 81-100HP 5.5-20 ton	hm	1.0000	8.0000	52.10	416.80
0349030045	RODILLO TANDEM ESTATICO AUTOPROPULSADO 70-100HP 8-14 ton	hm	1.0000	8.0000	55.30	442.40
0349040008	CARGADOR SOBRE LLANTAS 100-115 HP 2-2.25 yd3	hm	1.0000	8.0000	105.00	840.00
0349050020	PLANTA ASFALTO EN CALIENTE 60-115 ton/h	hm	1.0000	8.0000	72.00	576.00
0349150000	GRUPO ELECTROGENO 116 HP 75 KW	hm	1.0000	8.0000	51.00	408.00
0349250001	PAVIMENTADORA DE 65 HP	hm	1.0000	8.0000	101.75	814.00
						3,497.20
	Subpartidas					
909701060506	AGREGADO GRUESO	m3		0.4760	35.44	16.87
909701060507	AGREGADO FINO	m3		0.7220	33.05	23.86
						40.73
Costo Directo :	0.00 + 0.00 + 40.73 + [(709.20/650.0000) + (3497.20/650.0000)]					

Partida **05.07** **ASFALTO LIQUIDO RC-250**

Rendimiento gal/DIA MO.700.0000 EQ.700.0000 Costo unitario directo por : gal 6.00

Código	Descripción Recurso	Unidad	Cuadrilla	Cantidad	Precio S/.	Parcial S/.
	Materiales					
0213000023	ASFALTO LIQUIDO RC-250	gal		1.0000	6.00	6.00
						6.00
Costo Directo :	6.00 + 0.00 + 0.00 + [(0.00/700.0000) + (0.00/700.0000)]					

Partida **05.08** **KEROSENE INDUSTRIAL**

Rendimiento gal/DIA MO.120.0000 EQ.120.0000 Costo unitario directo por : gal 3.00

Código	Descripción Recurso	Unidad	Cuadrilla	Cantidad	Precio S/.	Parcial S/.
	Materiales					
0234020001	KEROSENE	gal		1.0000	3.00	3.00
						3.00
Costo Directo :	3.00 + 0.00 + 0.00 + [(0.00/120.0000) + (0.00/120.0000)]					

Partida **05.09** **FILLER**

Rendimiento kg/DIA MO.250.0000 EQ.250.0000 Costo unitario directo por : kg 1.12

Código	Descripción Recurso	Unidad	Cuadrilla	Cantidad	Precio S/.	Parcial S/.
	Materiales					
0221000001	CEMENTO PORTLAND TIPO I (42.5 kg)	bls		0.0720	15.60	1.12
						1.12
Costo Directo :	1.12 + 0.00 + 0.00 + [(0.00/250.0000) + (0.00/250.0000)]					

Partida	**06.01**	**TRANSPORTE DE MATERIAL HASTA 1 KM**			
Rendimiento	m3/DIA	MO.440.0000	EQ.440.0000	Costo unitario directo por : m3	2.37

Código	Descripción Recurso	Unidad	Cuadrilla	Cantidad	Precio S/.	Parcial S/.
	Mano de Obra					
0147010020	CONTROLADOR	hh	1.0000	8.0000	7.70	61.60
						61.60
	Equipos					
0348040027	CAMION VOLQUETE 6 X 4 330 HP 10 m3	hm	1.0000	8.0000	70.00	560.00
0349040008	CARGADOR SOBRE LLANTAS 100-115 HP 2-2.25 yd3	hm	0.5000	4.0000	105.00	420.00
						980.00
Costo Directo :	0.00 + 0.00 + 0.00 + [(61.60/440.0000) + (980.00/440.0000)]					

Partida	**06.02**	**TRANSPORTE DE MATERIAL DESPUES DE 1 KM**			
Rendimiento	m3/DIA	MO.1,020.0000	EQ.1,020.0000	Costo unitario directo por : m3	0.61

Código	Descripción Recurso	Unidad	Cuadrilla	Cantidad	Precio S/.	Parcial S/.
	Mano de Obra					
0147010020	CONTROLADOR	hh	1.0000	8.0000	7.70	61.60
						61.60
	Equipos					
0348040027	CAMION VOLQUETE 6 X 4 330 HP 10 m3	hm	1.0000	8.0000	70.00	560.00
						560.00
Costo Directo :	0.00 + 0.00 + 0.00 + [(61.60/1020.0000) + (560.00/1020.0000)]					

Partida **06.03** **TRANSPORTE DE MEZCLA ASFALTICA HASTA 1 KM**

Rendimiento m3/DIA MO.144.0000 EQ.144.0000 Costo unitario directo por : m3 4.32

Código	Descripción Recurso	Unidad	Cuadrilla	Cantidad	Precio S/.	Parcial S/.
	Mano de Obra					
0147010020	CONTROLADOR	hh	1.0000	8.0000	7.70	61.60
						61.60
	Equipos					
0348040027	CAMION VOLQUETE 6 X 4 330 HP 10 m3	hm	1.0000	8.0000	70.00	560.00
						560.00
Costo Directo :	0.00 + 0.00 + 0.00 + [(61.60/144.0000) + (560.00/144.0000)]					

Partida **06.04** **TRANSPORTE DE MEZCLA ASFALTICA DESPUES DE 1 KM**

Rendimiento m3/DIA MO.972.0000 EQ.972.0000 Costo unitario directo por : m3 0.64

Código	Descripción Recurso	Unidad	Cuadrilla	Cantidad	Precio S/.	Parcial S/.
	Mano de Obra					
0147010020	CONTROLADOR	hh	1.0000	8.0000	7.70	61.60
						61.60
	Equipos					
0348040027	CAMION VOLQUETE 6 X 4 330 HP 10 m3	hm	1.0000	8.0000	70.00	560.00
						560.00
Costo Directo :	0.00 + 0.00 + 0.00 + [(61.60/972.0000) + (560.00/972.0000)]					

Partida **06.05** **TRASLADO DE DESPERDICIOS HASTA 1 KM**

Rendimiento m3k/DIA MO.410.0000 EQ.410.0000 Costo unitario directo por : m3k 3.56

Código	Descripción Recurso	Unidad	Cuadrilla	Cantidad	Precio S/.	Parcial S/.
	Mano de Obra					
0147010020	CONTROLADOR	hh	1.0000	8.0000	7.70	61.60
						61.60
	Equipos					
0348040027	CAMION VOLQUETE 6 X 4 330 HP 10 m3	hm	1.0000	8.0000	70.00	560.00
0349040008	CARGADOR SOBRE LLANTAS 100-115 HP 2-2.25 yd3	hm	1.0000	8.0000	105.00	840.00
						1,400.00
Costo Directo :	0.00 + 0.00 + 0.00 + [(61.60/410.0000) + (1400.00/410.0000)]					

Partida **06.06** **TRASLADO DE DESPERDICIOS DESPUES DE 1 KM**

Rendimiento m3k/DIA MO.1,230.0000 EQ.1,230.0000 Costo unitario directo por : m3k 1.52

Código	Descripción Recurso	Unidad	Cuadrilla	Cantidad	Precio S/.	Parcial S/.
	Mano de Obra					
0147010020	CONTROLADOR	hh	3.0000	24.0000	7.70	184.80
						184.80
	Equipos					
0348040027	CAMION VOLQUETE 6 X 4 330 HP 10 m3	hm	3.0000	24.0000	70.00	1,680.00
						1,680.00
Costo Directo :	0.00 + 0.00 + 0.00 + [(184.80/1230.0000) + (1680.00/1230.0000)]					

Partida **07.01** **SEÑALES DE TRANSITO**

Rendimiento km/DIA MO. EQ. Costo unitario directo por : km 4,775.46

Código	Descripción Recurso	Unidad	Cuadrilla	Cantidad	Precio S/.	Parcial S/.
	Subpartidas					
909701060548	MARCAS EN EL PAVIMENTO	km		1.0400	758.02	788.34
909701060549	SEÑALES INFORMATIVAS	km		4.0000	996.78	3,987.12
						4,775.46
Costo Directo :	0.00 + 0.00 + 4775.46 + [(0.00/0.0000) + (0.00/0.0000)]					

Partida **07.02** **GUARDAVIA (CARPINTERIA METALICA + CONCRETO)**

Rendimiento m/DIA MO.30.0000 EQ.30.0000 Costo unitario directo por : m 30.44

Código	Descripción Recurso	Unidad	Cuadrilla	Cantidad	Precio S/.	Parcial S/.
	Mano de Obra					
0147010002	OPERARIO	hh	1.0000	8.0000	8.60	68.80
0147010003	OFICIAL	hh	2.0000	16.0000	7.70	123.20
0147010004	PEON	hh	4.0000	32.0000	6.90	220.80
	Materiales					
0202060005	PERNO PASANTE FIERRO GALVANIZADO DE 5/8" X 1 1/4"	pza		2.3600	0.15	0.35
0202530002	ARANDELA PLANA DE 5/8"	u		2.3600	0.20	0.47
0251100002	GUARDAVIAS	u		0.2620	36.90	9.67
0265000061	TUBO FIERRO GALVANIZADO DE 4"	m		0.2620	21.00	5.50
						15.99
	Equipos					
0337010001	HERRAMIENTAS MANUALES	%MO		5.0000	412.80	20.64
						20.64
Costo Directo :	15.99 + 0.00 + 0.00 + [(412.80/30.0000) + (20.64/30.0000)]					

Partida **08.01** **REFORESTACION DE BOTADEROS Y TALUDES**

Rendimiento m2/DIA MO.65.0000 EQ.65.0000 Costo unitario directo por : m2 50.00

Código	Descripción Recurso	Unidad	Cuadrilla	Cantidad	Precio S/.	Parcial S/.
	Mano de Obra					
0147010002	OPERARIO	hh	5.0000	40.0000	8.60	344.00
0147010003	OFICIAL	hh	5.0000	40.0000	7.70	308.00
0147010004	PEON	hh	20.0000	160.0000	6.90	1,104.00
1,756.00						
	Materiales					
0281010001	PLANTAS	m2	4.0000	5.00	20.00	
						20.00
	Equipos					
0337010001	HERRAMIENTAS MANUALES	%MO	3.0000	1,756.00	52.68	
						52.68
	Subpartidas					
909701060533	RIEGO DE AGUA	m3	0.1165	18.59	2.17	
						2.17
Costo Directo :	20.00 + 0.00 + 2.17 + [(1756.00/65.0000) + (52.68/65.0000)]					

Partida **09.01** **CONSERVACION VIAL**

Rendimiento mes/DIA MO.1.0000 EQ.1.0000 Costo unitario directo por : mes 4,075.54

Código	Descripción Recurso	Unidad	Cuadrilla	Cantidad	Precio S/.	Parcial S/.
	Mano de Obra					
0147000022	OPERADOR DE EQUIPO LIVIANO	hh	4.0000	32.0000	6.90	220.80
0147010004	PEON	hh	8.0000	64.0000	6.90	441.60
0147010021	CAPATAZ "B"	hh	1.0000	8.0000	10.30	82.40
						744.80
	Equipos					
0337010001	HERRAMIENTAS MANUALES	%MO	4.4500	744.80	33.14	
0348040003	CAMION CISTERNA 4 X 2 (AGUA) 122 HP 2,000 gl	hm	1.0000	8.0000	86.20	689.60
0348040027	CAMION VOLQUETE 6 X 4 330 HP 10 m3	hm	1.0000	8.0000	70.00	560.00
0349040010	CARGADOR SOBRE LLANTAS 125-155 HP 3 yd3	hm	1.0000	8.0000	148.00	1,184.00
0349090000	MOTONIVELADORA DE 125 HP	hm	1.0000	8.0000	108.00	864.00
						3,330.74
Costo Directo :	0.00 + 0.00 + 0.00 + [(744.80/1.0000) + (3330.74/1.0000)]					

Partida **09.02** **REUBICACIONDE POSTES DE LUZ**

Rendimiento u/DIA MO .5.0000 EQ.5.0000 Costo unitario directo por : u 154.07

Código	Descripción Recurso	Unidad	Cuadrilla	Cantidad	Precio S/.	Parcial S/.
	Mano de Obra					
0147010002	OPERARIO	hh	2.0000	16.0000	8.60	137.60
0147010003	OFICIAL	hh	3.0000	24.0000	7.70	184.80
0147010004	PEON	hh	4.0000	32.0000	6.90	220.80
						543.20
	Equipos					
0337010001	HERRAMIENTAS MANUALES	%MO		5.0000	543.20	27.16
0349180010	GRUA HIDRAULICA AUTOPROPULSADA 127 HP 18 ton 9 m	hm	0.2500	2.0000	100.00	200.00
						227.16
Costo Directo :	0.00 + 0.00 + 0.00 + [(543.20/5.0000) + (227.16/5.0000)]					

Análisis de Precios Unitarios Afectado por el Metrado

Presupuesto 0403001 REHABILITACION Y/O MEJORAMIENTO DE CARRETERA
Subpresupuesto 001 TRAMO KM 1 -75Fecha presupuesto 11/03/2006

Partida **01.01** **EQUIPO TRANSPORTADO**

Rendimiento vje/DIA MO.1.0000 EQ.1.0000 Costo afectado por el metrado (2.00) 16,000.00

Código	Descripción Recurso	Unidad	Cuadrilla	Cantidad	Precio S/.	Parcial S/.
	Materiales					
0232970003	CHANCADOR PRIMARIO SECUNDARIO	t		39.0000	70.00	2,730.00
0232970004	TRANSPORTE ZARANDA VIBRATORIA	t		7.0000	60.00	420.00
0232970005	TRANSPORTE PLANTA DE ASFALTO EN CALIENTE	t		9.0000	80.00	720.00
0232970006	TRANSPORTE FAJA TRANSPORTADORA	t		7.2000	65.00	468.00
0232970007	TRANSPORTE TRACTOR DE ORUGA	t		29.8000	70.00	2,086.00
0232970008	TRANSPORTE RODILLO TANDEM	t		8.8000	70.00	616.00
0232970009	TRANSPORTE PAVIMENTADORA S/ORUGAS	t		12.0000	80.00	960.00
						8,000.00
Costo Directo :	16000.00 + 0.00 + 0.00 + [(0.00/1.0000) + (0.00/1.0000)]					

Partida **01.02** **EQUIPO AUTOPROPULSADO**

Rendimiento vje/DIA MO.1.0000 EQ.1.0000 Costo afectado por el metrado (2.00) 25,283.20

Código	Descripción Recurso	Unidad	Cuadrilla	Cantidad	Precio S/.	Parcial S/.
	Equipos					
0348040003	CAMION CISTERNA 4 X 2 (AGUA) 122 HP 2,000 gl	hm	6.0000	48.0000	86.20	4,137.60
0348040027	CAMION VOLQUETE 6 X 4 330 HP 10 m3	hm	12.0000	96.0000	70.00	6,720.00
0349130004	CAMION IMPRIMIDOR 6 X 2 178 - 210 HP 1,800 gal	hm	2.0000	16.0000	111.50	1,784.00
						12,641.60
Costo Directo :	0.00 + 0.00 + 0.00 + [(0.00/1.0000) + (25283.20/1.0000)]					

Partida **01.03** **MOVILIZACION DE PERSONAL OBRERO**

Rendimiento vje/DIA MO.2.0000 EQ.2.0000 Costo afectado por el metrado (2.00) 8,716.55

Código	Descripción Recurso	Unidad	Cuadrilla	Cantidad	Precio S/.	Parcial S/.
	Mano de Obra					
0147010001	CAPATAZ	hh	2.0000	16.0000	10.30	164.80
0147010002	OPERARIO	hh	30.0000	240.0000	8.60	2,064.00
0147010004	PEON	hh	100.0000	800.0000	6.90	5,520.00
						7,748.80
	Equipos					
0337010001	HERRAMIENTAS MANUALES	%MO		0.1000	15,497.60	15.50
0348130051	CAMION BARANDA 3 ton	hm	4.0000	32.0000	30.00	960.00
						975.50
Costo Directo :	0.00 + 0.00 + 0.00 + [(15497.60/2.0000) + (1935.50/2.0000)]					

Partida **02.01** **CARTEL DE OBRA**

Costo afectado por el metrado (8.00) 900.00

Código	Descripción Recurso	Unidad	Cantidad	Precio S/.	Parcial S/.
	Mano de Obra				
0198010147	MANO DE OBRA INC. LEYES SOCIALES	%PU	30.0000	900.00	270.00
270.00					
Materiales					
0298010144	MADERA TERCIADA PARA CARPINTERIA	%PU	50.0000	900.00	450.00
0298010154	PINTURA LATEX	%PU	15.0000	900.00	135.00
					585.00
	Equipos				
0398010137	HERRAMIENTA MANUAL	%PU	5.0000	900.00	45.00
					45.00
Costo Directo :	585.00 + 0.00 + 0.00 + [(270.00/1.0000) + (45.00/1.0000)]				

Partida **02.02** **ALMACEN, OFICINA Y GUARDIANIA**

Costo afectado por el metrado (1.00) 1,500.00

Código	Descripción Recurso	Unidad	Cantidad	Precio S/.	Parcial S/.
	Mano de Obra				
0198010147	MANO DE OBRA INC. LEYES SOCIALES	%PU	30.0000	3,000.00	900.00
900.00					
Materiales					
0298010104	AGREGADO FINO	%PU	10.0000	3,000.00	300.00
0298010105	AGREGADO GRUESO	%PU	10.0000	3,000.00	300.00
0298010121	CEMENTO PORTLAND TIPO I	%PU	10.0000	3,000.00	300.00
0298010144	MADERA TERCIADA PARA CARPINTERIA	%PU	20.0000	3,000.00	600.00
					1,500.00
	Equipos				
0398010137	HERRAMIENTA MANUAL	%PU	5.0000	3,000.00	150.00
0398010148	MAQUINARIA Y EQUIPO NACIONAL	%PU	15.0000	3,000.00	450.00
					600.00
Costo Directo :	1500.00 + 0.00 + 0.00 + [(900.00/0.0000) + (600.00/0.0000)]				

Partida **02.03** **SERVICIOS HIGIENICOS**

Costo afectado por el metrado (4.00) 225.00

Código	Descripción Recurso	Unidad	Cantidad	Precio S/.	Parcial S/.
	Mano de Obra				
0198010147	MANO DE OBRA INC. LEYES SOCIALES	%PU	40.0000	450.00	180.00
					180.00
	Materiales				
0298010110	APARATO SANITARIO CON GRIFERIA	%PU	20.0000	450.00	90.00
0298010144	MADERA TERCIADA PARA CARPINTERIA	%PU	30.0000	450.00	135.00
					225.00
	Equipos				
0398010137	HERRAMIENTA MANUAL	%PU	10.0000	450.00	45.00
					45.00
Costo Directo :	225.00 + 0.00 + 0.00 + [(180.00/0.0000) + (45.00/0.0000)]				

Partida **02.04** **CAMPAMENTO TECHO ADOBE CALAMINA**

Rendimiento m2/DIA MO.40.0000 EQ. 40.0000 Costo afectado por el metrado (98.00) 9,569.78

Código	Descripción Recurso	Unidad	Cuadrilla	Cantidad	Precio S/.	Parcial S/.
	Mano de Obra					
0147010003	OFICIAL	hh	1.0000	8.0000	7.70	61.60
0147010004	PEON	hh	4.0000	32.0000	6.90	220.80
						282.40
	Materiales					
0202010005	CLAVOS PARA MADERA CON CABEZA DE 3"	kg		0.3000	2.50	0.75
0205000033	PIEDRA GRANDE	m3		0.3300	26.30	8.68
0217550001	ADOBE 0.50 X 0.24 X 0.12 m	u		29.0000	0.30	8.70
0244010001	MADERA NACIONAL PARA ENCOFRADO Y CARPINTERIA	p2		6.0000	3.50	21.00
0265900051	ALAMBRE GALVANIZADO # 18	kg		0.5000	2.50	1.25
0266300004	CALAMINA ETERNIT ROJA CURVA 1.10X2.40 m	pza		1.0000	50.00	50.00
						90.38
	Equipos					
0337010001	HERRAMIENTAS MANUALES	%MO		3.0000	27,675.20	830.26
						830.26
Costo Directo :	8857.14 + 0.00 + 0.00 + [(27675.20/40.0000) + (830.26/40.0000)]					

Partida **02.05** **TRAZO Y REPLANTEO**

Rendimiento m2/DIA MO.0.7000 EQ.0.7000 Costo afectado por el metrado (74.00) z,145.32

Código	Descripción Recurso	Unidad	Cuadrilla	Cantidad	Precio S/.	Parcial S/.
	Mano de Obra					
0147000032	TOPOGRAFO	hh	1.0000	8.0000	8.60	68.80
0147010004	PEON	hh	3.0000	24.0000	6.90	165.60
						234.40
	Materiales					
0221000001	CEMENTO PORTLAND TIPO I (42.5 kg)	bls		0.2000	15.60	3.12
0238000000	HORMIGON (PUESTO EN OBRA)	m3		0.0270	14.40	0.39
0244010000	ESTACA DE MADERA TORNILLO TRATADA	p2		50.0000	3.00	150.00
						153.51
	Equipos					
0337010001	HERRAMIENTAS MANUALES	%MO		3.0000	17,345.60	520.37
0349190005	NIVEL TOPOGRAFICO CON TRIPODE	hm	1.0000	8.0000	6.50	52.00
0349880003	TEODOLITO	hm	1.0000	8.0000	8.00	64.00
						636.37
Costo Directo :	11359.65 + 0.00 + 0.00 + [(17345.60/0.7000) + (9104.37/0.7000)]					

Partida **02.06** **LIMPIEZA Y DESFORESTACION R=1.2 Ha/días**

Rendimiento ha/DIA MO.1.2000 EQ.1.2000 Costo afectado por el metrado (20.15) 24,681.40

Código	Descripción Recurso	Unidad	Cuadrilla	Cantidad	Precio S/.	Parcial S/.
	Mano de Obra					
0147010004	PEON	hh	4.0000	32.0000	6.90	220.80
0147010021	CAPATAZ "B"	hh	0.5000	4.0000	10.30	41.20
						262.00
	Equipos					
0337010001	HERRAMIENTAS MANUALES	%MO		3.0000	5,279.30	158.38
0349040033	TRACTOR DE ORUGAS DE 140-160 HP	hm	1.0000	8.0000	150.00	1,200.00
						1,358.38
Costo Directo :	0.00 + 0.00 + 0.00 + [(5279.30/1.2000) + (24338.38/1.2000)]					

Partida **02.07** **ACONDICIONAMIENTO DE ACCESO A CANTERAS**

Rendimiento km/DIA MO.1.0000 EQ.1.0000 Costo afectado por el metrado (4.04) 3,790.08

Código	Descripción Recurso	Unidad	Cuadrilla	Cantidad	Precio S/.	Parcial S/.
	Mano de Obra					
0147010004	PEON	hh	1.0000	8.0000	6.90	55.20
0147010021	CAPATAZ "B"	hh	0.2000	1.6000	10.30	16.48
						71.68
	Equipos					
0337010001	HERRAMIENTAS MANUALES	%MO		3.4300	289.59	9.93
0349090000	MOTONIVELADORA DE 125 HP	hm	1.0000	8.0000	108.00	864.00
						873.93
Costo Directo :	0.00 + 0.00 + 0.00 + [(289.59/1.0000) + (3500.49/1.0000)]					

Partida **03.01** **DEMOLICION DE PAVIMENTO FLEXIBLE E=0.05 M**

Rendimiento m2/DIA MO.250.0000 EQ.250.0000 Costo afectado por el metrado (15,466.00) 68,016.75

Código	Descripción Recurso	Unidad	Cuadrilla	Cantidad	Precio S/.	Parcial S/.
	Mano de Obra					
0147010001	CAPATAZ	hh	1.0000	8.0000	10.30	82.40
0147010003	OFICIAL	hh	2.0000	16.0000	7.70	123.20
0147010004	PEON	hh	4.0000	32.0000	6.90	220.80
						426.40
	Equipos					
0337010001	HERRAMIENTAS MANUALES	%MO		4.0000	6,594,702.40	263,788.10
0349020008	COMPRESORA NEUMATICA 87 HP 250-330 PCM	hm	1.0000	8.0000	59.00	472.00
0349060006	MARTILLO NEUMATICO DE 29 kg	hm	2.0000	16.0000	11.50	184.00
						264,444.10
Costo Directo :	0.00 + 0.00 + 0.00 + [(6594702.40/250.0000) + (10409484.10/250.0000)]					

Partida **03.02** **DEMOLICION DE PAVIMENTO RIGIDO E=0.20 M**

Rendimiento m2/DIA MO.120.0000 EQ.120.0000 Costo afectado por el metrado (8,652.90) 94,540.38

Código	Descripción Recurso	Unidad	Cuadrilla	Cantidad	Precio S/.	Parcial S/.
	Mano de Obra					
0147010001	CAPATAZ	hh	1.0000	8.0000	10.30	82.40
0147010003	OFICIAL	hh	2.0000	16.0000	7.70	123.20
0147010004	PEON	hh	6.0000	48.0000	6.90	331.20
						536.80
	Equipos					
0337010001	HERRAMIENTAS MANUALES	%MO	4.9000	4,644,876.72	227,598.96	
0349020008	COMPRESORA NEUMATICA 87 HP 250-330 PCM	hm	1.0000	8.0000	59.00	472.00
0349060006	MARTILLO NEUMATICO DE 29 kg	hm	3.0000	24.0000	11.50	276.00
						228,346.96
Costo Directo :	0.00 + 0.00 + 0.00 + [(4644876.72/120.0000) + (6699968.16/120.0000)]					

Partida **03.03** **DEMOLICION DE SARDINELES**

Rendimiento m2/DIA MO.150.0000 EQ.150.0000 Costo afectado por el metrado (7,601.11) 43,892.26

Código	Descripción Recurso	Unidad	Cuadrilla	Cantidad	Precio S/.	Parcial S/.
	Mano de Obra					
0147010003	OFICIAL	hh	1.0000	8.0000	7.70	61.60
0147010004	PEON	hh	4.0000	32.0000	6.90	220.80
						282.40
	Equipos					
0337010001	HERRAMIENTAS MANUALES	%MO		7.0000	2,146,553.47	150,258.74
0349020008	COMPRESORA NEUMATICA 87 HP 250-330 PCM	hm	1.0000	8.0000	59.00	472.00
0349060006	MARTILLO NEUMATICO DE 29 kg	hm	1.0000	8.0000	11.50	92.00
						150,822.74
Costo Directo :	0.00 + 0.00 + 0.00 + [(2146553.47/150.0000) + (4437284.78/150.0000)]					

Partida **03.04** **ELIMINACION DE DESMONTE D = 25 KM**

Rendimiento m3/DIA MO.250.0000 EQ.250.0000 Costo afectado por el metrado (10,500.00) 193,512.82

Código	Descripción Recurso	Unidad	Cuadrilla	Cantidad	Precio S/.	Parcial S/.
	Mano de Obra					
0147010003	OFICIAL	hh	1.0000	8.0000	7.70	61.60
						61.60
	Equipos					
0337010001	HERRAMIENTAS MANUALES	%MO		3.0000	646,800.00	19,404.00
0348040027	CAMION VOLQUETE 6 X 4 330 HP 10 m3	hm	6.0000	48.0000	70.00	3,360.00
0349040010	CARGADOR SOBRE LLANTAS 125-155 HP 3 yd3	hm	1.0000	8.0000	148.00	1,184.00
						23,948.00
Costo Directo :	0.00 + 0.00 + 0.00 + [(646800.00/250.0000) + (47731404.00/250.0000)]					

Partida **04.01** **CORTE EN MATERIAL SUELTO**

Rendimiento m3/DIA MO.690.0000 EQ.690.0000 Costo afectado por el metrado (29,000.00) 82,561.67

Código	Descripción Recurso	Unidad	Cuadrilla	Cantidad	Precio S/.	Parcial S/.
	Mano de Obra					
0147010004	PEON	hh	4.0000	32.0000	6.90	220.80
0147010021	CAPATAZ "B"	hh	0.2000	1.6000	10.30	16.48
						237.28
	Equipos					
0337010001	HERRAMIENTAS MANUALES	%MO		3.0000	6,881,120.00	206,433.60
0349040034	TRACTOR DE ORUGAS DE 190-240 HP	hm	1.0000	8.0000	215.00	1,720.00
						208,153.60
Costo Directo :	0.00 + 0.00 + 0.00 + [(6881120.00/690.0000) + (50086433.60/690.0000)]					

Partida **04.02** **PERFORACION Y DISPARO EN ROCA**

Rendimiento m3/DIA MO.250.0000 EQ.250.0000 Costo afectado por el metrado (19,000.00) 190,073.53

Código	Descripción Recurso	Unidad	Cuadrilla	Cantidad	Precio S/.	Parcial S/.
	Mano de Obra					
0147010004	PEON	hh	5.0000	40.0000	6.90	276.00
0147010025	PERFORISTA OFICIAL	hh	3.0000	24.0000	8.60	206.40
0147010031	CAPATAZ "A"	hh	0.4000	3.2000	11.15	35.68
						518.08
	Materiales					
0227000007	GUIA	m		1.5000	1.25	1.88
0227020011	FULMINANTE	u		1.5000	0.35	0.53
0228000023	DINAMITA AL 65%	kg		0.2500	7.20	1.80
0230020096	BARRENO 5' X 1/8"	u		0.0030	328.65	0.99
						5.20
	Equipos					
0337980012	LUBRICANTES Y FILTROS	%EQ		20.0000	10,868,000.00	2,173,600.00
0349010002	COMPRESORA NEUMATICA 250-330 PCM, 87 HP	hm	1.0000	8.0000	54.10	432.80
0349060003	MARTILLO NEUMATICO DE 24 kg	hm	2.0000	16.0000	8.70	139.20
						2,174,172.00
Costo Directo :	98533.05 + 0.00 + 0.00 + [(9843520.00/250.0000) + (13041600.00/250.0000)]					

Partida **04.03** **EXCAVACION, DESQUINCHE Y PEINADO DE TALUDES**

Rendimiento m3/DIA MO.500.0000 EQ.500.0000 Costo afectado por el metrado (43,912.11) 174,757.91

Código	Descripción Recurso	Unidad	Cuadrilla	Cantidad	Precio S/.	Parcial S/.
	Mano de Obra					
0147010004	PEON	hh	4.0000	32.0000	6.90	220.80
0147010021	CAPATAZ "B"	hh	0.5000	4.0000	10.30	41.20
						262.00
	Equipos					
0337010001	HERRAMIENTAS MANUALES	%MO		3.0000	11,504,972.82	345,149.18
0349040034	TRACTOR DE ORUGAS DE 190-240 HP	hm	1.0000	8.0000	215.00	1,720.00
						346,869.18
Costo Directo :	0.00 + 0.00 + 0.00 + [(11504972.82/500.0000) + (75873978.38/500.0000)]					

Partida **04.04** **ESCARIFICADO DE CAPA DE RODADURA EXISTENTE**

Rendimiento m2/DIA MO.2,500.0000 EQ.2,500.0000 Costo afectado por el metrado (90,007.00) 35,861.93

Código	Descripción Recurso	Unidad	Cuadrilla	Cantidad	Precio S/.	Parcial S/.
	Mano de Obra					
0147010004	PEON	hh	2.0000	16.0000	6.90	110.40
0147010031	CAPATAZ "A"	hh	0.2000	1.6000	11.15	17.84
						128.24
	Equipos					
0337010001	HERRAMIENTAS MANUALES	%MO		3.0000	11,542,497.68	346,274.93
0349090000	MOTONIVELADORA DE 125 HP	hm	1.0000	8.0000	108.00	864.00
						347,138.93
Costo Directo :	0.00 + 0.00 + 0.00 + [(11542497.68/2500.0000) + (78112322.93/2500.0000)]					

Partida **04.05** **REMOCION DE DERRUMBES**

Rendimiento m3/DIA MO.650.0000 EQ.650.0000 Costo afectado por el metrado (28,000.00) 62,627.81

Código	Descripción Recurso	Unidad	Cuadrilla	Cantidad	Precio S/.	Parcial S/.
	Mano de Obra					
0147010004	PEON	hh	4.0000	32.0000	6.90	220.80
0147010021	CAPATAZ "B"	hh	0.5000	4.0000	10.30	41.20
						262.00
	Equipos					
0337010001	HERRAMIENTAS MANUALES	%MO		3.0000	7,336,000.00	220,080.00
0349040010	CARGADOR SOBRE LLANTAS 125-155 HP 3 yd3	hm	1.0000	8.0000	148.00	1,184.00
						221,264.00
Costo Directo :	0.00 + 0.00 + 0.00 + [(7336000.00/650.0000) + (33372080.00/650.0000)]					

Partida **04.06** **ELIMINACION DE MALEZA**

Rendimiento m2/DIA MO.30.0000 EQ. 30.0000 Costo afectado por el metrado (1,830.00) 3,468.22

Código	Descripción Recurso	Unidad	Cuadrilla	Cantidad	Precio S/.	Parcial S/.
	Mano de Obra					
0147010004	PEON	hh	1.0000	8.0000	6.90	55.20
						55.20
	Equipos					
0337010001	HERRAMIENTAS MANUALES	%MO		3.0000	101,016.00	3,030.48
						3,030.48
Costo Directo :	0.00 + 0.00 + 0.00 + [(101016.00/30.0000) + (3030.48/30.0000)]					

Partida **05.01** **CONFORMACION DE TERRAPLENES EN RELLENO**

Rendimiento m3/DIA MO.1,300.0000 EQ.1,300.0000 Costo afectado por el metrado (26,000.00) 43,700.28

Código	Descripción Recurso	Unidad	Cuadrilla	Cantidad	Precio S/.	Parcial S/.
	Mano de Obra					
0147010004	PEON	hh	6.0000	48.0000	6.90	331.20
0147010021	CAPATAZ "B"	hh	1.0000	8.0000	10.30	82.40
413.60						
	Equipos					
0337010001	HERRAMIENTAS MANUALES	%MO		3.0000	10,753,600.00	322,608.00
0349030013	RODILLO LISO VIBRATORIO AUTOPROPULSADO 70-100 HP 7-9 ton	hm	1.0000	8.0000	57.50	460.00
0349090000	MOTONIVELADORA DE 125 HP	hm	1.0000	8.0000	108.00	864.00
						323,932.00
	Subpartidas					
909701060533	RIEGO DE AGUA	m3		0.0180	18.59	0.33
						0.33
Costo Directo :	0.00 + 0.00 + 8700.12 + [(10753600.00/1300.0000) + (34746608.00/1300.0000)]					

Partida **05.02** **PERFILADO Y COMPACTADO DE LA SUBRASANTE**

Rendimiento m3/DIA MO.2,900.0000 EQ.2,900.0000 Costo afectado por el metrado (60,000.00) 50,203.14

Código	Descripción Recurso	Unidad	Cuadrilla	Cantidad	Precio S/.	Parcial S/.
	Mano de Obra					
0147010004	PEON	hh	2.0000	16.0000	6.90	110.40
0147010031	CAPATAZ "A"	hh	0.2000	1.6000	11.15	17.84
128.24						
	Equipos					
0337010001	HERRAMIENTAS MANUALES	%MO		3.0000	7,694,400.00	230,832.00
0349030013	RODILLO LISO VIBRATORIO AUTOPROPULSADO 70-100 HP 7-9	hm	1.0000	8.0000	57.50	460.00
0349090000	MOTONIVELADORA DE 125 HP	hm	1.0000	8.0000	108.00	864.00
						232,156.00
	Subpartidas					
909701060533	RIEGO DE AGUA	m3		0.0180	18.59	0.33
						0.33
Costo Directo :	0.00 + 0.00 + 20077.20 + [(7694400.00/2900.0000) + (79670832.00/2900.0000)]					

Partida **05.03** **MATERIAL GRANULAR PARA BASE**

Rendimiento m3/DIA MO.950.0000 EQ.950.0000 Costo afectado por el metrado (42,500.00) 623,050.00

Código	Descripción Recurso	Unidad	Cuadrilla	Cantidad	Precio S/.	Parcial S/.
	Subpartidas					
909701060508	EXTRACCION Y APILAMIENTO	m3		1.0000	2.70	2.70
909701060509	TRANSPORTE A CHANCADORA	m3		1.0000	2.19	2.19
909701060510	CHANCADO	m3		1.0000	9.77	9.77
						14.66
Costo Directo :	0.00 + 0.00 + 623050.00 + [(0.00/950.0000) + (0.00/950.0000)]					

Partida **05.04** **CONFORMACION DE BASE E=0.15 M**

Rendimiento m2/DIA MO.3,200.0000 EQ.3,200.0000 Costo afectado por el metrado (65,000.00) 57,795.28

Código	Descripción Recurso	Unidad	Cuadrilla	Cantidad	Precio S/.	Parcial S/.
	Mano de Obra					
0147010004	PEON	hh	6.0000	48.0000	6.90	331.20
0147010023	CONTROLADOR OFICIAL	hh	1.0000	8.0000	7.70	61.60
0147010031	CAPATAZ "A"	hh	0.5000	4.0000	11.15	44.60
						437.40
	Equipos					
0337010001	HERRAMIENTAS MANUALES	%MO	3.0000	28,431,000.00	852,930.00	
0349030013	RODILLO LISO VIBRATORIO AUTOPROPULSADO 70-100 HP 7-9 ton	hm	1.0000	8.0000	57.50	460.00
0349090000	MOTONIVELADORA DE 125 HP	hm	1.0000	8.0000	108.00	864.00
						854,254.00
	Subpartidas					
909701060533	RIEGO DE AGUA	m3	0.0180	18.59	0.33	
					0.33	
Costo Directo :	0.00 + 0.00 + 21750.30 + [(28431000.00/3200.0000) + (86912930.00/3200.0000)]					

Partida **05.05** **IMPRIMACION**

Rendimiento m2/DIA MO.7,000.0000 EQ.7,000.0000 Costo afectado por el metrado (61,280.00) 12,218.04

Código	Descripción Recurso	Unidad	Cuadrilla	Cantidad	Precio S/.	Parcial S/.
	Mano de Obra					
0147010002	OPERARIO	hh	1.0000	8.0000	8.60	68.80
						68.80
	Equipos					
0337010001	HERRAMIENTAS MANUALES	%MO		3.0000	4,216,064.00	126,481.92
0349010002	COMPRESORA NEUMATICA 250-330 PCM, 87 HP	hm	1.0000	8.0000	54.10	432.80
0349130004	CAMION IMPRIMIDOR 6 X 2 178 - 210 HP 1,800 gal	hm	1.0000	8.0000	111.50	892.00
						127,806.72
Costo Directo :	0.00 + 0.00 + 0.00 + [(4216064.00/7000.0000) + (81310225.92/7000.0000)]					

Partida **05.06** **CARPETA ASFALTICA E=0.075 M**

Rendimiento m3/DIA MO.650.0000 EQ.650.0000 Costo afectado por el metrado (5,000.00) 236,014.62

Código	Descripción Recurso	Unidad	Cuadrilla	Cantidad	Precio S/.	Parcial S/.
	Mano de Obra					
0147010003	OFICIAL	hh	2.0000	16.0000	7.70	123.20
0147010004	PEON	hh	9.0000	72.0000	6.90	496.80
0147010031	CAPATAZ "A"	hh	1.0000	8.0000	11.15	89.20
						709.20
	Equipos					
0349030025	RODILLO NEUMATICO AUTOPROPULSADO 81-100HP 5.5-20 ton	hm	1.0000	8.0000	52.10	416.80
0349030045	RODILLO TANDEM ESTATICO AUTOPROPULSADO 70-100HP 8-14 ton	hm	1.0000	8.0000	55.30	442.40
0349040008	CARGADOR SOBRE LLANTAS 100-115 HP 2-2.25 yd3	hm	1.0000	8.0000	105.00	840.00
0349050020	PLANTA ASFALTO EN CALIENTE 60-115 ton/h	hm	1.0000	8.0000	72.00	576.00
0349150000	GRUPO ELECTROGENO 116 HP 75 KW	hm	1.0000	8.0000	51.00	408.00
0349250001	PAVIMENTADORA DE 65 HP	hm	1.0000	8.0000	101.75	814.00
						3,497.20
	Subpartidas					
909701060506	AGREGADO GRUESO	m3		0.4760	35.44	16.87
909701060507	AGREGADO FINO	m3		0.7220	33.05	23.86
40.73						
Costo Directo :	0.00 + 0.00 + 203657.70 + [(3546000.00/650.0000) + (17486000.00/650.0000)]					

Partida **05.07** **ASFALTO LIQUIDO RC-250**

Rendimiento gal/DIA MO.700.0000 EQ.700.0000 Costo afectado por el metrado (43,900.00) 263,400.00

Código	Descripción Recurso	Unidad	Cuadrilla	Cantidad	Precio S/.	Parcial S/.
	Materiales					
0213000023	ASFALTO LIQUIDO RC-250	gal		1.0000	6.00	6.00
						6.00
Costo Directo :	263400.00 + 0.00 + 0.00 + [(0.00/700.0000) + (0.00/700.0000)]					

Partida **05.08** **KEROSENE INDUSTRIAL**

Rendimiento gal/DIA MO.120.0000 EQ.120.0000 Costo afectado por el metrado (3,800.00) 11,400.00

Código	Descripción Recurso	Unidad	Cuadrilla	Cantidad	Precio S/.	Parcial S/.
	Materiales					
0234020001	KEROSENE	gal		1.0000	3.00	3.00
						3.00
Costo Directo :	11400.00 + 0.00 + 0.00 + [(0.00/120.0000) + (0.00/120.0000)]					

Partida **05.09** **FILLER**

Rendimiento kg/DIA MO.250.0000 EQ.250.0000 Costo afectado por el metrado (12,200.00) 13,703.04

Código	Descripción Recurso	Unidad	Cuadrilla	Cantidad	Precio S/.	Parcial S/.
	Materiales					
0221000001	CEMENTO PORTLAND TIPO I (42.5 kg)	bls		0.0720	15.60	1.12
						1.12
Costo Directo :	13703.04 + 0.00 + 0.00 + [(0.00/250.0000) + (0.00/250.0000)]					

Partida **06.01** **TRANSPORTE DE MATERIAL HASTA 1 KM**

Rendimiento m3/DIA MO.440.0000 EQ.440.0000 Costo afectado por el metrado (25,600.00) 60,602.18

Código	Descripción Recurso	Unidad	Cuadrilla	Cantidad	Precio S/.	Parcial S/.
	Mano de Obra					
0147010020	CONTROLADOR	hh	1.0000	8.0000	7.70	61.60
						61.60
	Equipos					
0348040027	CAMION VOLQUETE 6 X 4 330 HP 10 m3	hm	1.0000	8.0000	70.00	560.00
0349040008	CARGADOR SOBRE LLANTAS 100-115 HP 2-2.25 yd3	hm	0.5000	4.0000	105.00	420.00
						980.00
Costo Directo :	0.00 + 0.00 + 0.00 + [(1576960.00/440.0000) + (25088000.00/440.0000)]					

Partida **06.02** **TRANSPORTE DE MATERIAL DESPUES DE 1 KM**

Rendimiento m3/DIA MO.1,020.0000 EQ.1,020.0000 Costo afectado por el metrado (51,401.96) 1,324.96

Código	Descripción Recurso	Unidad	Cuadrilla	Cantidad	Precio S/.	Parcial S/.
	Mano de Obra					
0147010020	CONTROLADOR	hh	1.0000	8.0000	7.70	61.60
						61.60
	Equipos					
0348040027	CAMION VOLQUETE 6 X 4 330 HP 10 m3	hm	1.0000	8.0000	70.00	560.00
						560.00
Costo Directo :	0.00 + 0.00 + 0.00 + [(3166360.74/1020.0000) + (28785097.60/1020.0000)]					

Partida **06.03** **TRANSPORTE DE MEZCLA ASFALTICA HASTA 1 KM**

Rendimiento m3/DIA MO.144.0000 EQ.144.0000 Costo afectado por el metrado (10,900.00) 47,051.67

Código	Descripción Recurso	Unidad	Cuadrilla	Cantidad	Precio S/.	Parcial S/.
	Mano de Obra					
0147010020	CONTROLADOR	hh	1.0000	8.0000	7.70	61.60
						61.60
	Equipos					
0348040027	CAMION VOLQUETE 6 X 4 330 HP 10 m3	hm	1.0000	8.0000	70.00	560.00
						560.00
Costo Directo :	0.00 + 0.00 + 0.00 + [(671440.00/144.0000) + (6104000.00/144.0000)]					

Partida **06.04** **TRANSPORTE DE MEZCLA ASFALTICA DESPUES DE 1 KM**

Rendimiento m3/DIA MO.972.0000 EQ.972.0000 Costo afectado por el metrado (17,120.00) 10,948.34

Código	Descripción Recurso	Unidad	Cuadrilla	Cantidad	Precio S/.	Parcial S/.
	Mano de Obra					
0147010020	CONTROLADOR	hh	1.0000	8.0000	7.70	61.60
						61.60
	Equipos					
0348040027	CAMION VOLQUETE 6 X 4 330 HP 10 m3	hm	1.0000	8.0000	70.00	560.00
						560.00
Costo Directo :	0.00 + 0.00 + 0.00 + [(1054592.00/972.0000) + (9587200.00/972.0000)]					

Partida **06.05** **TRASLADO DE DESPERDICIOS HASTA 1 KM**

Rendimiento m3k/DIA MO.410.0000 EQ.410.0000 Costo afectado por el metrado (24,500.00) 87,339.52

Código	Descripción Recurso	Unidad	Cuadrilla	Cantidad	Precio S/.	Parcial S/.
	Mano de Obra					
0147010020	CONTROLADOR	hh	1.0000	8.0000	7.70	61.60
						61.60
	Equipos					
0348040027	CAMION VOLQUETE 6 X 4 330 HP 10 m3	hm	1.0000	8.0000	70.00	560.00
0349040008	CARGADOR SOBRE LLANTAS 100-115 HP 2-2.25 yd3	hm	1.0000	8.0000	105.00	840.00
						1,400.00
Costo Directo :	0.00 + 0.00 + 0.00 + [(1509200.00/410.0000) + (34300000.00/410.0000)]					

Partida **06.06** **TRASLADO DE DESPERDICIOS DESPUES DE 1 KM**

Rendimiento m3k/DIA MO.1,230.0000 EQ.1,230.0000 Costo afectado por el metrado (74,150.00) 112,418.64

Código	Descripción Recurso	Unidad	Cuadrilla	Cantidad	Precio S/.	Parcial S/.
	Mano de Obra					
0147010020	CONTROLADOR	hh	3.0000	24.0000	7.70	184.80
						184.80
	Equipos					
0348040027	CAMION VOLQUETE 6 X 4 330 HP 10 m3	hm	3.0000	24.0000	70.00	1,680.00
						1,680.00
Costo Directo :	0.00 + 0.00 + 0.00 + [(13702920.00/1230.0000) + (124572000.00/1230.0000)]					

Partida **07.01** **SEÑALES DE TRANSITO**

Rendimiento km/DIA MO. EQ. Costo afectado por el metrado (74.83) 357,347.73

Código	Descripción Recurso	Unidad	Cuadrilla	Cantidad	Precio S/.	Parcial S/.
	Subpartidas					
909701060548	MARCAS EN EL PAVIMENTO	km		1.0400	758.02	788.34
909701060549	SEÑALES INFORMATIVAS	km		4.0000	996.78	3,987.12
						4,775.46
Costo Directo :	0.00 + 0.00 + 357347.73 + [(0.00/0.0000) + (0.00/0.0000)]					

Partida **07.02** **GUARDAVIA (CARPINTERIA METALICA + CONCRETO)**

Rendimiento m/DIA MO.30.0000 EQ.30.0000 Costo afectado por el metrado (1,411.42) 2,968.98

Código	Descripción Recurso	Unidad	Cuadrilla	Cantidad	Precio S/.	Parcial S/.
	Mano de Obra					
0147010002	OPERARIO	hh	1.0000	8.0000	8.60	68.80
0147010003	OFICIAL	hh	2.0000	16.0000	7.70	123.20
0147010004	PEON	hh	4.0000	32.0000	6.90	220.80
						412.80
	Materiales					
0202060005	PERNO PASANTE FIERRO GALVANIZADO DE 5/8" X 1 1/4"	pza		2.3600	0.15	0.35
0202530002	ARANDELA PLANA DE 5/8"	u		2.3600	0.20	0.47
0251100002	GUARDAVIAS	u		0.2620	36.90	9.67
0265000061	TUBO FIERRO GALVANIZADO DE 4"	m		0.2620	21.00	5.50
						15.99
	Equipos					
0337010001	HERRAMIENTAS MANUALES	%MO		5.0000	582,634.18	29,131.71
						29,131.71
Costo Directo :	22576.78 + 0.00 + 0.00 + [(582634.18/30.0000) + (29131.71/30.0000)]					

Partida **08.01** **REFORESTACION DE BOTADEROS Y TALUDES**

Rendimiento m2/DIA MO.65.0000 EQ.65.0000 Costo afectado por el metrado (5,000.00) 249,957.91

Código	Descripción Recurso	Unidad	Cuadrilla	Cantidad	Precio S/.	Parcial S/.
	Mano de Obra					
0147010002	OPERARIO	hh	5.0000	40.0000	8.60	344.00
0147010003	OFICIAL	hh	5.0000	40.0000	7.70	308.00
0147010004	PEON	hh	20.0000	160.0000	6.90	1,104.00
						1,756.00
	Materiales					
0281010001	PLANTAS	m2		4.0000	5.00	20.00
						20.00
	Equipos					
0337010001	HERRAMIENTAS MANUALES	%MO		3.0000	8,780,000.00	263,400.00
						263,400.00
	Subpartidas					
909701060533	RIEGO DE AGUA	m3		0.1165	18.59	2.17
						2.17
Costo Directo :	100000.00 + 0.00 + 10828.68 + [(8780000.00/65.0000) + (263400.00/65.0000)]					

Partida **09.01** **CONSERVACION VIAL**

Rendimiento mes/DIA MO.1.0000 EQ.1.0000 Costo afectado por el metrado (20.00) 81,510.87

Código	Descripción Recurso	Unidad	Cuadrilla	Cantidad	Precio S/.	Parcial S/.
	Mano de Obra					
0147000022	OPERADOR DE EQUIPO LIVIANO	hh	4.0000	32.0000	6.90	220.80
0147010004	PEON	hh	8.0000	64.0000	6.90	441.60
0147010021	CAPATAZ "B"	hh	1.0000	8.0000	10.30	82.40
						744.80
	Equipos					
0337010001	HERRAMIENTAS MANUALES	%MO		4.4500	14,896.00	662.87
0348040003	CAMION CISTERNA 4 X 2 (AGUA) 122 HP 2,000 gl	hm	1.0000	8.0000	86.20	689.60
0348040027	CAMION VOLQUETE 6 X 4 330 HP 10 m3	hm	1.0000	8.0000	70.00	560.00
0349040010	CARGADOR SOBRE LLANTAS 125-155 HP 3 yd3	hm	1.0000	8.0000	148.00	1,184.00
0349090000	MOTONIVELADORA DE 125 HP	hm	1.0000	8.0000	108.00	864.00
						3,960.47
Costo Directo :	0.00 + 0.00 + 0.00 + [(14896.00/1.0000) + (66614.87/1.0000)]					

Partida	**09.02**	**REUBICACIONDE POSTES DE LUZ**				
Rendimiento	u/DIA	MO.5.0000	EQ.5.0000	Costo afectado por el metrado (120.00)		18,488.64

Código	Descripción Recurso	Unidad	Cuadrilla	Cantidad	Precio S/.	Parcial S/.
	Mano de Obra					
0147010002	OPERARIO	hh	2.0000	16.0000	8.60	137.60
0147010003	OFICIAL	hh	3.0000	24.0000	7.70	184.80
0147010004	PEON	hh	4.0000	32.0000	6.90	220.80
						543.20
	Equipos					
0337010001	HERRAMIENTAS MANUALES	%MO		5.0000	65,184.00	3,259.20
0349180010	GRUA HIDRAULICA AUTOPROPULSADA 127 HP 18 ton 9 m	hm	0.2500	2.0000	100.00	200.00
						3,459.20
Costo Directo :	0.00 + 0.00 + 0.00 + [(65184.00/5.0000) + (27259.20/5.0000)]					

Análisis de precios unitarios de subpartidas

Presupuesto 0403001 REHABILITACION Y/O MEJORAMIENTO DE CARRETERA
Subpresupuesto 001 TRAMO KM 1 -75 Fecha presupuesto 11/03/2006

Partida **(909701060506-0403001-01) AGREGADO GRUESO**

Rendimiento m3/DIA MO.80.00 EQ.80.00 Costo unitario directo por : m3 35.44

Código	Descripción Recurso	Unidad	Cuadrilla	Cantidad	Precio S/.	Parcial S/.
	Subpartidas					
909701060511	CARGUIO	m3		1.2000	1.26	1.51
909701060509	TRANSPORTE A CHANCADORA	m3		1.2000	2.19	2.63
909701060508	EXTRACCION Y APILAMIENTO	m3		1.2000	2.70	3.24
909701060510	CHANCADO	m3		1.2000	9.77	11.72
909701060512	TRANSPORTE A LA OBRA	m3		1.2000	13.62	16.34
						35.45

Partida **(909701060507-0403001-01) AGREGADO FINO**

Rendimiento m3/DIA MO.70.00 EQ.70.00 Costo unitario directo por : m3 33.05

Código	Descripción Recurso	Unidad	Cuadrilla	Cantidad	Precio S/.	Parcial S/.
	Subpartidas					
909701060513	TRANSPORTE A ZARANDA	m3		1.2000	0.20	0.24
909701060511	CARGUIO	m3		1.2000	1.26	1.51
909701060508	EXTRACCION Y APILAMIENTO	m3		1.2000	2.70	3.24
909701060510	CHANCADO	m3		1.2000	9.77	11.72
909701060512	TRANSPORTE A LA OBRA	m3		1.2000	13.62	16.34
						33.06

Partida **(909701060508-0403001-01) EXTRACCION Y APILAMIENTO**

Rendimiento m3/DIA MO.690.00 EQ.690.00 Costo unitario directo por : m3 2.70 35.44

Código	Descripción Recurso	Unidad	Cuadrilla	Cantidad	Precio S/.	Parcial S/.
	Mano de Obra					
0147010023	CONTROLADOR OFICIAL	hh	0.2000	1.6000	7.70	12.32
0147010021	CAPATAZ "B"	hh	0.2000	1.6000	10.30	16.48
0147010004	PEON	hh	2.0000	16.0000	6.90	110.40
						139.20
	Equipos					
0337010001	HERRAMIENTAS MANUALES	%MO		3.0000	139.20	4.18
0349040034	TRACTOR DE ORUGAS DE 190-240 HP	hm	1.0000	8.0000	215.00	1,720.00
						1,724.18

Partida **(909701060508) EXTRACCION Y APILAMIENTO**

Rendimiento m3/DIA MO.690.00 EQ.690.00 Costo unitario directo por : m3 2.70

Código	Descripción Recurso	Unidad	Cuadrilla	Cantidad	Precio S/.	Parcial S/.
	Mano de Obra					
0147010023	CONTROLADOR OFICIAL	hh	0.2000	1.6000	7.70	12.32
0147010021	CAPATAZ "B"	hh	0.2000	1.6000	10.30	16.48
0147010004	PEON	hh	2.0000	16.0000	6.90	110.40
						139.20
	Equipos					
0337010001	HERRAMIENTAS MANUALES	%MO		3.0000	139.20	4.18
0349040034	TRACTOR DE ORUGAS DE 190-240 HP	hm	1.0000	8.0000	215.00	1,720.00
						1,724.18

Partida **(909701060509-0403001-01) TRANSPORTE A CHANCADORA**

Rendimiento m3/DIA MO.645.00 EQ.645.00 Costo unitario directo por : m3 2.19

Código	Descripción Recurso	Unidad	Cuadrilla	Cantidad	Precio S/.	Parcial S/.
	Mano de Obra					
0147010023	CONTROLADOR OFICIAL	hh	0.2000	1.6000	7.70	12.32
						12.32
	Equipos					
0348040027	CAMION VOLQUETE 6 X 4 330 HP 10 m3	hm	1.0000	8.0000	70.00	560.00
0349040008	CARGADOR SOBRE LLANTAS 100-115 HP 2-2.25 yd3	hm	1.0000	8.0000	105.00	840.00
						1,400.00

Partida **(909701060510-0403001-01) CHANCADO**

Rendimiento m3/DIA MO.280.00 EQ.280.00 Costo unitario directo por : m3 9.77

Código	Descripción Recurso	Unidad	Cuadrilla	Cantidad	Precio S/.	Parcial S/.
	Mano de Obra					
0147010002	OPERARIO	hh	1.0000	8.0000	8.60	68.80
0147010021	CAPATAZ "B"	hh	1.0000	8.0000	10.30	82.40
0147010004	PEON	hh	4.0000	32.0000	6.90	220.80
						372.00
	Equipos					
0337010001	HERRAMIENTAS MANUALES	%MO	3.0000	372.00	11.16	
0349150000	GRUPO ELECTROGENO 116 HP 75 KW	hm	1.0000	8.0000	51.00	408.00
0349040008	CARGADOR SOBRE LLANTAS 100-115 HP 2-2.25 yd3	hm	0.5000	4.0000	105.00	420.00
0349080097	CHANCADORA PRIMARIA SECUNDARIA 5 FAJAS 75 HP 46 - 70 ton/h	hm	1.0000	8.0000	190.50	1,524.00
						2,363.16

Partida **(909701060511-0403001-01) CARGUIO**

Rendimiento m3/DIA MO.950.00 EQ.950.00 Costo unitario directo por : m3 1.26

Código	Descripción Recurso	Unidad	Cuadrilla	Cantidad	Precio S/.	Parcial S/.
	Mano de Obra					
0147010003	OFICIAL	hh	0.2000	1.6000	7.70	12.32
						12.32
	Equipos					
0349040010	CARGADOR SOBRE LLANTAS 125-155 HP 3 yd3	hm	1.0000	8.0000	148.00	1,184.00
						1,184.00

Partida **(909701060512-0403001-01) TRANSPORTE A LA OBRA**

Rendimiento m3/DIA MO.42.00 EQ.42.00 Costo unitario directo por : m3 13.62

Código	Descripción Recurso	Unidad	Cuadrilla	Cantidad	Precio S/.	Parcial S/.
	Mano de Obra					
0147010003	OFICIAL	hh	0.2000	1.6000	7.70	12.32
						12.32
	Equipos					
0348040027	CAMION VOLQUETE 6 X 4 330 HP 10 m3	hm	1.0000	8.0000	70.00	560.00
						560.00

Partida **(909701060513-0403001-01) TRANSPORTE A ZARANDA**

Rendimiento m3/DIA MO.7,000.00 EQ.7,000.00 Costo unitario directo por : m3 0.20

Código	Descripción Recurso	Unidad	Cuadrilla	Cantidad	Precio S/.	Parcial S/.
	Mano de Obra					
0147010023	CONTROLADOR OFICIAL	hh	0.2000	1.6000	7.70	12.32
						12.32
	Equipos					
0348040027	CAMION VOLQUETE 6 X 4 330 HP 10 m3	hm	1.0000	8.0000	70.00	560.00
0349040008	CARGADOR SOBRE LLANTAS 100-115 HP 2-2.25 yd3	hm	1.0000	8.0000	105.00	840.00
						1,400.00

Partida **(909701060533-0403001-01) RIEGO DE AGUA**

Rendimiento m3/DIA MO.38.00 EQ.38.00 Costo unitario directo por : m3 18.59

Código	Descripción Recurso	Unidad	Cuadrilla	Cantidad	Precio S/.	Parcial S/.
	Mano de Obra					
0147010003	OFICIAL	hh	0.2000	1.6000	7.70	12.32
						12.32
	Materiales					
0239050000	AGUA	m3		0.0800	1.50	0.12
						0.12
	Equipos					
0348040003	CAMION CISTERNA 4 X 2 (AGUA) 122 HP 2,000 gl	hm	1.0000	8.0000	86.20	689.60
						689.60

Partida **(909701060548-0403001-01) MARCAS EN EL PAVIMENTO**

Rendimiento km/DIA MO.2.00 EQ.2.00 Costo unitario directo por : km 758.02

Código	Descripción Recurso	Unidad	Cuadrilla	Cantidad	Precio S/.	Parcial S/.
	Mano de Obra					
0147010031	CAPATAZ "A"	hh	1.0000	8.0000	11.15	89.20
0147010004	PEON	hh	6.0000	48.0000	6.90	331.20
						420.40
	Materiales					
0239060020	TIZA	bls		0.0010	8.00	0.01
0230260011	PINTURA ESMALTE EPOXICO NEGRO	gal		0.2500	30.00	7.50
0253050013	THINER	gal		2.0000	17.00	34.00
0230260008	PINTURA ESMALTE EPOXICO BLANCO	gal		10.0000	30.00	300.00
						341.51
	Equipos					
0337010001	HERRAMIENTAS MANUALES	%MO		3.0000	420.40	12.61
0348040023	CAMION VOLQUETE 4 X 2 140-210 HP 6 m3	hm	1.0000	8.0000	50.00	400.00
						412.61

Partida **(909701060549-0403001-01) SEÑALES INFORMATIVAS**

Rendimiento km/DIA MO.20.00 EQ.20.00 Costo unitario directo por : km 996.78

Código	Descripción Recurso	Unidad	Cuadrilla	Cantidad	Precio S/.	Parcial S/.
	Mano de Obra					
0147010031	CAPATAZ "A"	hh	0.2000	1.6000	11.15	17.84
0147010002	OPERARIO	hh	10.0000	80.0000	8.60	688.00
						705.84
	Materiales					
0253050013	THINER	gal		0.0120	17.00	0.20
0202510099	PERNOS 3/4"	pza		7.0000	0.15	1.05
0230750110	TINTA SEROGRAFICA NEGRA	gal		0.0150	81.75	1.23
0254190003	PINTURA ESMALTE	gal		0.0720	25.30	1.82
0254060000	PINTURA ANTICORROSIVA	gal		0.1100	25.30	2.78
0251040128	PLATINAS DE 3/16"	m		1.7000	4.60	7.82
0256020083	PLANCHA ACERO E=3/8"	pl		7.0000	4.15	29.05
0230060005	PEGAMENTO EPOXICO	gal		0.1100	271.40	29.85
0230320005	FIBRA DE VIDRIO DE 4 mm ACABADO	m2		1.6800	49.90	83.83
0230670002	LAMINA REFLECTORIZANTE	p2		5.0500	18.80	94.94
0252170010	PERFIL DE ALUMINIO 1" X 1 1/8" X 1.03 MT	pza		1.5500	66.80	103.54
0265170100	TUBO DE FIERRO NEGRO 3" X 1.40 CMTS	pza		7.0000	66.00	462.00
						818.12
	Equipos					
0337010001	HERRAMIENTAS MANUALES	%MO		3.0000	705.84	21.18
						21.18
	Subpartidas					
909701060550	COLOCACION DE SEÑAL	u		1.0000	142.32	142.32
						142.32

Partida **(909701060550-0403001-01) COLOCACION DE SEÑAL**

Rendimiento u/DIA MO.10.00 EQ.10.00 Costo unitario directo por : u 142.32

Código	Descripción Recurso	Unidad	Cuadrilla	Cantidad	Precio S/.	Parcial S/.
	Mano de Obra					
0147010001	CAPATAZ	hh	0.5000	4.0000	10.30	41.20
0147010004	PEON	hh	4.0000	32.0000	6.90	220.80
						262.00
	Materiales					
0239010089	EXCAVACION NO CLASIFICADA	m3		0.4000	0.90	0.36
0256020084	ACERO	kg		3.8200	1.40	5.35
						5.71
	Equipos					
0337010001	HERRAMIENTAS MANUALES	%MO		3.0000	262.00	7.86
						7.86
	Subpartidas					
909701060551	CONCRETO SIMPLE F'C=170 KG/CM2	m3		0.4500	243.61	109.62
						109.62

Partida **(909701060551-0403001-01) CONCRETO SIMPLE F'C=170 KG/CM2**

Rendimiento m3/DIA MO.16.00 EQ.16.00 Costo unitario directo por : m3 243.61

Código	Descripción Recurso	Unidad	Cuadrilla	Cantidad	Precio S/.	Parcial S/.
	Mano de Obra					
0147010031	CAPATAZ "A"	hh	0.5000	4.0000	11.15	44.60
0147010003	OFICIAL	hh	1.0000	8.0000	7.70	61.60
0147010002	OPERARIO	hh	1.0000	8.0000	8.60	68.80
0147010004	PEON	hh	8.0000	64.0000	6.90	441.60
						616.60
	Materiales					
0221000001	CEMENTO PORTLAND TIPO I (42.5 kg)	bls		8.5000	15.60	132.60
						132.60
	Equipos					
0337010001	HERRAMIENTAS MANUALES	%MO		3.0000	616.60	18.50
0349070001	VIBRADOR DE CONCRETO 4 HP 1.35"	hm	1.0000	8.0000	4.70	37.60
0349100007	MEZCLADORA DE CONCRETO TAMBOR 18 HP 11 p3	hm	1.0000	8.0000	20.90	167.20
						223.30
	Subpartidas					
909701060533	RIEGO DE AGUA	m3		0.2000	18.59	3.72
909701060507	AGREGADO FINO	m3		0.8000	33.05	26.44
909701060506	AGREGADO GRUESO	m3		0.8000	35.44	28.35
						58.51

Gastos generales

Presupuesto 0403001 REHABILITACION Y/O MEJORAMIENTO DE CARRETERA
Fecha 11/03/2006

Moneda 01 NUEVOS SOLES

GASTOS VARIABLES **223,335.00**

Personal Profesional y Auxiliar.

Descripción	Unidad	Personas	%Particip.		Tiempo Sueldo/Jornal	Parcial
01001	Gerente de Proyecto	mes	1.00	100.00	4,550.00 6.00	27,300.00
01003	Residente principal	mes	4.00	100.00	3,800.00 6.00	91,200.00
01005	Asistente de Ingenieria Costos	mes	2.00	100.00	2,500.00 6.00	30,000.00
01006	Administrador de Obra	mes	1.00	100.00	3,000.00 6.00	18,000.00
01007	Secretaria	mes	2.00	100.00	1,000.00 6.00	12,000.00
01008	Asistente-Metrador-Dibujante	mes	2.00	100.00	1,600.00 6.00	19,200.00
01009	Planillero	mes	2.00	100.00	1,500.00 6.00	18,000.00
01012	Practicantes	mes	2.00	50.00	1,527.00 5.00	7,635.00
					Subtotal	223,335.00
					Total gastos generales	223,335.00

Diseño del pie de Presupuesto

Presupuesto 0403001 REHABILITACION Y/O MEJORAMIENTO DE CARRETERA

#linea	Descripción	Variable	Macro	Omitir polinómica
01	COSTO DIRECTO	NDIRECTO	NDIRECTO	No
02	GASTOS GENERALES	GG	GGP*NDIRECTO	No
03	UTILIDADES (5%)	UTI	0.05*NDIRECTO	No
04	------------------------------			No
05	SUB-TOTAL	ST	NDIRECTO+GG+UTI	No
06	IMPUESTO GENERAL A LAS VENTAS (19%)	IGV	0.19*ST	Si
07	===================			No
08	TOTAL PRESUPUESTO	P_T	ST+IGV	No

Fórmula Polinómica - Agrupamiento Preliminar

Presupuesto 0403001 REHABILITACION Y/O MEJORAMIENTO DE CARRETERA
Subpresupuesto 001 TRAMO KM 1 -75
Fecha presupuesto 11/03/2006
Moneda NUEVOS SOLES

Indice	Descripción	% Inicio	% Saldo	Agrupamiento
02	ACERO DE CONSTRUCCION LISO	0.040	0.000	
04	AGREGADO FINO	0.008	0.000	
05	AGREGADO GRUESO	0.029	0.000	
10	APARATO SANITARIO CON GRIFERIA	0.009	0.000	
13	ASFALTO	6.740	8.522	+02+04+05+10+38+21+28
17	BLOQUE Y LADRILLO	0.022	0.000	
21	CEMENTO PORTLAND TIPO I	0.820	0.000	
27	DETONANTE	1.172	1.194	
28	DINAMITA	0.875	0.000	
30	DOLAR MAS INFLACION DEL MERCASO USA	2.701	3.159	+44
32	FLETE TERRESTRE	0.409	0.000	
34	GASOLINA	0.292	0.000	
37	HERRAMIENTA MANUAL	0.672	0.672	
38	HORMIGON	0.001	0.000	
39	INDICE GENERAL DE PRECIOS AL CONSUMIDOR	10.208	10.208	
44	MADERA TERCIADA PARA CARPINTERIA	0.458	0.000	
47	MANO DE OBRA	14.615	14.615	
48	MAQUINARIA Y EQUIPO NACIONAL	16.678	17.087	+32
49	MAQUINARIA Y EQUIPO IMPORTADO	36.230	36.522	+34
51	PERFIL DE ACERO	0.409	1.597	+52+56+53+54
52	PERFIL DE ALUMINIO	0.793	0.000	
53	PETROLEO DIESSEL	0.069	0.000	
54	PINTURA LATEX	0.063	0.000	
56	PLANCHA DE ACERO LAC	0.263	0.000	
65	TUBERIA DE ACERO NEGRO	3.740	3.865	+66
66	TUBERIA DE ASBESTO-CEMENTO	0.125	0.000	
81	PLANTAS	2.559	2.559	
		Total	**100.00**	

Precios y cantidades de recursos requeridos

Obra	0403001	REHABILITACION Y/O MEJORAMIENTO DE CARRETERA
Subpresupuesto	001	TRAMO KM 1 -75
Fecha	11/03/2006	
Lugar	200602	PIURA - SULLANA - BELLAVISTA

Código	Recursor	Unidad	Cantidad	Precio S/.	Parcial S/.	Presupuesto S/.	
0147000022	OPERADOR DE EQUIPO LIVIA-NO	hh	640.0000	6.90	4,416.00	4,416.00	
0147000032	TOPOGRAFO	hh	845.7164	8.60	7.273.46	7,273.19	
0147010001	CAPATAZ	hh	1.207.7884	10.30	1,207.788 4	10.30	
0147010002	OPERARIO	hh	6.837.9339	8.60	6,837.933 9	8.60	
0147010003	OFICIAL	hh	7.936.5125	7.70	7,936.512 5	7.70	
0147010004	PEON	hh	49.596.4791	6.90	49,596.47 91	6.90	
0147010020	CONTROLADOR	hh	3.536.9543	7.70	7.70	27,234.51	
0147010021	CAPATAZ "B"	hh	2.529.7773	8.60	10.30	26,056.73	
0147010023	CONTROLADOR OFICIAL	hh	391.9828	11.15	7.70	3,018.25	
0147010025	PERFORISTA OFICIAL	hh	1.824.0000	29.4000	8.60	15,686.40	
0147010031	CAPATAZ "A"	hh	848.1161	11.15	9.456.54	9.623.17	
0202010005	CLAVOS PARA MADERA CON CABEZA DE 3"		kg	29.4000	2.50	73.50	73.50
0202060005	PERNO PASANTE FIERRO GALVANIZADO DE 5/8 X 1 1/4"		pza	3.330.951 2	0.15	499.64	494.00
0202510099	PERNOS 3/4"	pza	2.095.2400	0.15	314.29	314.29	
0202530002	ARANDELA PLANA DE 5/8"	u	3.330.9512	0.20	666.19	663.37	
0205000033	PIEDRA GRANDE	m3	32.3400	26.30	850.54	850.54	
0213000023	ASFALTO LIQUIDO RC-250	gal	43.900.0000	6.00	263,400.0 0	263,400.00	
0217550001	ADOBE 0.50 X 0.24 X 0.12 m	u	2.842.0000	0.30	852.60	852.60	
0221000001	CEMENTO PORTLAND TIPO I (42.5 kg)	bls	2,038.0990	15.60	31.794.36	31.755.30	
0227000007	GUIA	m	28.500.0000	1.25	35.625.00	35.720.00	
0227020011	FULMINANTE	u	28.500.0000	0.35	9.975.00	10.070.00	
0228000023	DINAMITA AL 65%	kg	4.750.0000	7.20	34.200.00	34,200.00	
0230020096	BARRENO 5' X 1/8"	u	57.0000	328.65	18,733.05	18,810.00	
0230060005	PEGAMENTO EPOXICO	gal	32.9252	271.40	8.937.20	8,934.70	
0230260008	PINTURA ESMALTE EPOXICO BLANCO	gal	778.2320	30.00	23,346.96	23.346.96	
0230260011	PINTURA ESMALTE EPOXICO NEGRO	gal	19.4558	30.00	583.80	583.67	

0230320005	FIBRA DE VIDRIO DE 4 mm ACABADO	m2	502.8576	49.90	25,092.71	25,092.00	
0230670002	LAMINA REFLECTORIZANTE	p2	1.511.5660	18.80	28.417.52	28.417.44	
0230750110	TINTA SEROGRAFICA NEGRA	gal	4.4898	81.75	367.06	368.16	
0232970003	CHANCADOR PRIMARIO SECUNDARIO	t	78.0000	70.00	5,460.00	5,460.00	
0232970004	TRANSPORTE ZARANDA VIBRATORIA	t	14.0000	60.00	840.00	840.00	
0232970005	TRANSPORTE PLANTA DE ASFALTO EN CALIENTE	t	18.0000	80.00	1,440.00	1,440.00	
0232970006	TRANSPORTE FAJA TRANS-PORTADORA	t	14.4000	65.00	936.00	936.00	
0232970007	TRANSPORTE TRACTOR DE ORUGA	t	59.600	70.00	4.172.00	4,172.00	
0232970008	TRANSPORTE RODILLO TAN-DEM	t	17.600	70.00	1.232.00	1,232.00	
0232970009	TRANSPORTE PAVIMENTADO-RA S/ORUGAS	t	24.0000	80.00	1.920.00	1,920.00	
0234020001	KEROSENE	gal	3.800.0000	3.00	11.400.00	11.400.00	
0238000000	HORMIGON (PUESTO EN OBRA)	m3	1.9980	1.9980	14.40	28.80	
0239010089	EXCAVACION NO CLASIFICADA	m3	119.728	0.90	107.76	107.76	
0239050000	AGUA	m3	266.1951	1.50	399.30	399.29	
0239060020	TIZA	bls	0.0778	8.00	0.64	0.78	
0244010000	ESTACA DE MADERA TORNI-LLO TRATADA	p2	3.700.0000	3.00	11.100.00	11,100.00	
0244010001	MADERA NACIONAL PARA ENCOFRADO Y CARPINTERIA	p2	588.0000	3.50	2,058.00	2,058.00	
0251040128	PLATINAS DE 3/16"	m	5.8.8440	4.60	2.340.66	2.340.68	
0251100002	GUARDAVIAS	u	369.7920	36.90	13.645.25	13.648.43	
0252170010	PERFIL DE ALUMINIO 1" X 1 1/8" X 1.03 MT	pza	463.9460	66.80	30,991.86	30,991.59	
0253050013	THINER	gal	159.2382	17.00	2.707.08	2,705.85	
0254060000	PINTURA ANTICORROSIVA	gal	32.9252	25.30	833.13	832.11	
0254190003	PINTURA ESMALTE	gal	21.5510	25.30	545.22	544.76	
0256020083	PLANCHA ACERO E=3/8"	pl	2.095.2400	4.15	8.695.25	8.695.25	
0256020084	ACERO	kg	1.143.4024	4.40	1.600.76	1.601.36	
0265000061	TUBO FIERRO GALVANIZADO DE 4"	m	369.7920	21.00	7,765.59	7,762.81	
0265170100	TUBO DE FIERRO NEGRO 3" X 1.40 CMTS	pza	2,095.2400	66.00	138,285.8 4	138,285.84	
0265900051	ALAMBRE GALVANIZADO # 18	kg	49.0000	2.50	122.50	122.50	
0266300004	CALAMINA ETERNIT ROJA CURVA 1.10X2.40 m	pza	98.0000	50.00	4,900.00	4,900.00	

Precios y cantidades de recursos requeridos

Obra	0403001	REHABILITACION Y/O MEJORAMIENTO DE CARRETERA
Subpresupuesto	001	TRAMO KM 1 -75
Fecha	11/03/2006	
Lugar	200602	PIURA - SULLANA - BELLAVISTA
Código	Recurso	Unidad Cantidad Precio S/. Parcial S/. Presupuestado S/.

Código	Recursor	Unidad	Cantidad	Precio S/.	Parcial S/.	Presupuesto S/.	
0348040003	CAMION CISTERNA 4 X 2 (AGUA) 122 HP 2,000 gl	hm	956.4259	86.20	82,444.27	82,460.22	
0348040023	CAMION VOLQUETE 4 X 2 140-210 HP 6 m3	hm	311.2928	50.00	15,564.50	15,564.64	
0348040027	CAMION VOLQUETE 6 X 4 330 HP 10 m3	hm	7,892.4591	70.00	552,472.20	553,119.90	
0348130051	CAMION BARANDA 3 ton	hm	32.0000	30.00	960.00	960.00	
0349010002	COMPRESORA NEUMATICA 250-330 PCM, 87 HP	hm	675.4080	54.10	36,539.68	36,546.80	
0349020008	COMPRESORA NEUMATICA 87 HP 250-330 PCM	hm	1,477.1996	59.00	87,154.80	87,190.66	
0349030013	RODILLO LISO VIBRATORIO AUTO-PROPULSADO 70-100 HP 7-9 ton	hm	491.7000	57.50	28,272.75	28,060.00	3.200.00
0349030025	RODILLO NEUMATICO AUTOPROPUL-SADO 81-100HP 5.5-20 ton	hm	61.5000	52.10	3,204.15	3,200.00	
0349030045	RODILLO TANDEM ESTATICO AUTO-PROPULSADO 70-100HP 8-14 ton	hm	61.5000	55.30	3,400.95	3,400.00	
0349040008	CARGADOR SOBRE LLANTAS 100-115 HP 2-2.25 yd3	hm	2,055.3718	105.00	215,813.85	215,837.18	
0349040010	CARGADOR SOBRE LLANTAS 125-155 HP 3 yd3	hm	902.9516	148.00	133,636.60	133,643.80	
0349040033	TRACTOR DE ORUGAS DE 140-160 HP	hm	134.3340	150.00	20,149.50	20,150.20	
0349040034	TRACTOR DE ORUGAS DE 190-240 HP	hm	1,618.3746	215.00	347,949.55	347,634.72	
0349050020	PLANTA ASFALTO EN CALIENTE 60-115 ton/h	hm	61.5000	72.00	4,428.00	4,450.00	
0349060003	MARTILLO NEUMATICO DE 24 kg	hm	1,216.0000	8.70	10,579.20	10,640.00	
0349060006	MARTILLO NEUMATICO DE 29 kg	hm	3,125.5432	11.50	35,943.71	35,983.19	
0349070001	VIBRADOR DE CONCRETO 4 HP 1.35"	hm	67.3470	4.70	316.54	316.53	
0349080097	CHANCADORA PRIMARIA SECUNDA-RIA 5 FAJAS 75 HP 46 - 70 ton/h	hm	1,428.4732	190.50	272,123.54	272,209.04	
0349090000	MOTONIVELADORA DE 125 HP	hm	972.0424	108.00	104,980.32	105,243.01	
0349100007	MEZCLADORA DE CONCRETO TAM-BOR 18 HP 11 p3	hm	67.3470	20.90	1,407.61	1,407.55	
0349130004	CAMION IMPRIMIDOR 6 X 2 178 - 210 HP 1,800 gal	hm	99.4080	111.50	11,084.22	10,921.60	
0349150000	GRUPO ELECTROGENO 116 HP 75 KW	hm	1,489.9732	51.00	75,988.47	76,072.06	
0349180010	GRUA HIDRAULICA AUTOPROPULSA-DA 127 HP 18 ton 9 m	hm	48.0000	100.00	4,800.00	4,800.00	
0349190005	NIVEL TOPOGRAFICO CON TRIPODE	hm	845.7164	6.50	5,497.18	5,497.46	
0349250001	PAVIMENTADORA DE 65 HP	hm	61.5000	101.75	6,257.63	6,250.00	
0349880003	TEODOLITO	hm	845.7164	8.00	6,765.76	6,765.82	
					S/.	3,472,706.883,472,508.36	
					Total S/.	3,472,508.36	

Glosario

Análisis de costos unitarios.- Se puede definir como la sumatoria de los productos de las cantidades aportadas por el material, mano de obra y equipos para obtener finalmente un costo por unidad de medida (m, m2, m3, kg, pza, etc.).

Análisis de gastos generales.- Este tipo de análisis según el artículo 2º del Decreto Supremo 011-79-VC del 1.3.79 define a los gastos generales como aquellos que debe efectuar el contratista durante la construcción, derivados de su propia actividad empresarial, por lo cual no pueden ser incluidos dentro de las partidas de la obra.

Base de datos.- Es un conjunto de tablas interrelacionadas entre sí las cuales a su vez están conformadas por un conjunto de registros.

Costos directos.- Se define como el costo íntegro de la obra como resultado de la suma de los productos entre los metrados de las partidas y sus correspondientes costos unitarios.

Costos indirectos.- Son los costos que no pertenecen íntegramente al objeto de construcción como los gastos generales u utilidades del contratista.

Factor de reajuste (K).- Valor obtenido de la fórmula polinómica y utilizado para calcular los reintegros y realizar valorizaciones.

Fórmula polinómica.- Fórmula matemática de la estructura de costos de un presupuesto constituida por la sumatoria de los monomios que consideran la participación o incidencia de los recursos más representativos.

Gastos fijos.- Son gastos que no dependen del tiempo de duración de la obra por realizarse sólo una vez al inicio de la obra.

Gastos variables.- Son gastos que dependen a largo plazo del tiempo de duración de la obra incluyendo las eventualidades que pueden provocar su aplazamiento.

Índice unificado del INEI.- Los índices unificados del INEI son publicados todos los meses en el diario oficial El Peruano y representan la variación de precios de los diversos recursos que agrupan con respecto de los meses anteriores.

INEI.- Instituto Nacional de Estadística e Informática.

Metrados.- Son cantidades físicas cuantificadas de acuerdo al tipo de rubro a ejecutar.

Partidas.- Se llama así a cada uno de los procesos o actividades que se deben de realizar en una obra.

Presupuesto Base.- De acuerdo al artículo 27° del reglamento del T.U.O. de la ley N° 26850, Ley de Contrataciones y Adquisiciones del Estado: El valor referencial es el costo estimado por la entidad para la adquisición o arrendamiento de bienes y para la contratación de servicios u obras, sobre la base de los precios del mercado.

La entidad calculará el valor referencial incluyendo todos los tributos, seguros, transporte, inspecciones, pruebas y cualquier otro concepto que pueda incidir sobre el costo de los bienes, servicios o ejecución de obras a adquirir o contratar.

Recursos.- Son los elementos que son usados y forman parte del objeto de construcción que se encuentran clasificados en recursos renovables (Mano de obra) y no renovables (Materiales de construcción y Equipos).

Registros.- Son estructuras de datos conformados por diferentes campos (columnas) que pueden ser en el caso de un catálogo del S10 la columna código y Descripción.

Rendimiento.- Es un factor que determina el ritmo de producción para efectuar un determinado rubro también llamado producción que depende en muchos casos de la edad del obrero, capacidad física, habilidad natural y de las condiciones climáticas de la obra (ubicación geográfica).

Utilidad.- El artículo N° 2 del Decreto Supremo 011-79-VC indica que la utilidad es el monto que debe percibir el contratista por ejecutar la obra. Este monto forma parte del movimiento económico de la empresa con objeto de dar dividendos, capitalizar, reinvertir, pagar impuestos relativos a la misma utilidad e incluso cubrir pérdidas de las obras.

Valorización.- Cuantificación del valor económico de la obra en un determinado periodo de tiempo.

BASES LEGALES PARA LICITACIÓN DE OBRAS PÚBLICAS

Ley Nº 26850 (modificado con la Ley Nº 28267), Ley de Contrataciones y Adquisiciones del Estado.

Texto Unico Ordenado (TUO) de la Ley de Contrataciones y Adquisiciones del Estado aprobado mediante Decreto Supremo Nº 083-2004-PCM.

Reglamento de la Ley de Contrataciones y Adquisiciones del Estado. aprobado mediante Decreto Supremo Nº 084-2004-PCM.

Ley Nº 28411, Ley General del Sistema Nacional de Presupuesto

Ley Nº 28425, Ley de Racionalidad de la Gestión Pública.

Ley Nº 28426, Ley de Equilibrio Financiero del Presupuesto Público para el Año Fiscal 2005.

Ley Nº 28427, Ley de Presupuesto del Sector Público para el Año Fiscal 2005.

Ley Nº 27785, Ley Orgánica del Sistema Nacional de Control.

Resolución de Contraloría Nº 072-98.CG, que aprueba las Normas Técnicas de Control Interno para el Sector Público.

Resolución de Contraloría Nº 260-2000-CG, que aprueba la Directiva Nº 012-2000-CG/OATJ-PRO, sobre autorización previa al pago de presupuestos adicionales de obra pública.

Resolución Directoral Nº 007-2005-EF/76.01 del 04-02-2005, que aprueba la Directiva Nº 004-2005-EF/76.01, Directiva para Ejecución del Presupuesto de los Gobiernos Regionales para el Año Fiscal 2005.

Ley Nº 26572 - Ley General de Arbitraje.

Resolución Nº 114-2001-CONSUCODE/PRE, que aprueba la directiva Nº 013-2001-CONSUCODE/PRE-Procedimiento para la remisión de los actuados de las observaciones a las Bases formuladas por los adquirientes que no hayan sido acogidas por los Comités Especiales.

Resolución Nº 169-2005-CONSUCODE/PRE, que aprueba el Reglamento del Registro Nacional de Proveedores.

Ley Nº 27444, Ley de Procedimiento Administrativo General.

REQUISITOS PARA SER POSTOR

Podrá intervenir en este proceso de Licitación Pública Nacional cualquier persona natural o jurídica debidamente constituida e inscrita como ejecutor de obras, en el Registro Nacional de Contratistas o de Proveedores, que cumpla con los siguientes requisitos:

- Haberse Registrado como Participante en el presente proceso.

- No estar comprendido en ninguno de los impedimentos señalados en el Artículo 9º del TUO de la Ley Nº 26850, su Reglamento y demás disposiciones complementarias y/o modificatorias.

- No estar incluido en el Capítulo de inhabilitados para contratar con el Estado

- Estar inscrito en el Registro Nacional de Contratistas o de Proveedores (ejecutor de obras) y contar con capacidad de contratación igual o mayor al Valor Referencial de la presente convocatoria

IMPEDIMENTOS PARA SER POSTOR Y/O CONTRATISTA

Están impedidos de ser postores y/o contratistas:

- El Presidente y los Vicepresidentes de la República, los representantes al Congreso de la República, los Ministros y Viceministros de Estado, los vocales de la Corte Suprema de Justicia de la República, los titulares y los miembros del órgano colegiado de los organismos constitucionalmente autónomos, hasta un (1) año después de haber dejado el cargo;

- Los titulares de instituciones o de organismos públicos descentralizados, los presidentes y vicepresidentes regionales, los consejeros de los Gobiernos Regionales, los alcaldes, los regidores, los demás funcionarios y servidores públicos, los directores y funcionarios de las empresas del Estado; y, en general, las personas naturales contractualmente vinculadas al Gobierno Regional de Cajamarca, que tengan intervención directa en la definición de necesidades, especificaciones, evaluación de oferta, selección de alternativas, autorización de adquisiciones o pagos;

- El cónyuge, conviviente o los parientes hasta el cuarto grado de consanguinidad y segundo de afinidad de las personas a que se refieren los numerales precedentes;

- Las personas jurídicas en las que las personas naturales a que se refieren los numerales 17.1, 17.2 y 17.3 tengan una participación superior al cinco por ciento del capital social, dentro de los veinticuatro meses anteriores a la convocatoria;

- Las personas naturales o jurídicas cuyos apoderados o representantes legales sean cónyuge, conviviente o parientes hasta el cuarto grado de consanguinidad y segundo de afinidad de las personas a que se refieren los numerales 17.1 y 17.2 precedentes.

- Las personas naturales o jurídicas que se encuentren sancionadas administrativamente con inhabilitación temporal o permanente en el ejercicio de sus derechos para participar en procesos de selección o para contratar con Entidades, de acuerdo a lo dispuesto por la ley y su Reglamento.

- Las personas jurídicas cuyos socios, accionistas, participacionistas o titulares hayan formado parte de personas jurídicas sancionadas administrativamente con inhabilitación temporal o permanente para participar en procesos de selección y para contratar con el Estado, o que habiendo actuado como personas naturales se encontrarán con los mismos tipos de sanción; conforme a los criterios señalados en la Ley y en el Reglamento; y,

- La persona natural o jurídica que haya participado como tal en la elaboración de los estudios o información técnica previa que da origen al presente proceso de selección y sirve de base para el objeto del contrato.

- En los casos a que se refiere los incisos 17.2, 17.3 y 17.4, el impedimento para ser postor se restringe al ámbito de la jurisdicción o sector al que pertenecen las personas a que se refieren los literales 17.1 y 17.2. En el caso de los organismos constitucionales autónomos, el impedimento se circunscribe a las adquisiciones y contrataciones que realizan dichas entidades.

- Las propuestas que contravengan a lo dispuesto en el numeral anterior se tendrán por no presentadas, bajo responsabilidad de los miembros del Comité. Los contratos celebrados en contravención de lo dispuesto en el numeral anterior son nulos sin perjuicio de las acciones a que hubiere lugar.

PROHIBICIÓN DE PRÁCTICAS RESTRICTIVAS

Los postores a este proceso de selección están prohibidos de celebrar acuerdos, entre sí o con terceros, con el fin de establecer prácticas restrictivas de la libre competencia, bajo sanción de quedar inhabilitados para contratar con el Estado, sin perjuicio de las demás sanciones que establecen las disposiciones vigentes.

OFERTAS EN CONSORCIO

En este proceso de selección podrán participar distintos postores en consorcio, sin que ello implique crear una persona jurídica diferente. Para ello, será necesario acreditar la existencia de una promesa formal de consorcio, la que se perfeccionará luego del otorgamiento de la Buena Pro y antes de la suscripción del contrato.

Las Micro y Pequeñas Empresas mantendrán los beneficios, bonificaciones o similares que las normas establezcan cuando participen en consorcio.

Las partes del consorcio responderán solidariamente ante el Gobierno Regional de Cajamarca por todas las consecuencias derivadas de su participación individual en el consorcio durante los procesos de selección o de su participación en conjunto en la ejecución del contrato derivado de éste. Deberán designar un representante o apoderado común con poderes suficientes para ejercitar los derechos y cumplir las obligaciones que se deriven de su calidad de postores y del contrato hasta la liquidación del mismo.

Las obras por contratarse y ejecutarse se encuentran definidas en el Expediente Técnico y Planos que se entregan conjuntamente con las presentes bases en medios magnéticos y que son:

BASES Y PROFORMA DE CONTRATO

1. BASES INTEGRADAS DEL PROCESO DE SELECCIÓN DE LICITACION PUBLICA NACIONAL
2. PROFORMA DE CONTRATO
3. FORMULARIO DE CARTA PROPUESTA
4. DECLARACIÓNES JURADAS
5. RELACION DE DOCUMENTOS
6. FORMATO DE COMPROMISO DE ACEPTACIÓN DEL PLAZO INDICADO EN EL EXPEDIENTE TÉCNICO
7. FORMATOS REQUERIDOS PARA LA CALIFICACIÖN TËCNICA

EXPEDIENTE TÉCNICO

8. MEMORIA DESCRIPTIVA
9. PLANO
10. ESPECIFICACIONES TÉCNICAS
11. METRADOS Y PRESUPUESTOS
12. ANÁLISIS DE PRECIOS UNITARIOS
13. ESTUDIOS DE SUELOS
14. FÓRMULAS POLINOMICAS
15. CRONOGRAMA DE DESEMBOLSOS
16. CONSOLIDADO DE RECURSOS